GW01339337

BEST OF
500 contemporary interiors

BETA-PLUS

BEST OF
500 contemporary interiors

FOREWORD   The series of interior books from Beta-Plus started in 1996. The fifteenth anniversary of the series is marked with two large, luxurious compilations: one on timeless interiors and one on contemporary interiors. The best interior design presentations from over 150 titles (many of which are no longer available), a treasure of information and inspiration for anyone looking to decorate or build a home.

INTRODUCTION   La collection d'ouvrages consacrés à l'habitat de Beta-Plus a vu le jour en 1996. Pour le quinzième anniversaire de cette collection, nous publions deux compilations très volumineuses, en édition de luxe : l'une sur les intérieurs intemporels, l'autre sur les intérieurs contemporains. Les meilleurs reportages consacrés à l'architecture d'intérieur, issus de plus de 150 titres (dont la plupart sont épuisés), une mine d'informations et d'inspiration pour tous ceux qui envisagent d'aménager ou de rénover une habitation.

VOORWOORD   De reeks woonboeken van Beta-Plus werd gestart in 1996. De vijftiende verjaardag van de woonreeks wordt gevierd met twee zeer volumineuze, luxueus uitgegeven compilatieboeken: één over tijdloze interieurs en één over hedendaagse interieurs. De beste interieurreportages uit meer dan 150 titels (waarvan vele allang niet meer voorradig zijn), een schat aan informatie en inspiratie voor iedereen die een woning wil inrichten of verbouwen.

CONTENTS   Entrance halls 9   Sitting rooms 43   Dining rooms 135   Kitchens 189   Bathrooms 279
Bedrooms 363   Spaces for relaxation 401   Spaces for work 421   Index 445

SOMMAIRE   Halls d'entrée 9   Salons 43   Salles à manger 135   Cuisines 189   Salles de bains 279
Chambres à coucher 363   Espaces de détente 401   Espaces de travail 421   Index 445

INHOUD   Inkomhalls 9   Zitkamers 43   Eetkamers 135   Keukens 189   Badruimtes 279
Slaapkamers 363   Ontspanningsruimtes 401   Werkruimtes 421   Index 445

ENTRANCE HALLS
HALLS D'ENTRÉE
INKOMHALLS

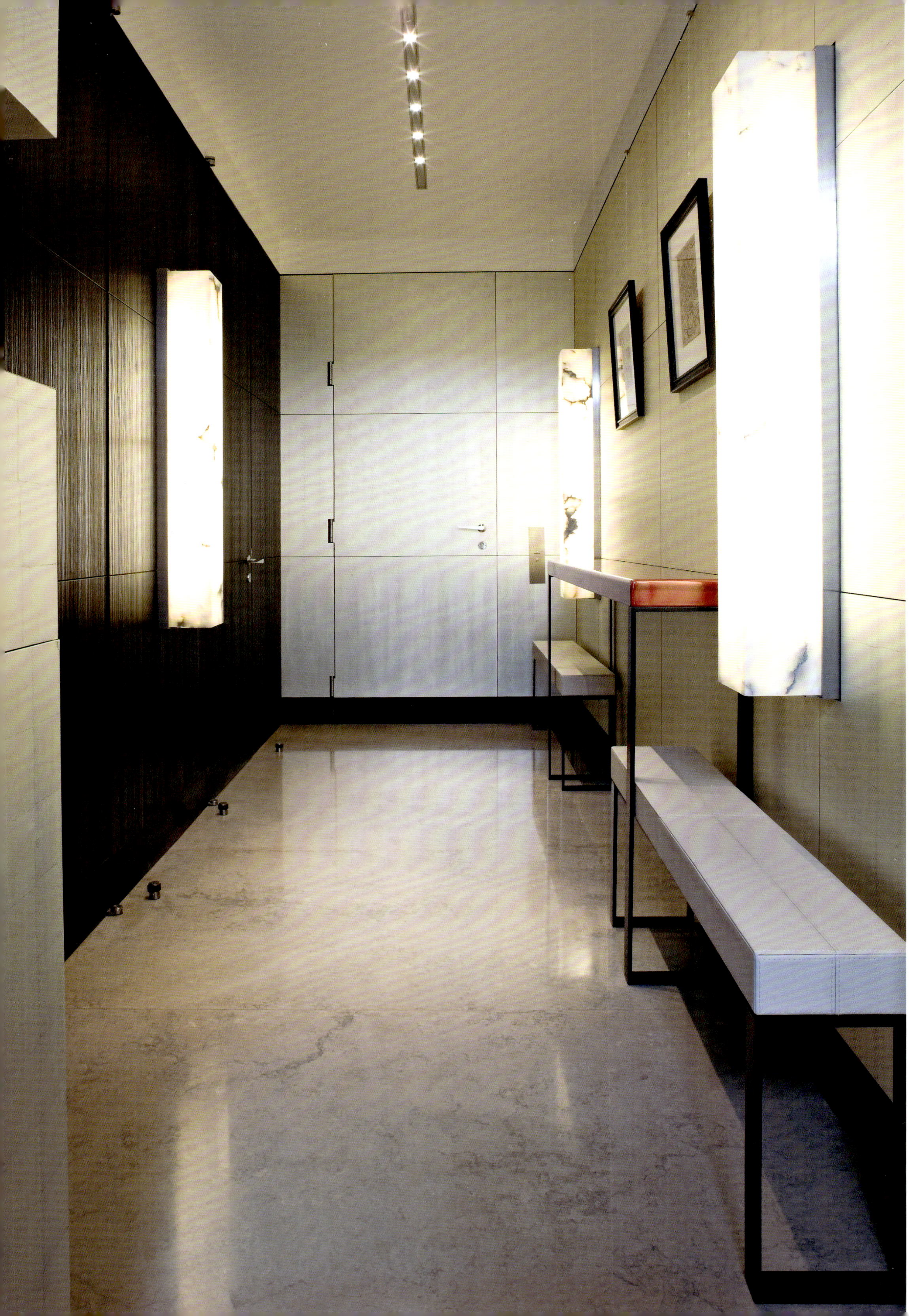

www.pascalvanderkelen.com

www.olivierlempereur.com

www.stephanielaporte.be

nathalie.vanreeth@skynet.be

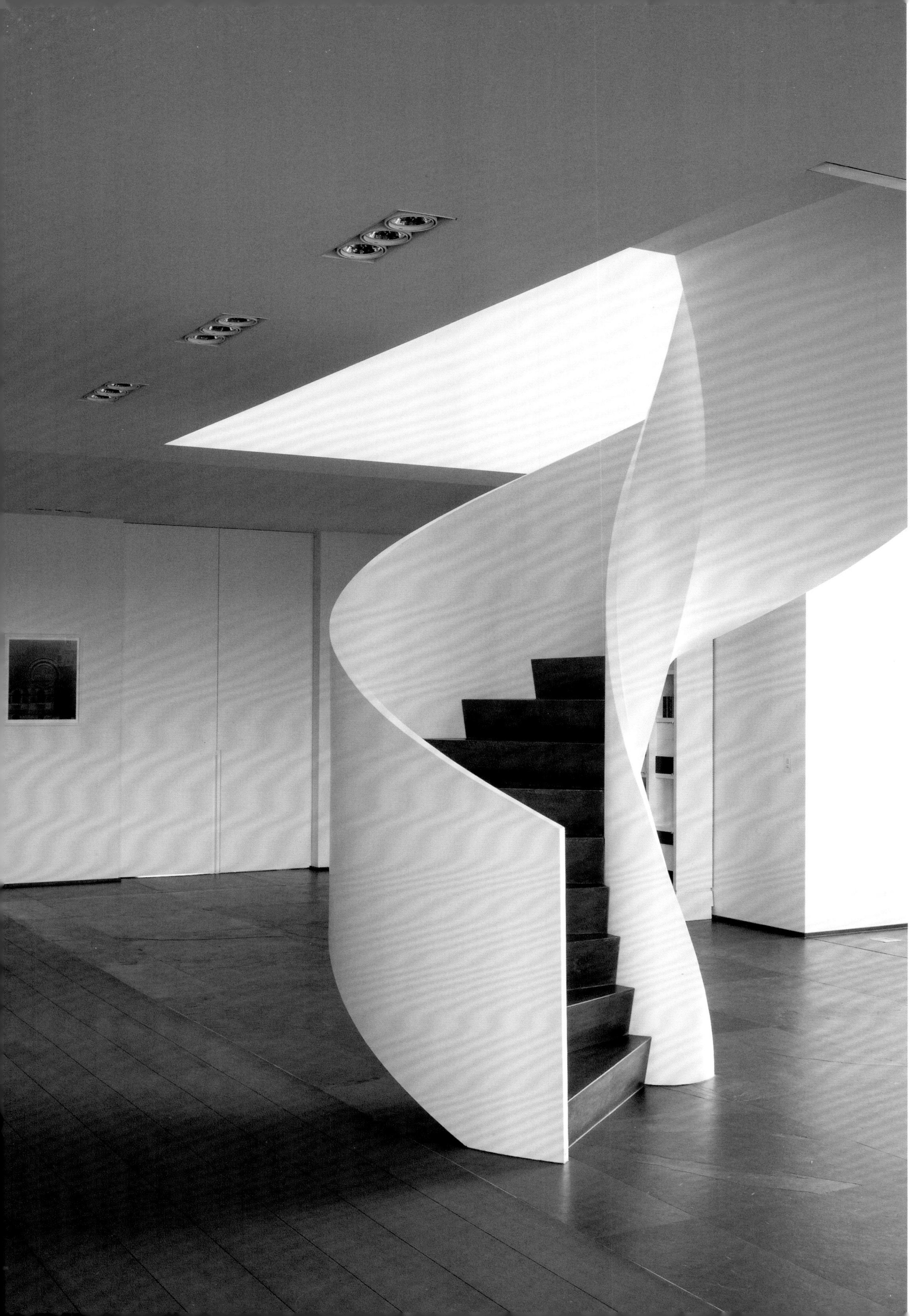

←↑
nathalie.vanreeth@skynet.be

www.obumex.be
www.fabienvantomme.be

www.ensembleetassocies.be

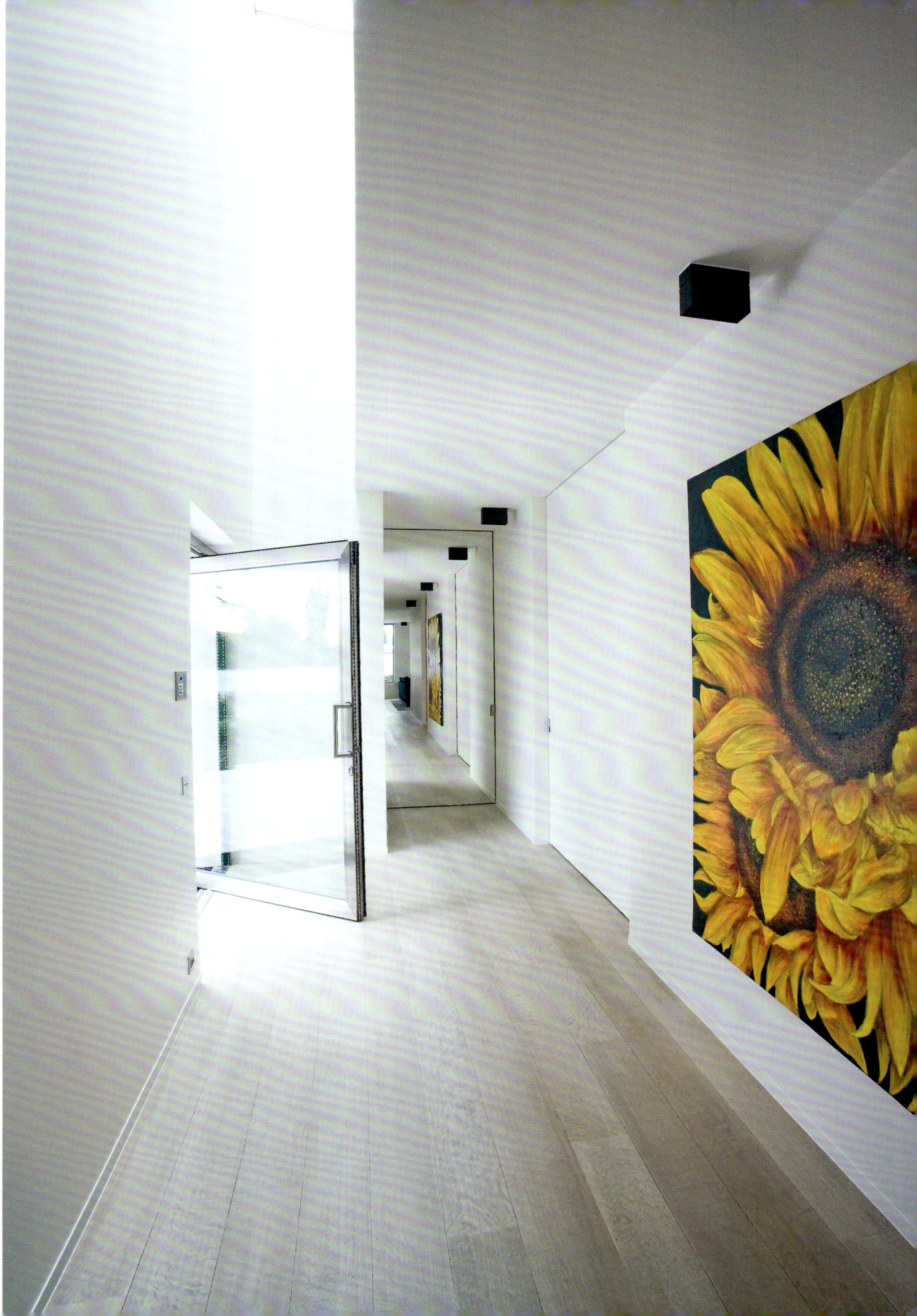

www.ebony-interiors.com

www.pascalvanderkelen.com

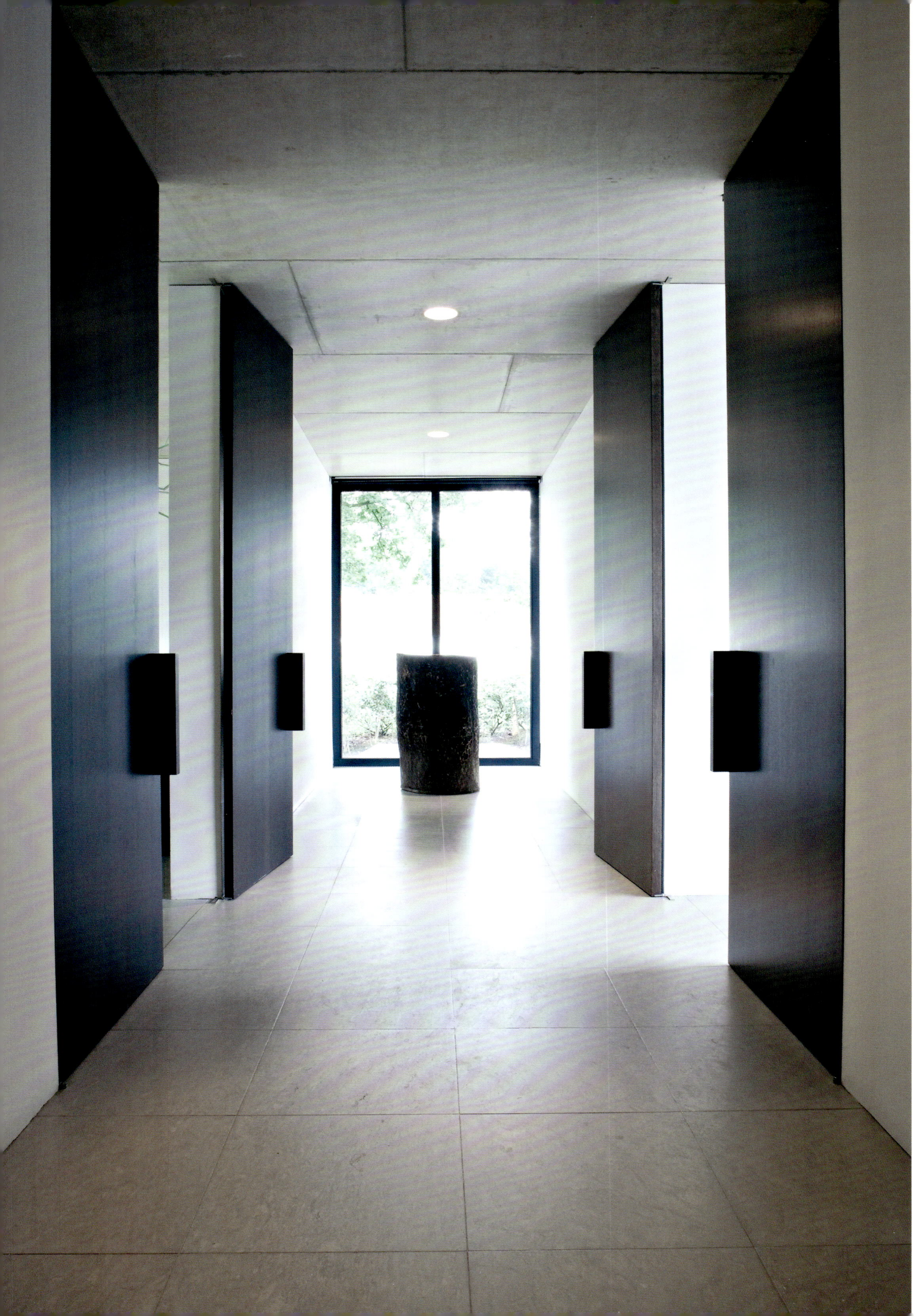

← www.hansverstuyftarchitecten.be

→ www.sarahlavoine.com

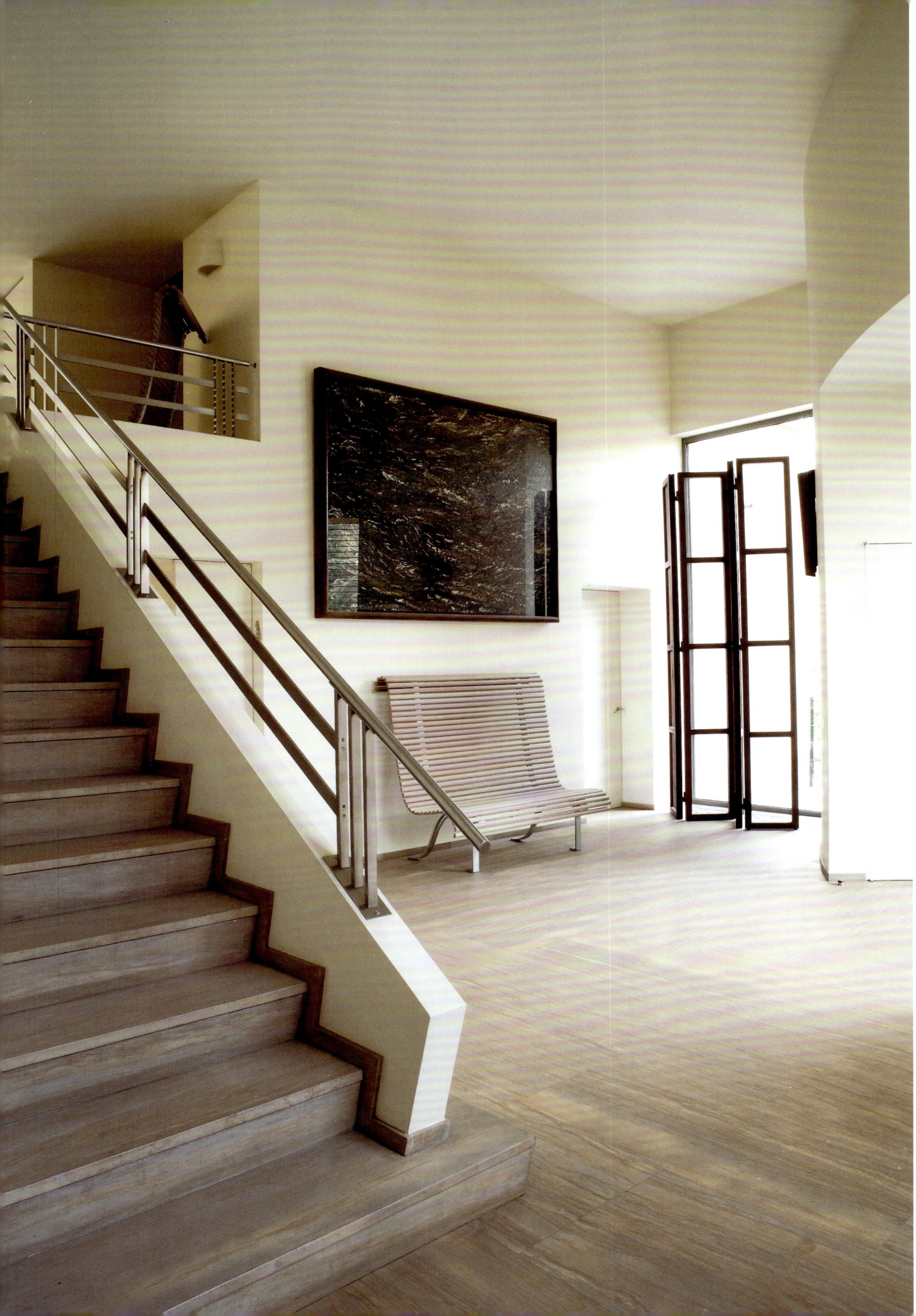

www.raoul-cavadias.com

www.brionleclercq.com

baudouin.degryse@skynet.be

www.alexandershouses.com
www.erpicum.org
www.fabathome.be

www.pascalfrancois.be

www.ademarquette-architecte.com

www.simoeninterieur.be

www.aerts-blower.be

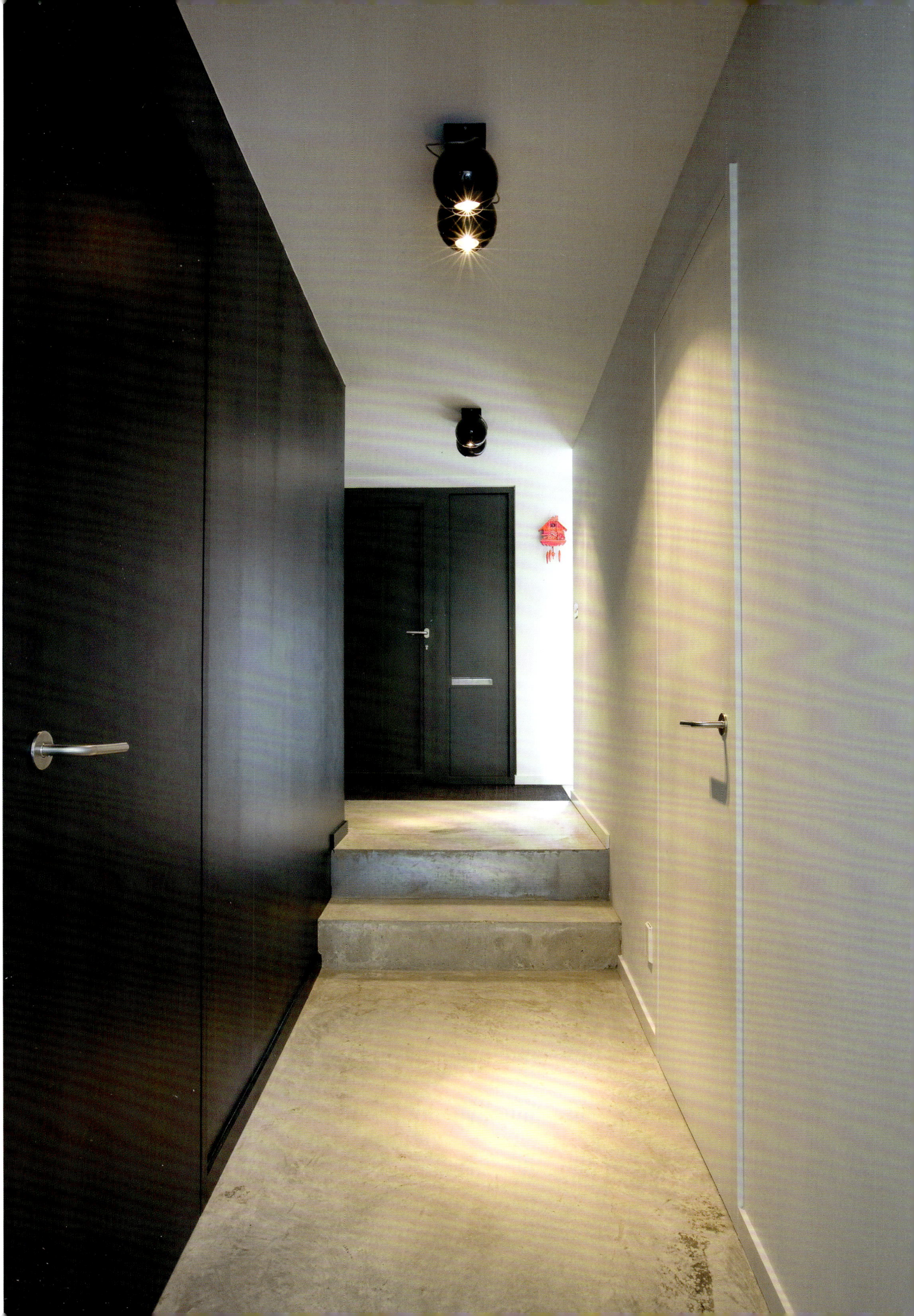

www.ebony-interiors.com
www.christian-liagre.fr

dwek.architectes@gmail.com

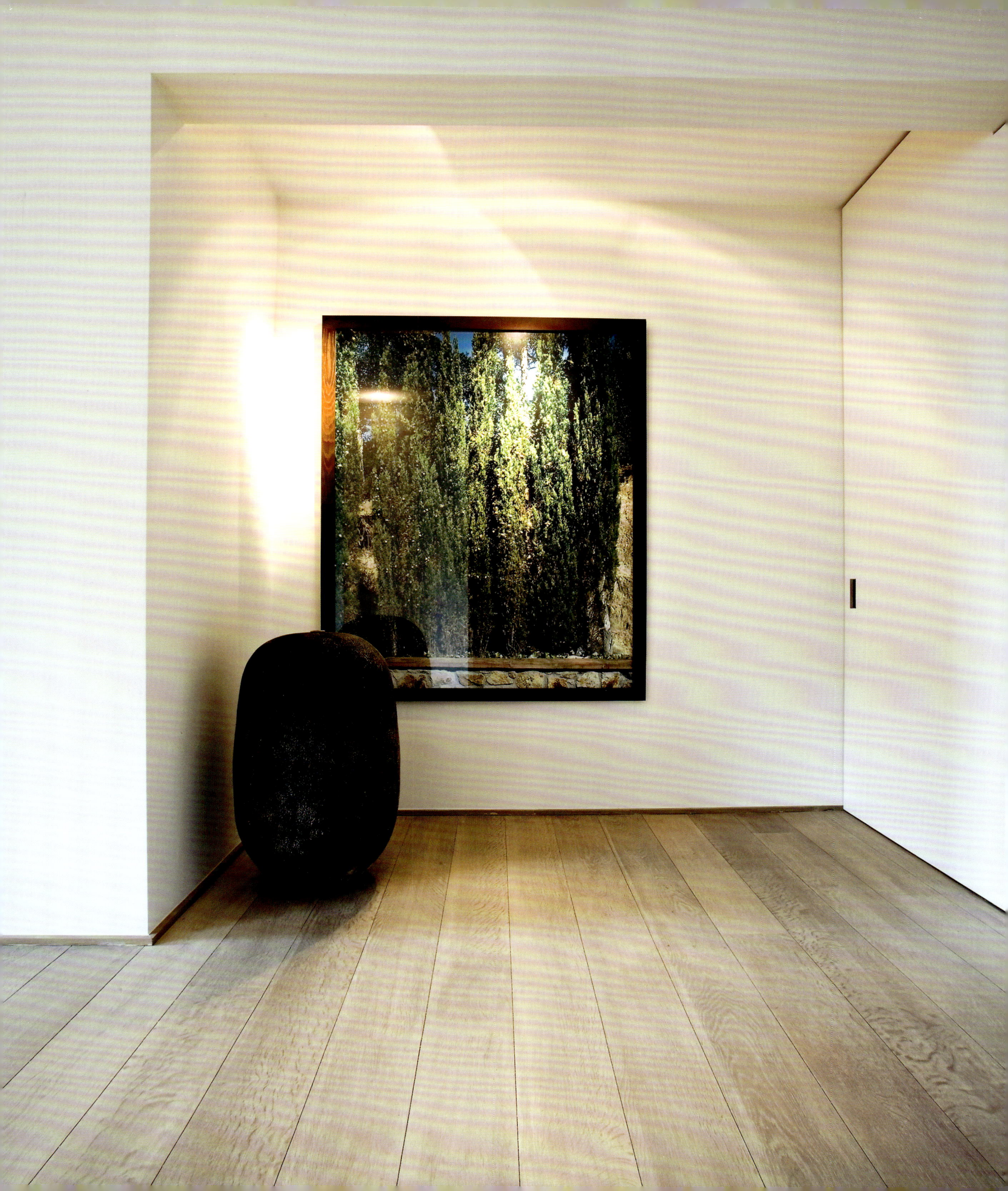

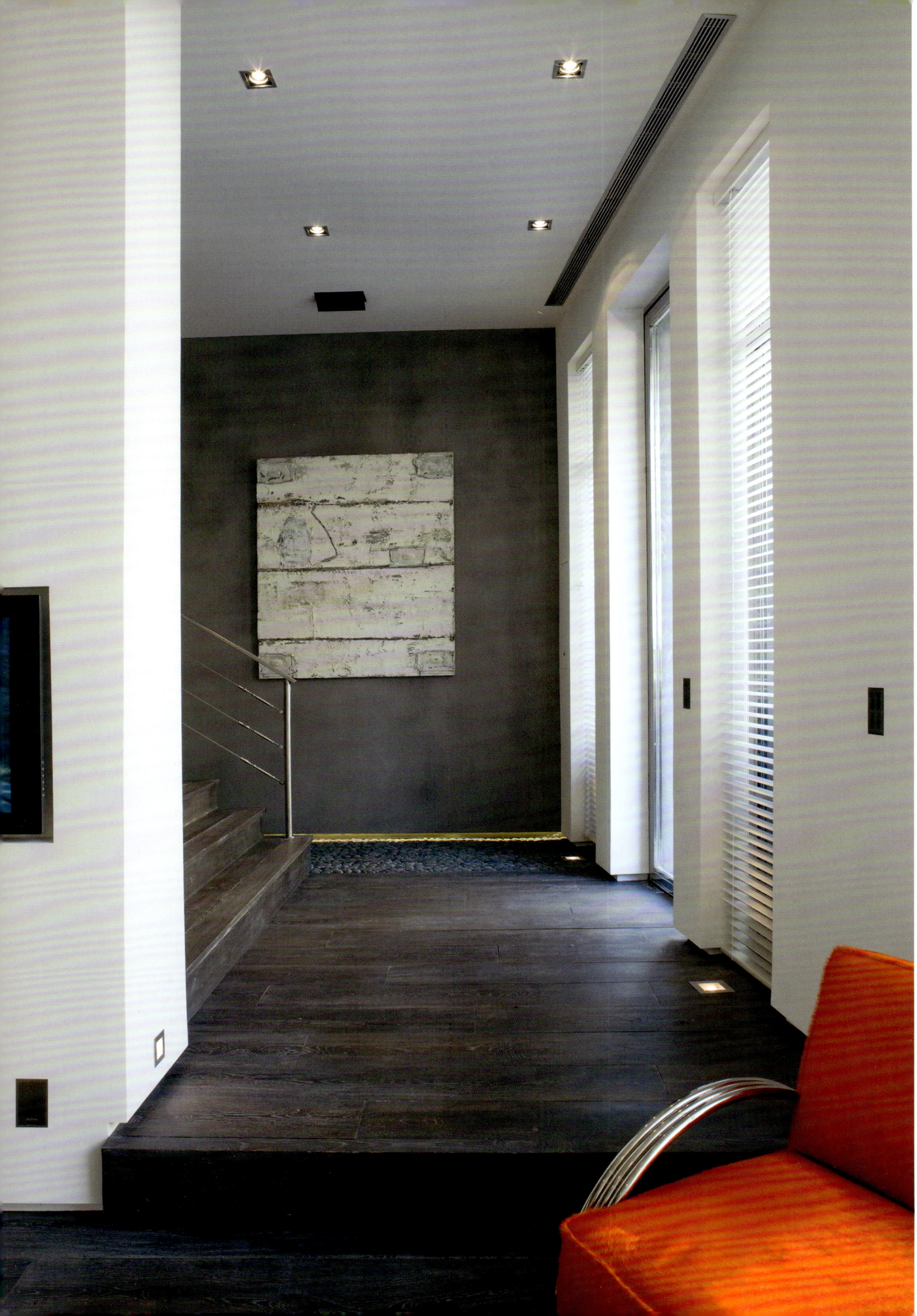

←↑
www.collection-privee.com

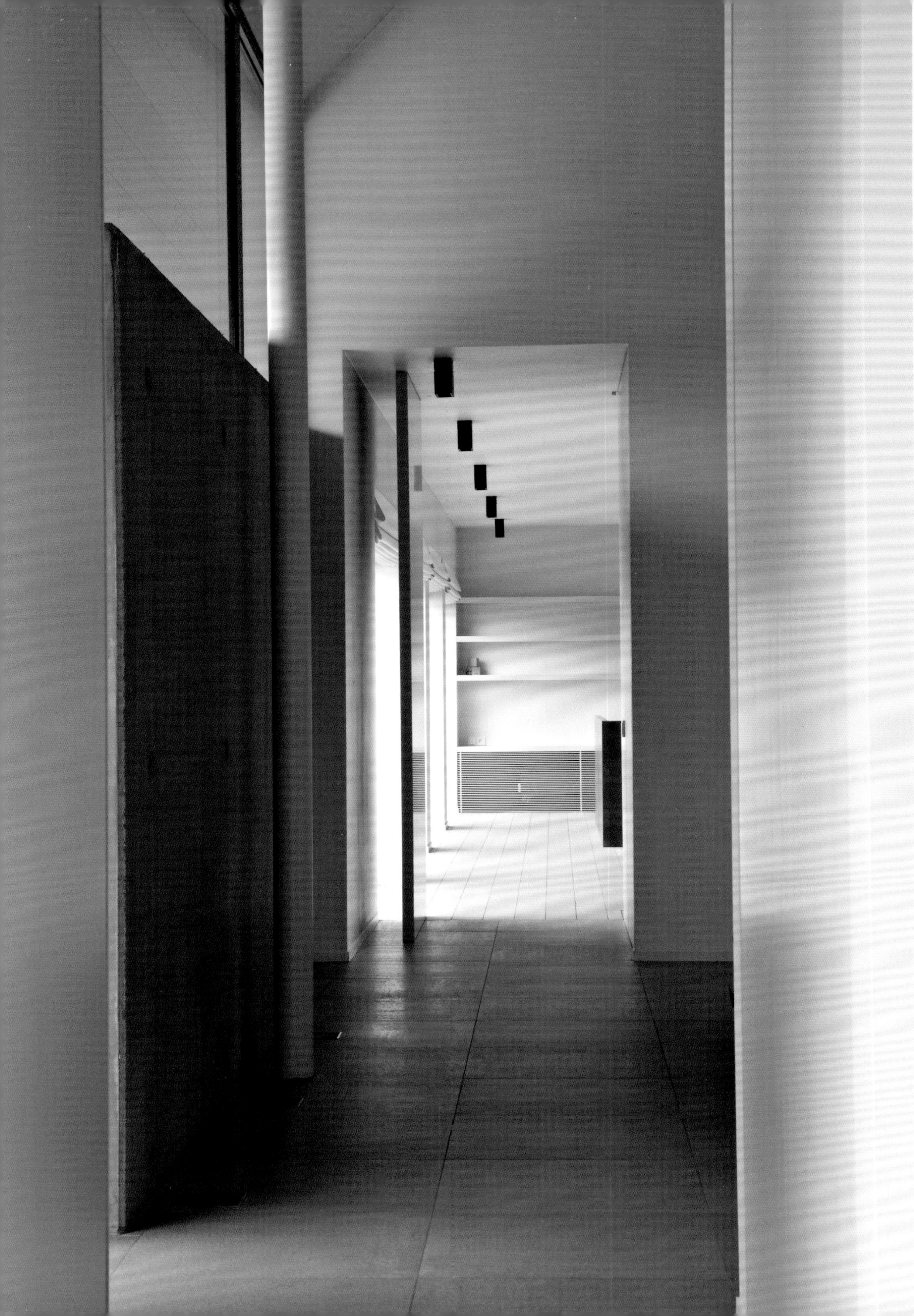

www.minus.be

www.minus.be

www.hansverstuyftarchitecten.be

annik.dierckx@telenet.be

marie@stadsbader-bernard.com
www.obumex.be

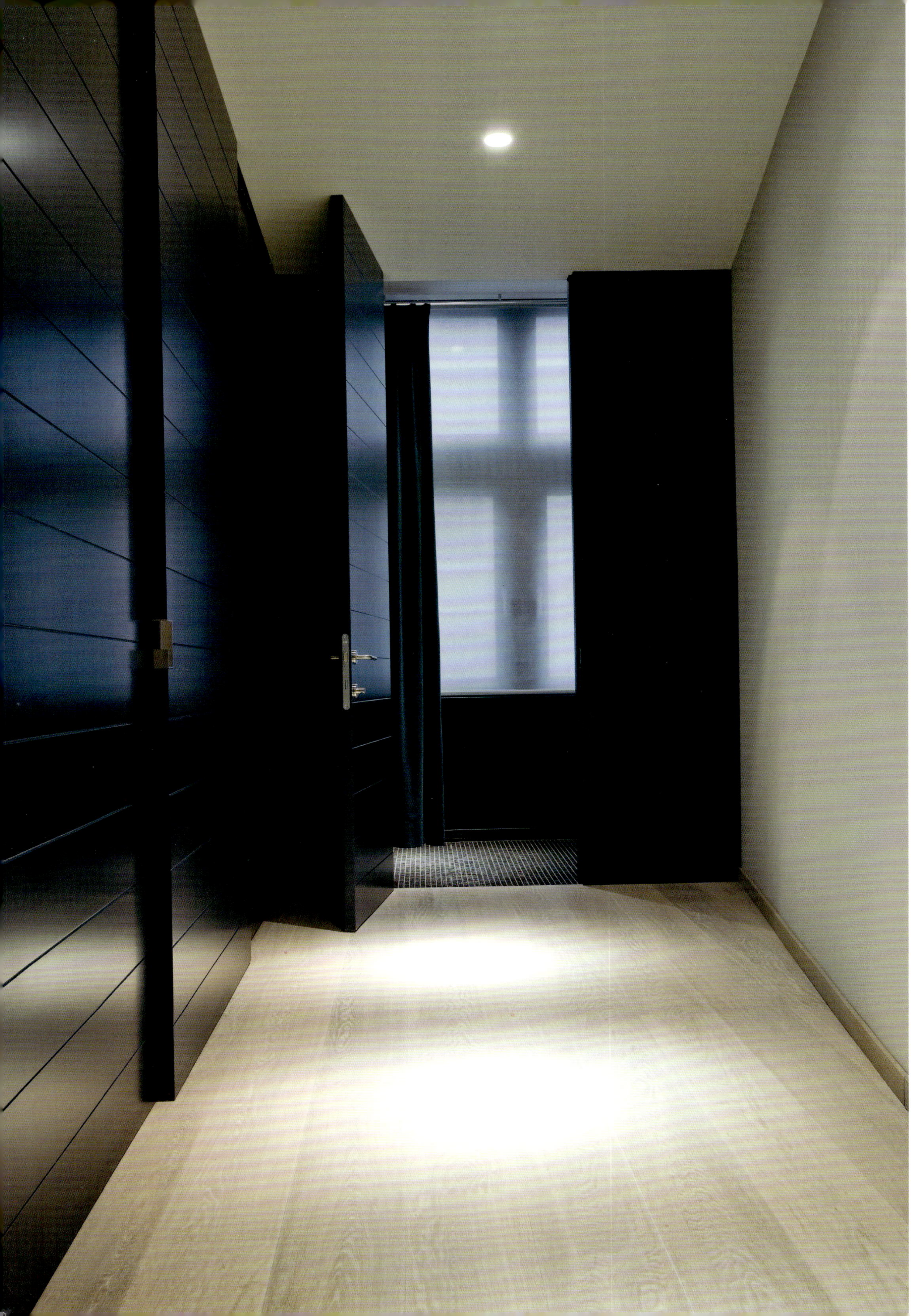

← www.stephanielaporte.be

→ www.brunovanbesien.be

SITTING ROOMS
SALONS
ZITKAMERS

www.pascalvanderkelen.com

www.pascalvanderkelen.com

www.esthergutmer.be
www.christian-liaigre.fr

www.stephanielaporte.be

PETER LI

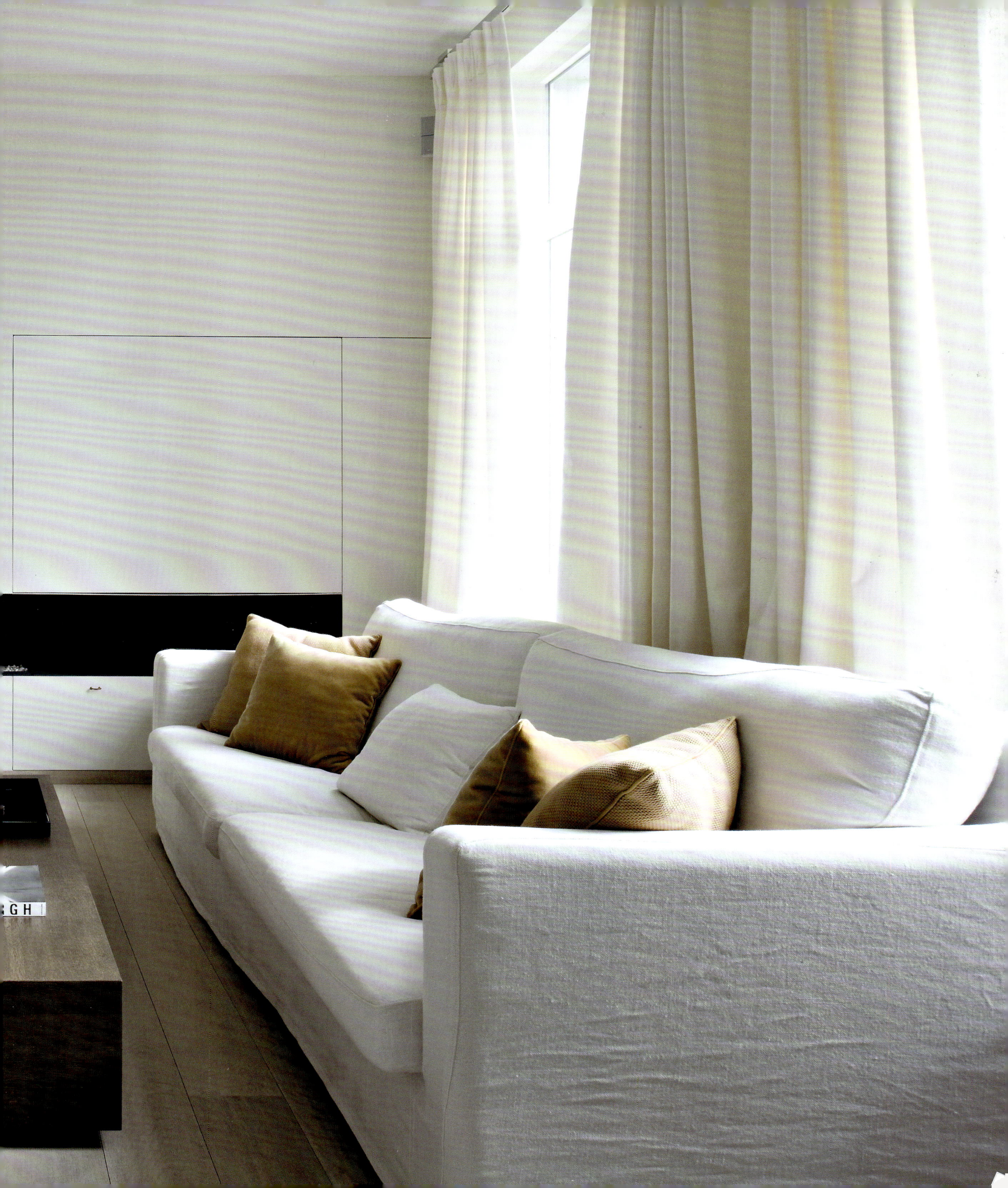

www.stephanielaporte.be

www.ensembleetassocies.be
www.christian-liaigre.fr

www.projectdesign.ch
www.weltondesign.com

↑
www.upptown.be

→
www.obumex.be
www.fabienvantomme.be
www.christian-liaigre.fr

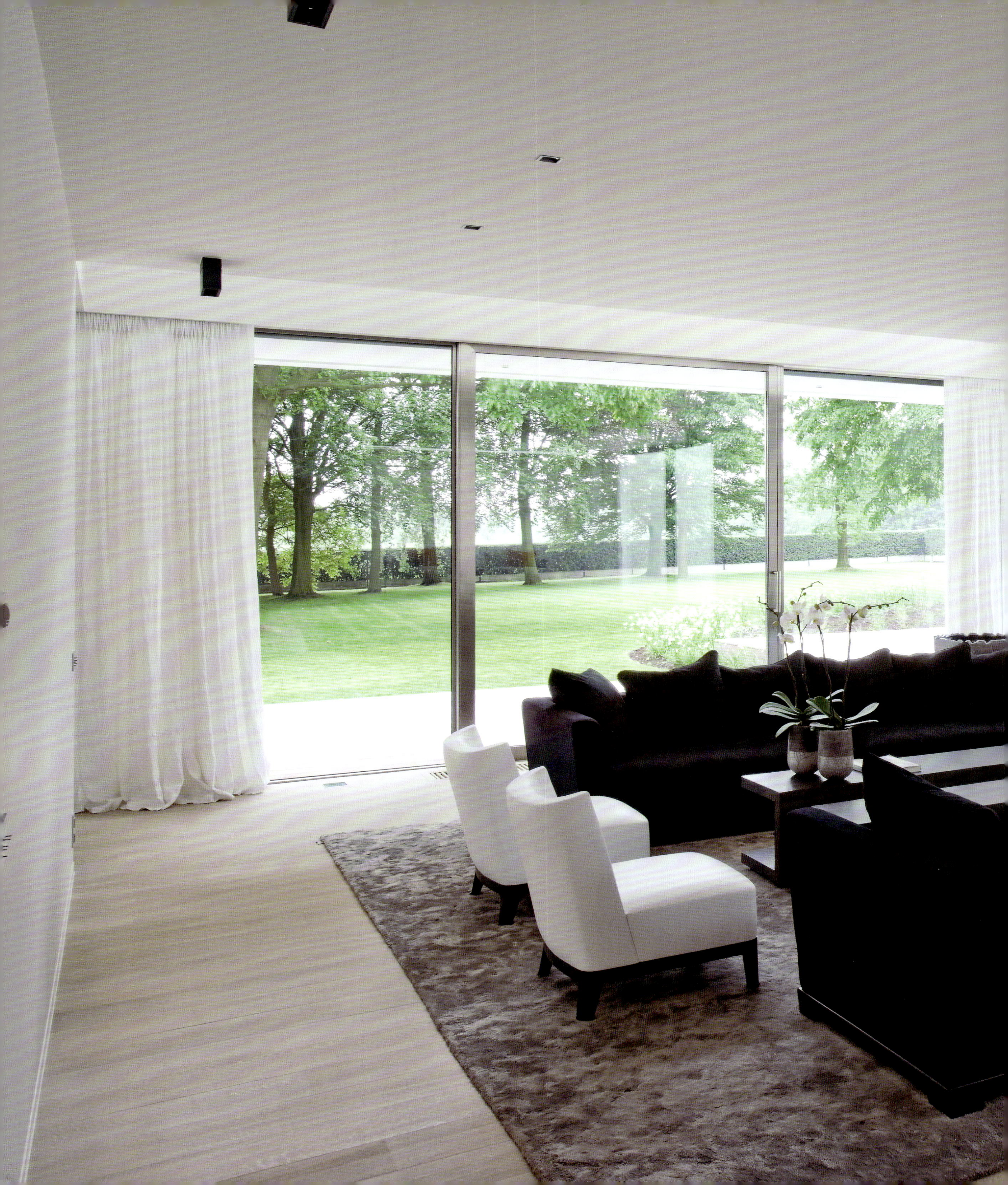

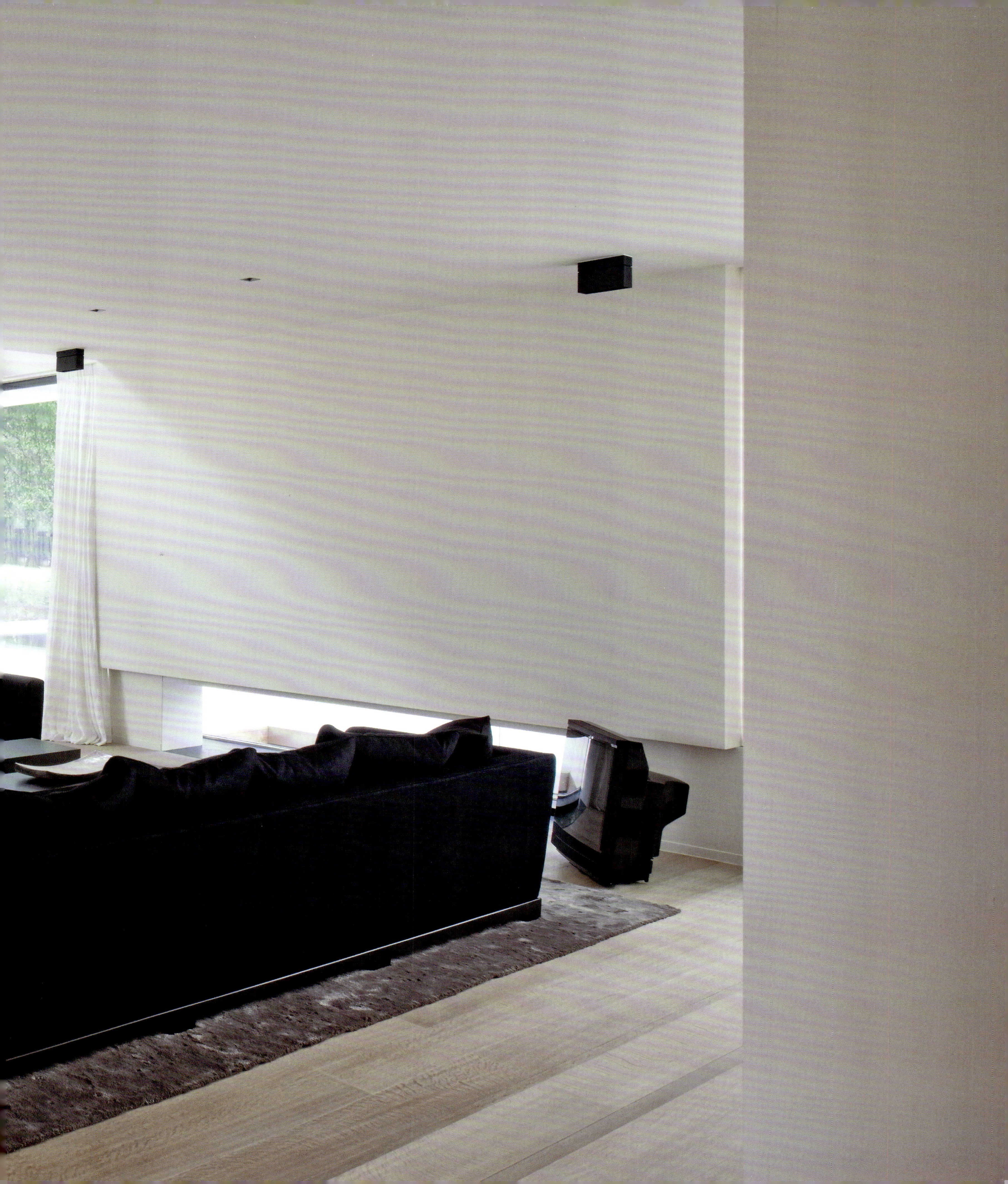

www.upptown.be

nathalie.vanreeth@skynet.be

www.pascalvanderkelen.com

www.buro2.be

57

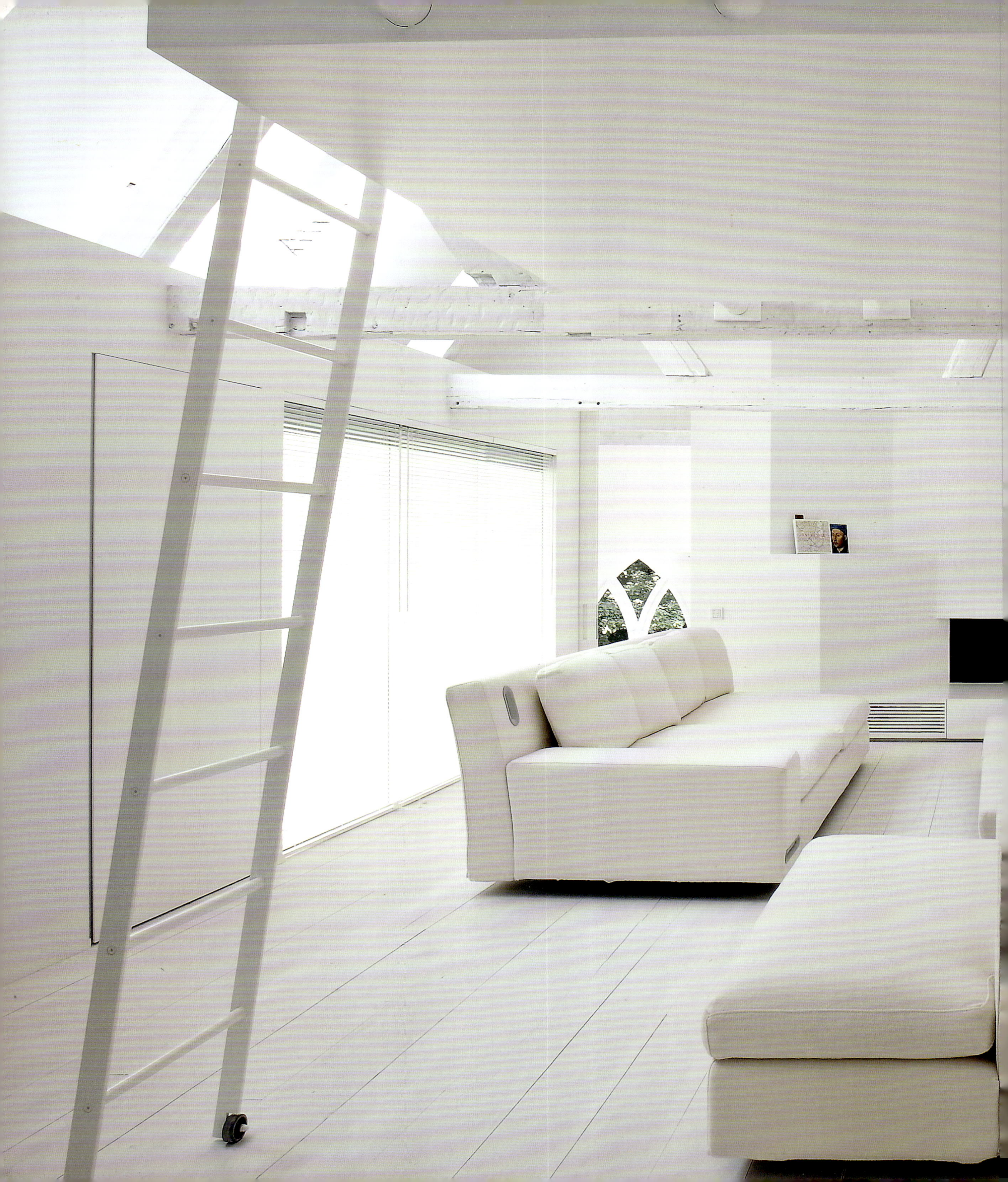

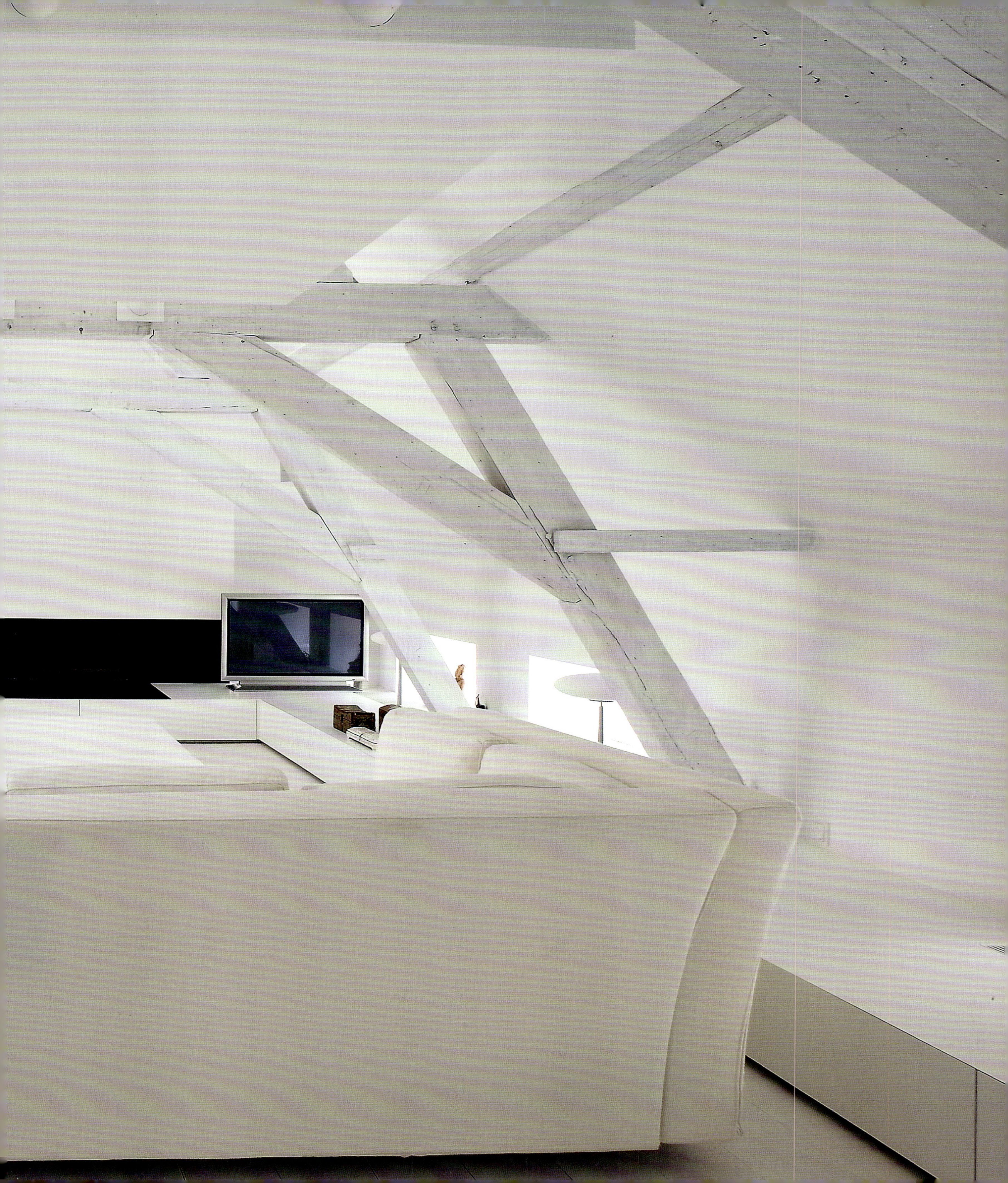

dwek.architectes@gmail.com

www.daskal-laperre.com

www.pascalvanderkelen.com

www.stephanielaporte.be

www.pascalvanderkelen.com

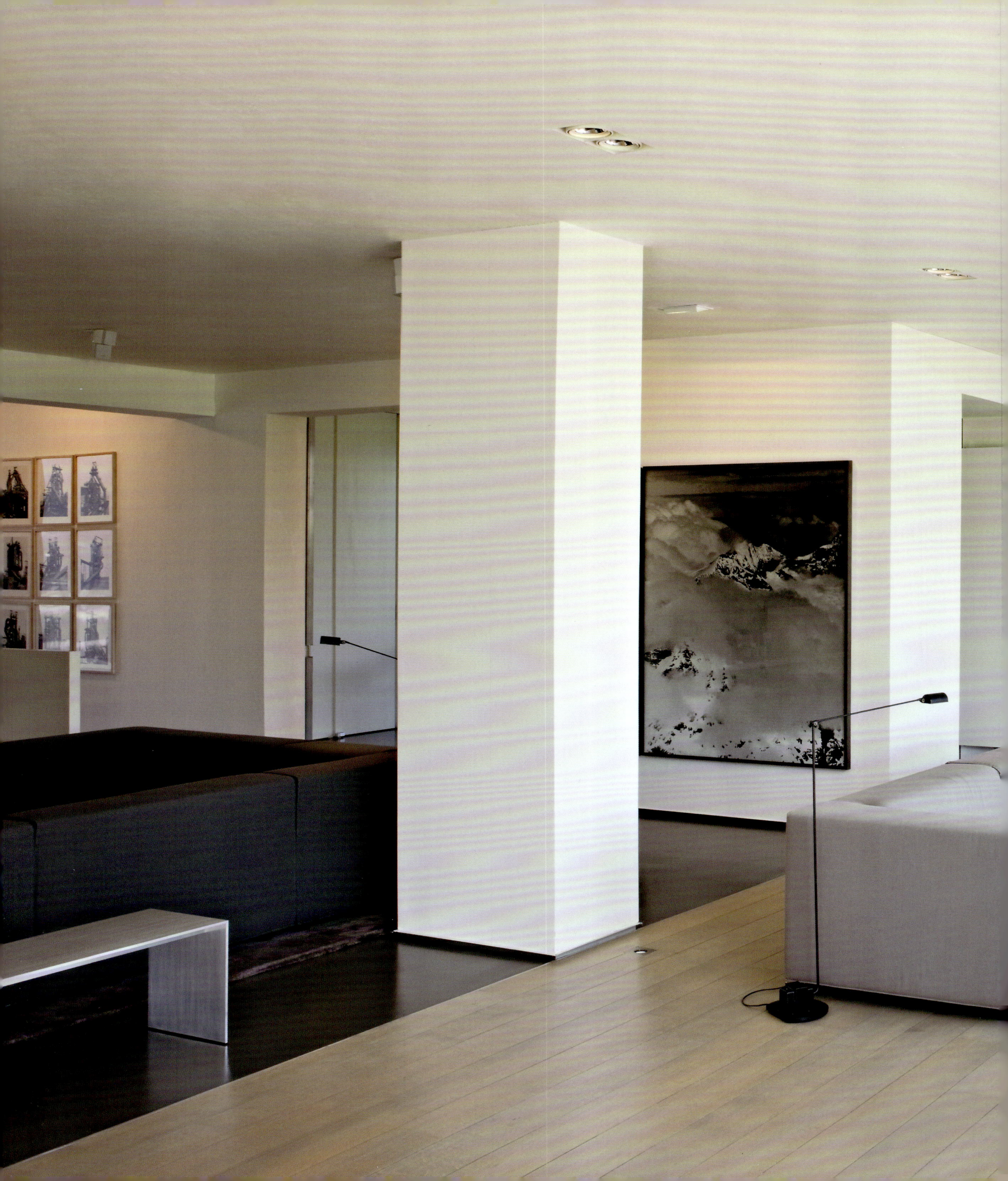

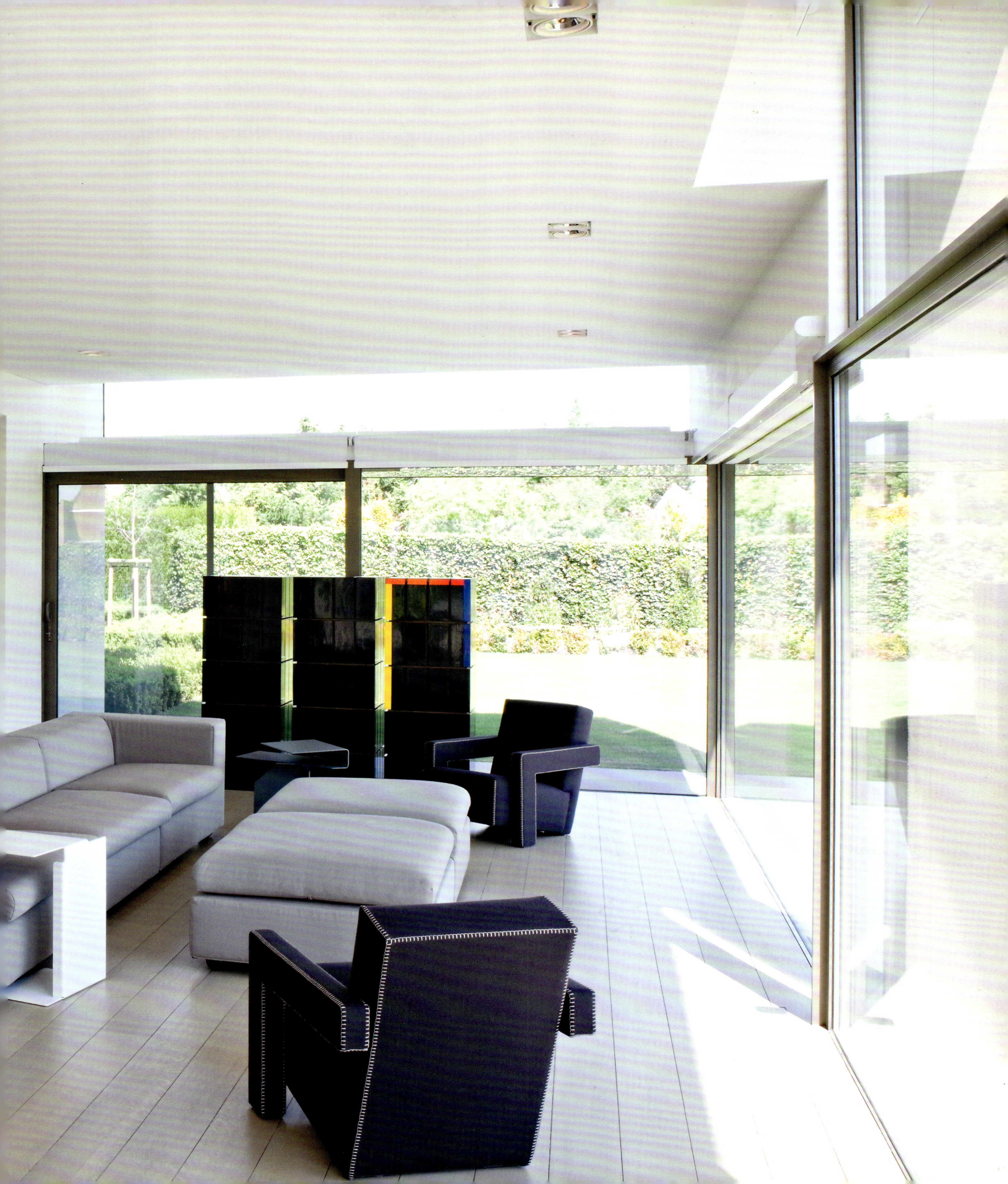

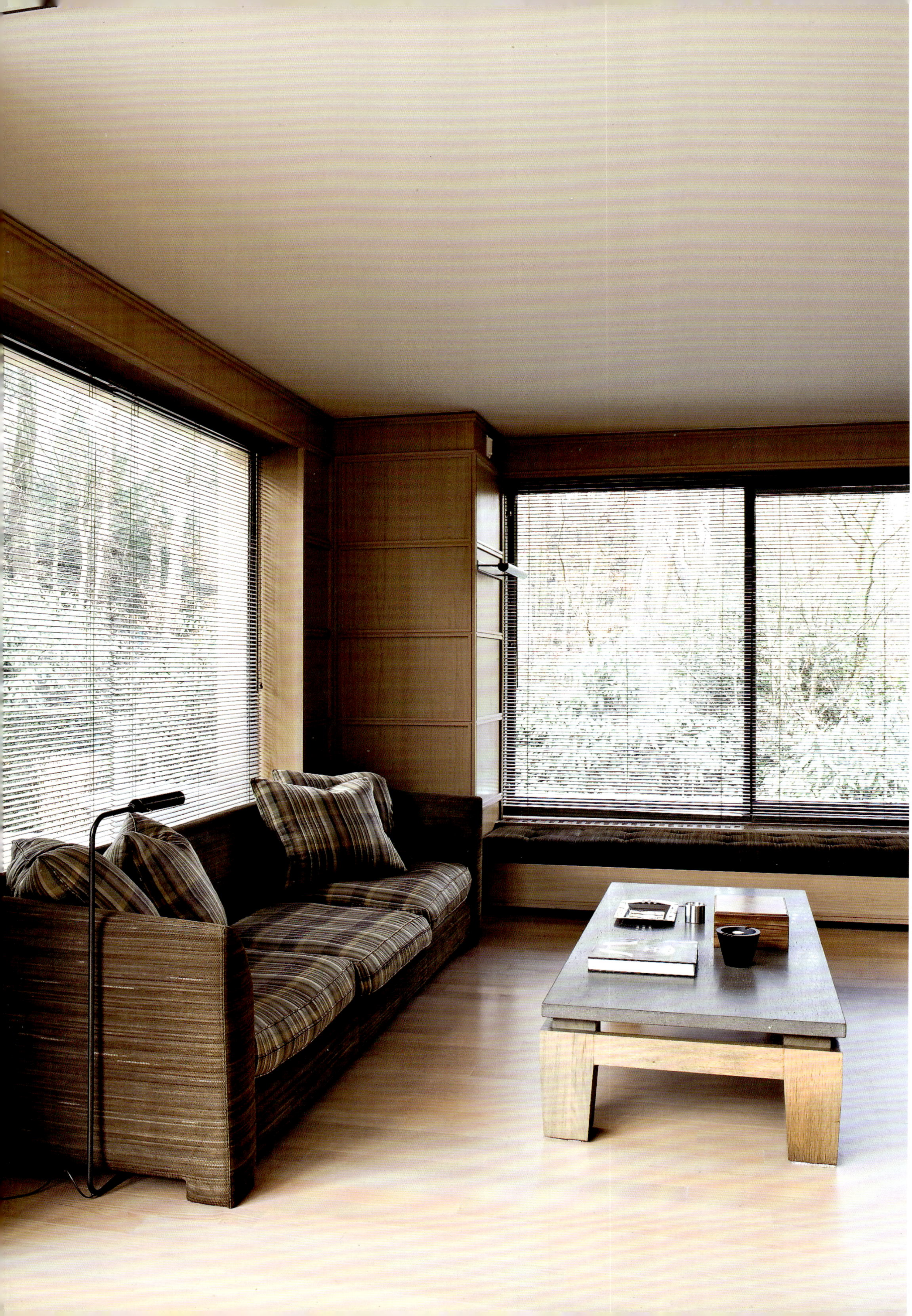

www.raoul-cavadias.com

← →

www.brionleclercq.com

67

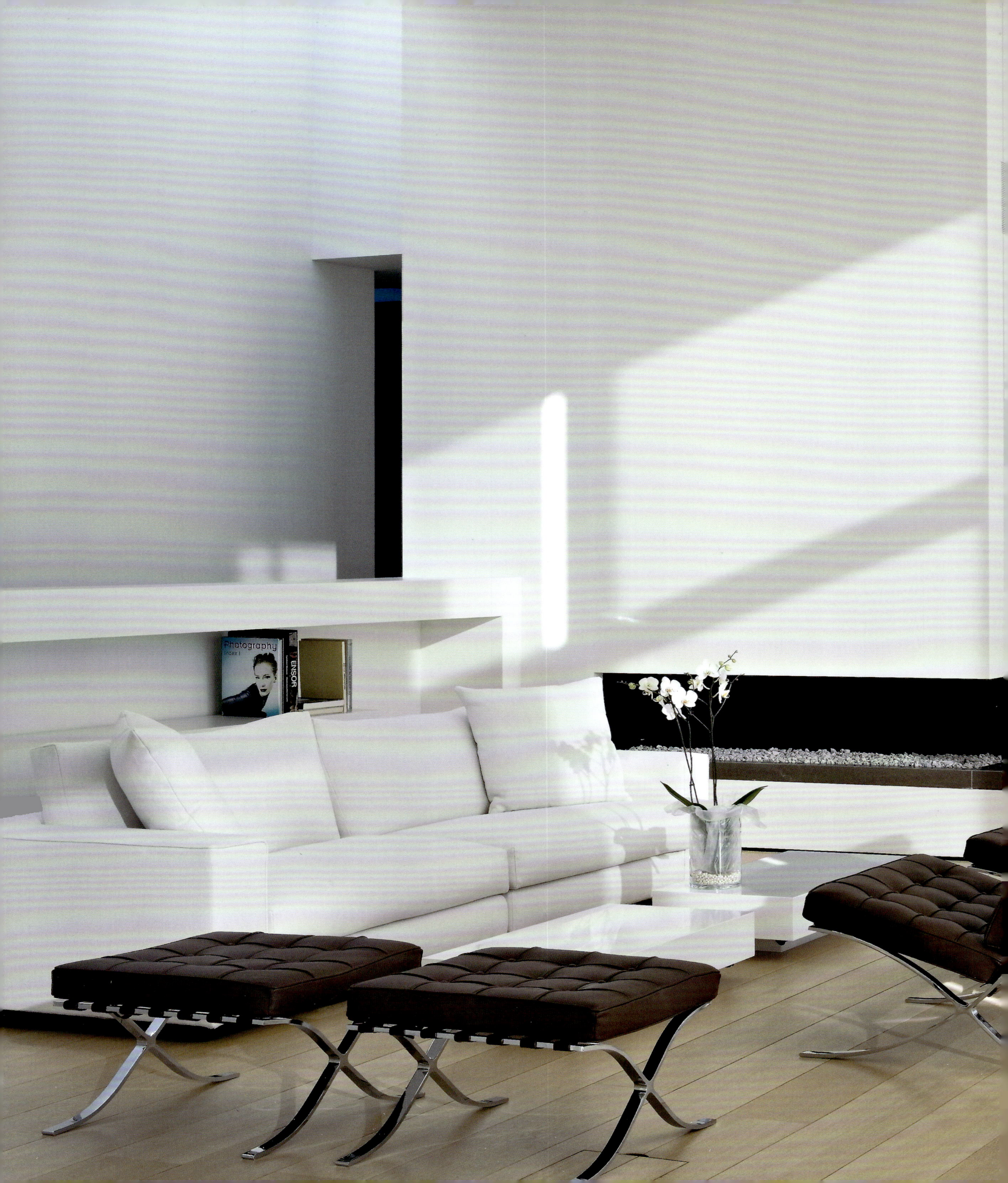
Photography
Index I
ENSOR

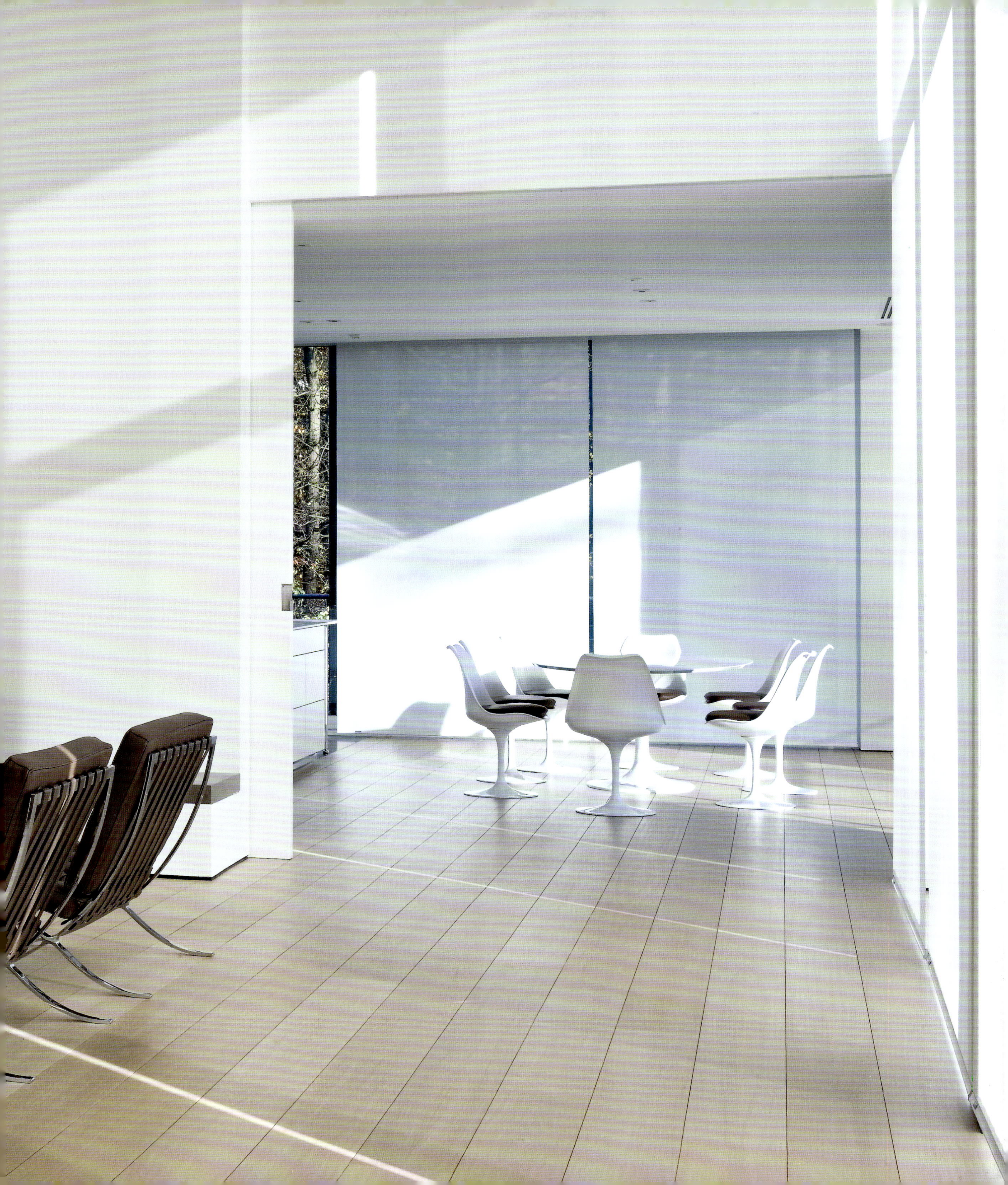

www.alexandershouses.com
www.fabathome.be

→
→
www.alexandershouses.com
www.erpicum.org
www.fabathome.be

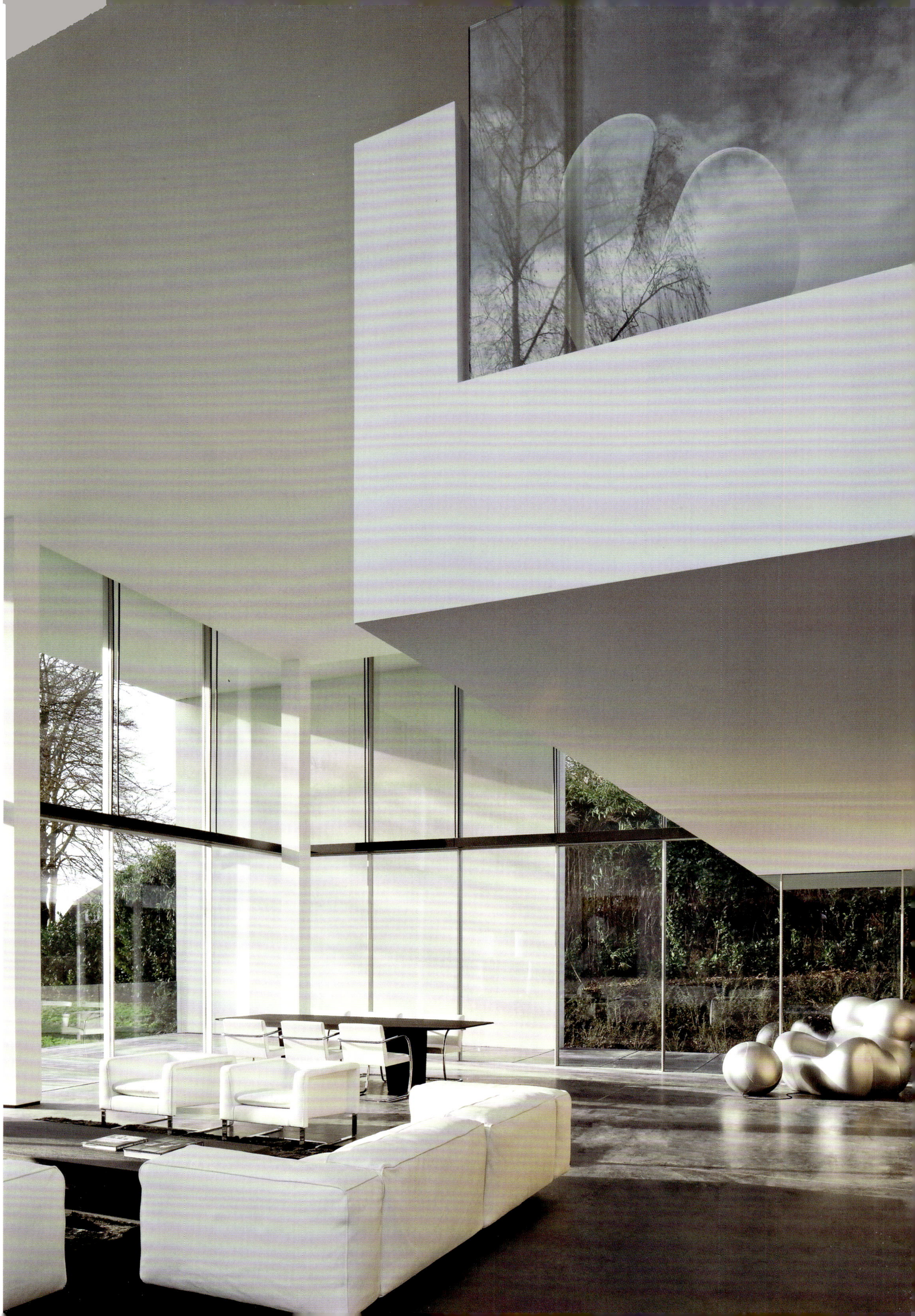

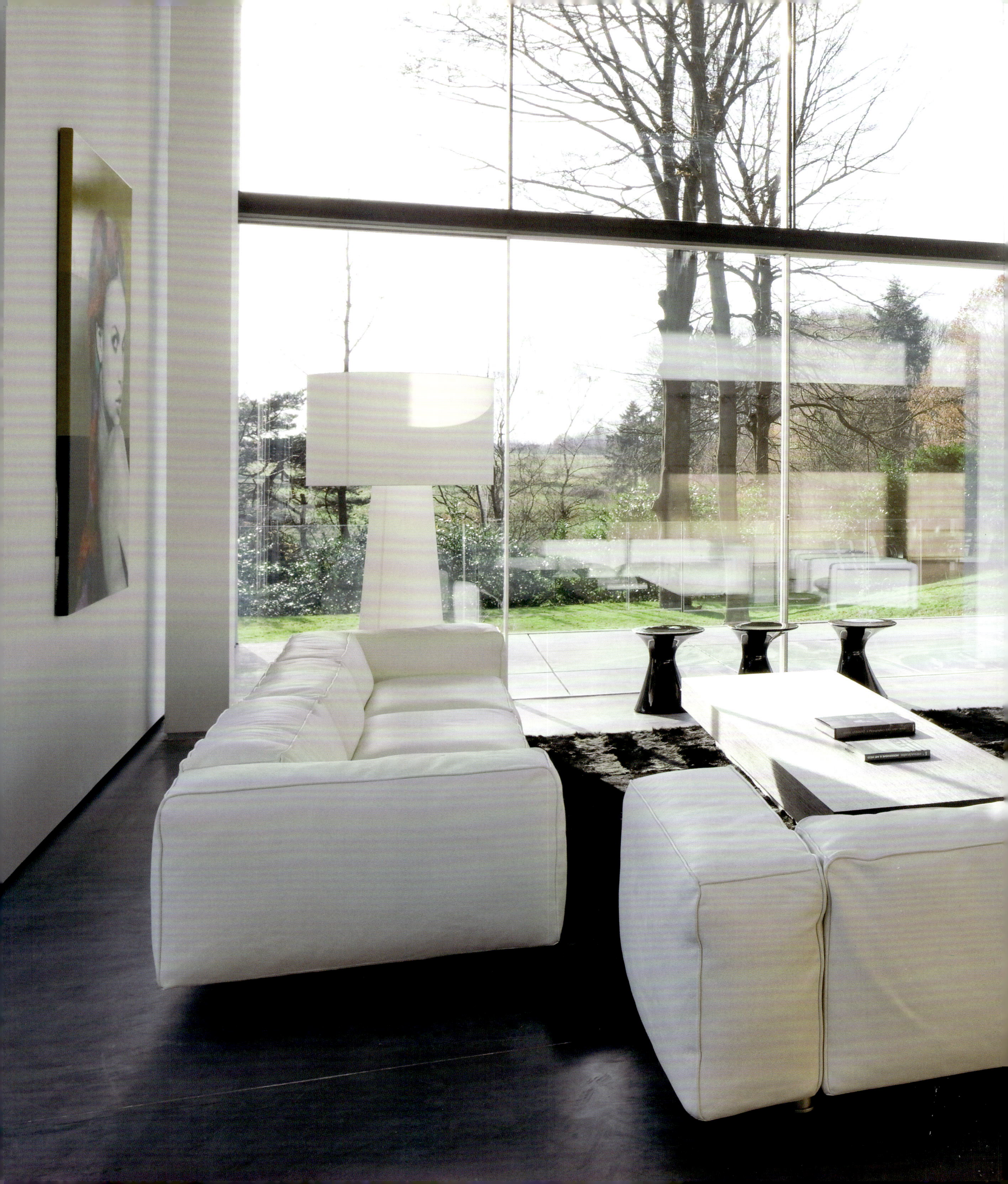

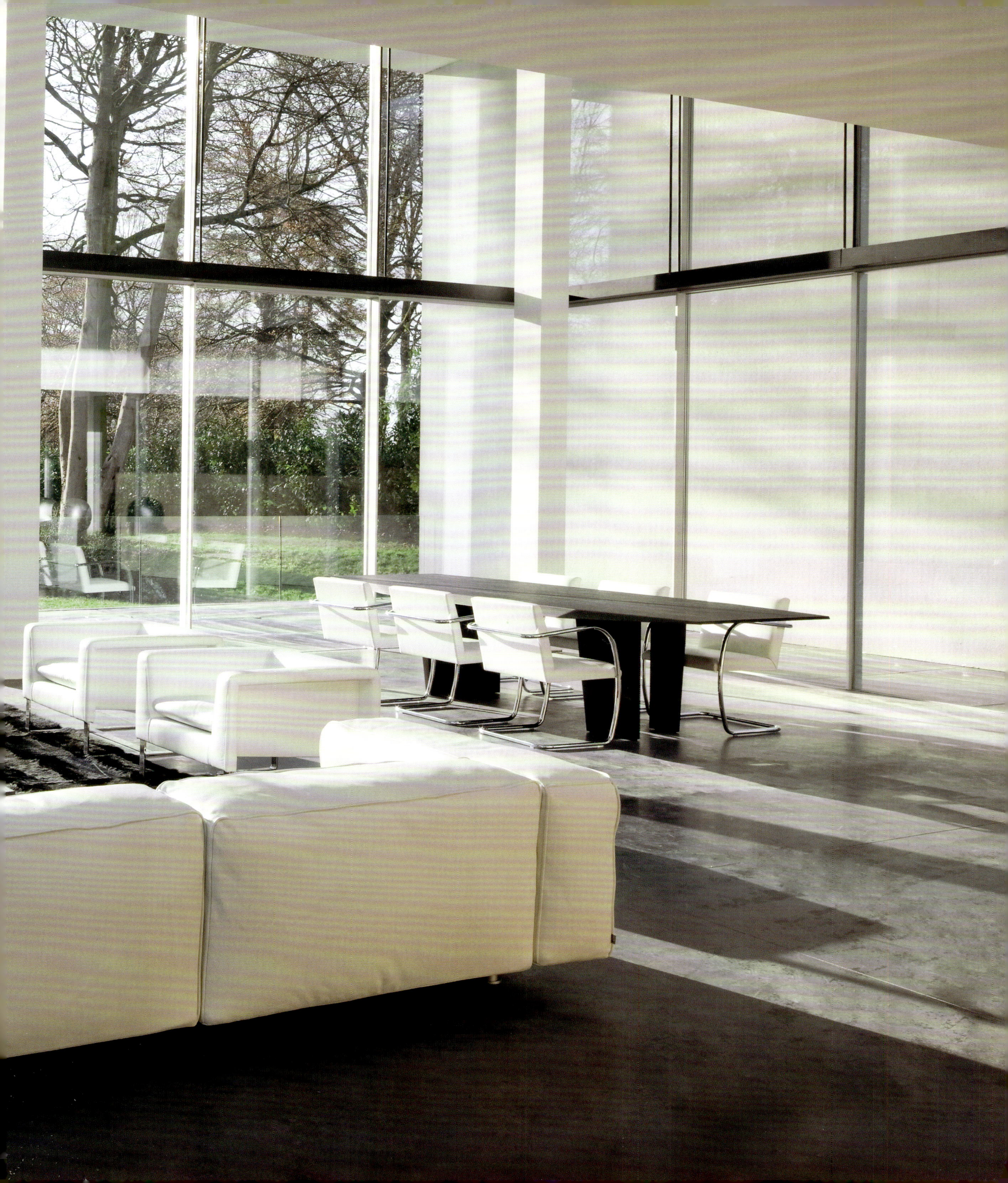

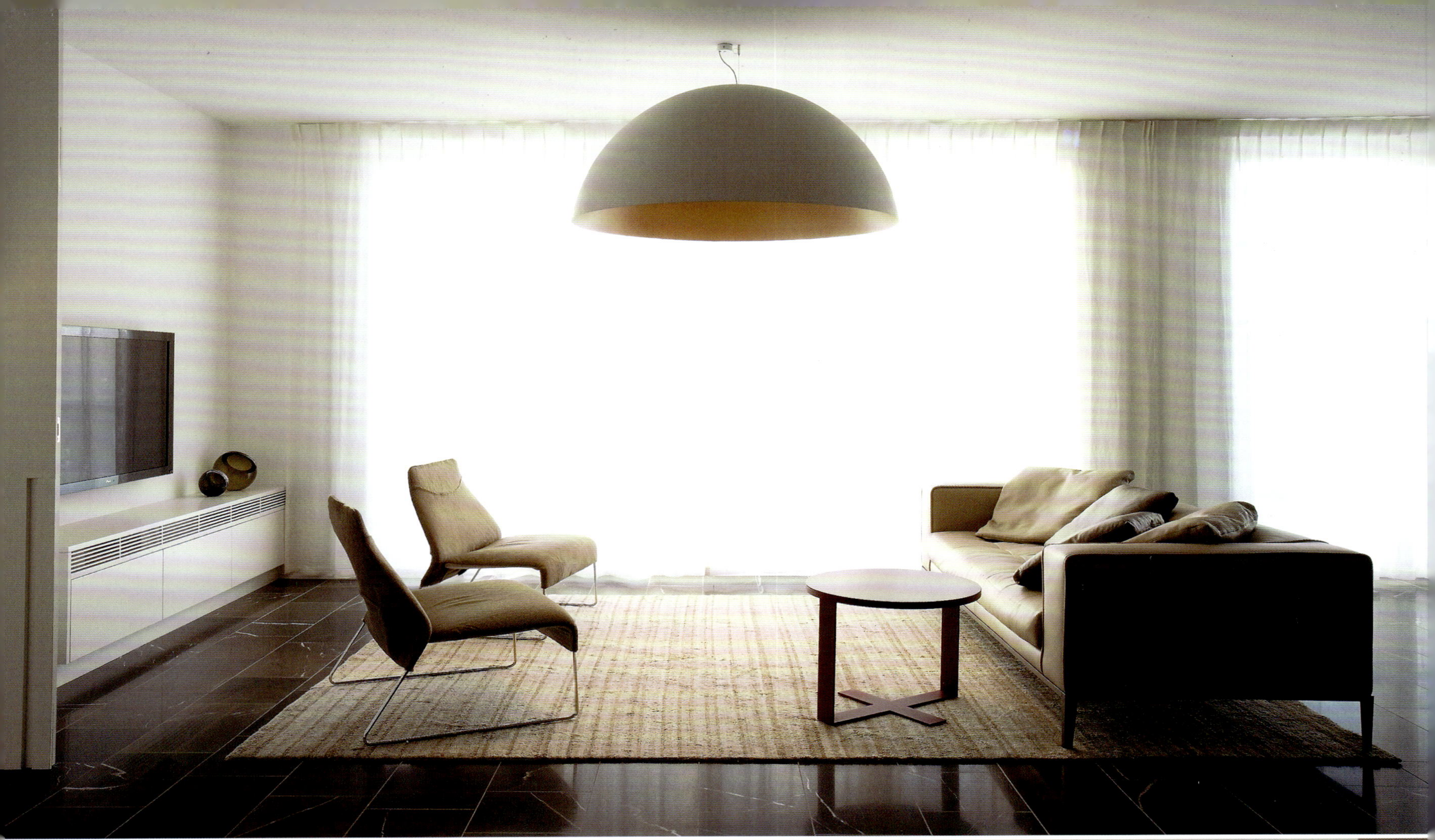

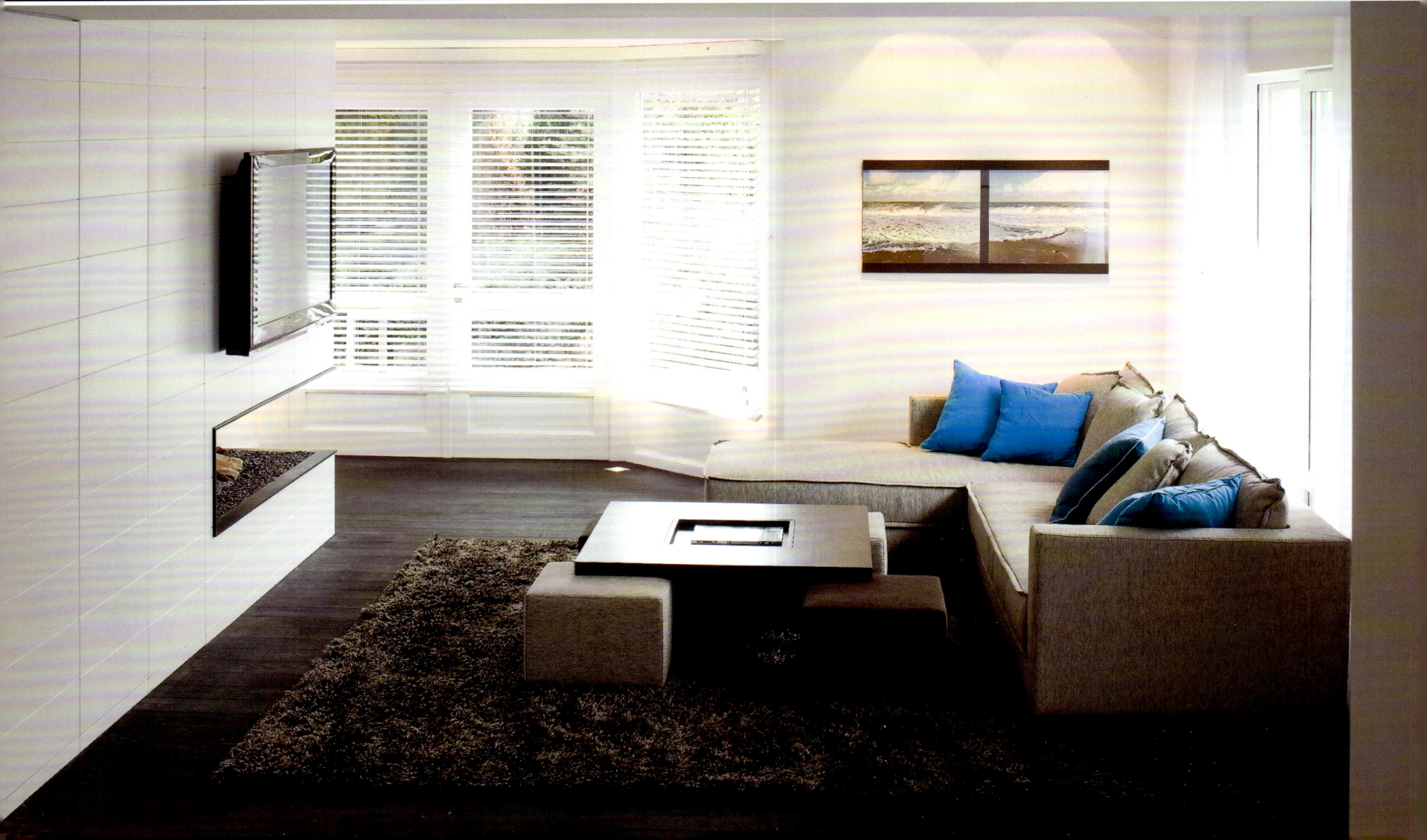

← www.cypeys.com

www.rrinterieur.be

← www.dtj-interiorarchitect.be

www.schellen.be
www.lindacoart.be

www.hansverstuyftarchitecten.be

www.pascalfrancois.be

www.aksent-gent.be

www.depuydthaarden.be

www.kultuz.be
www.benoitbladt.be

www.ensembleetassocies.be

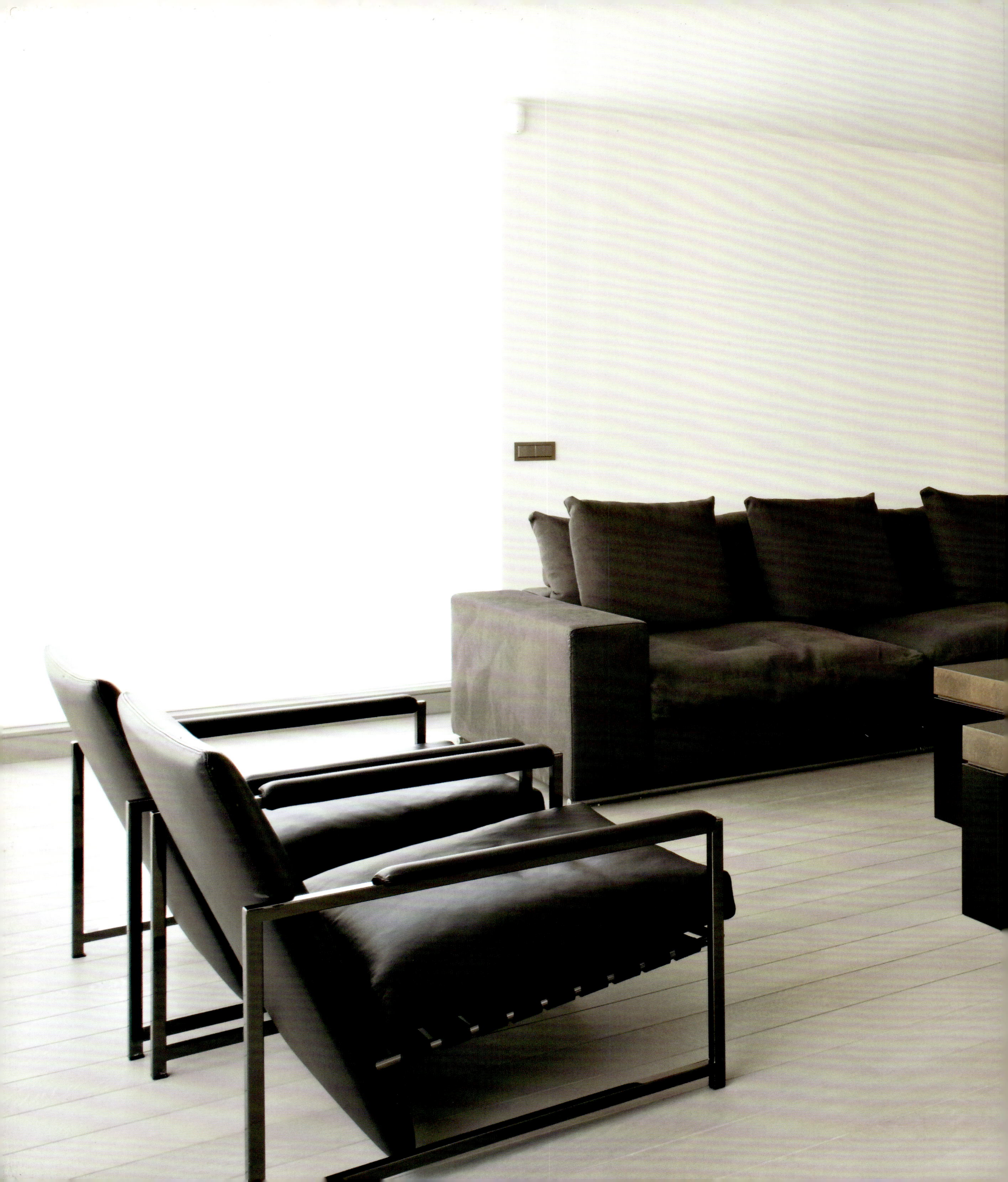

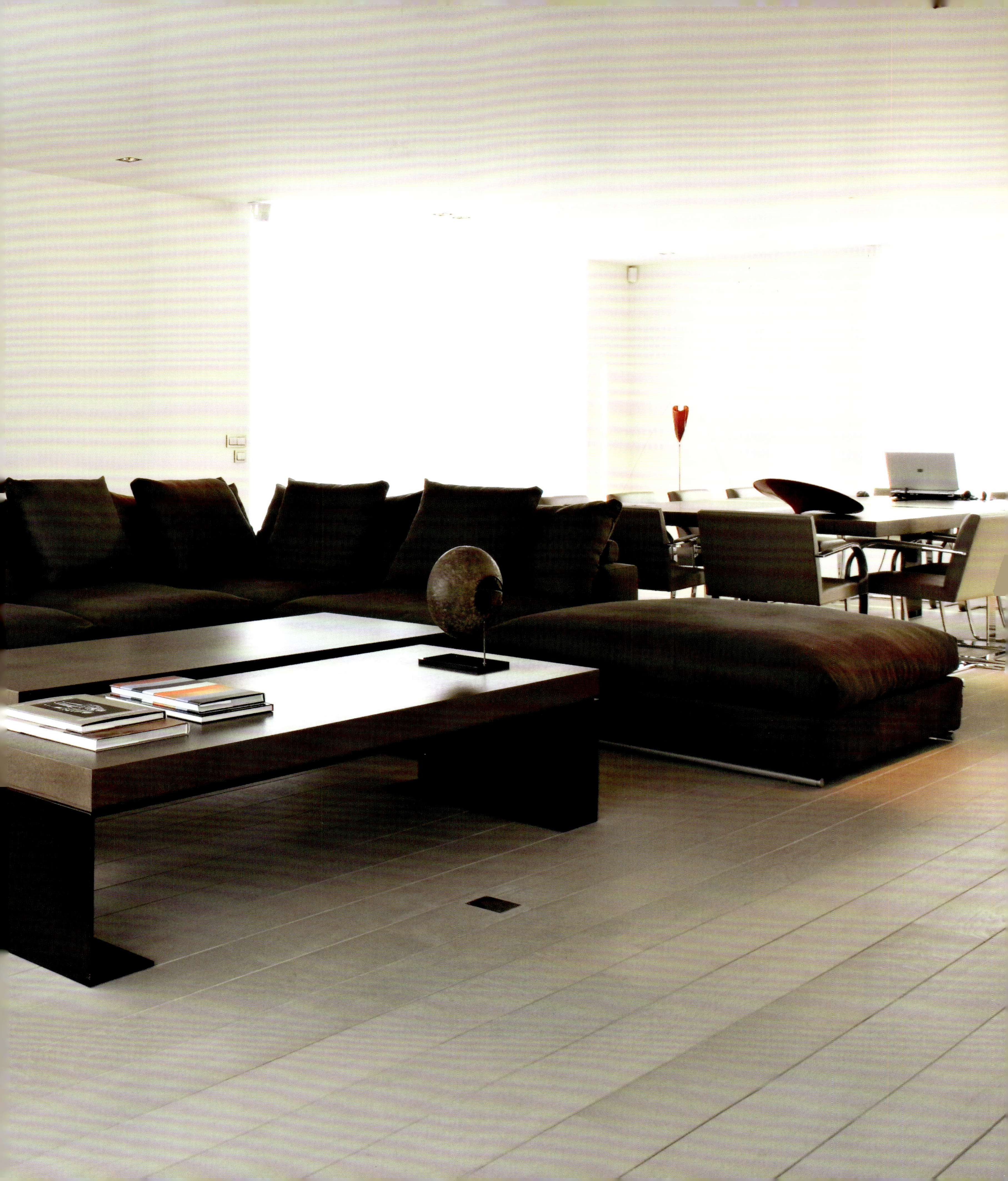

www.kultuz.be
www.artec.be

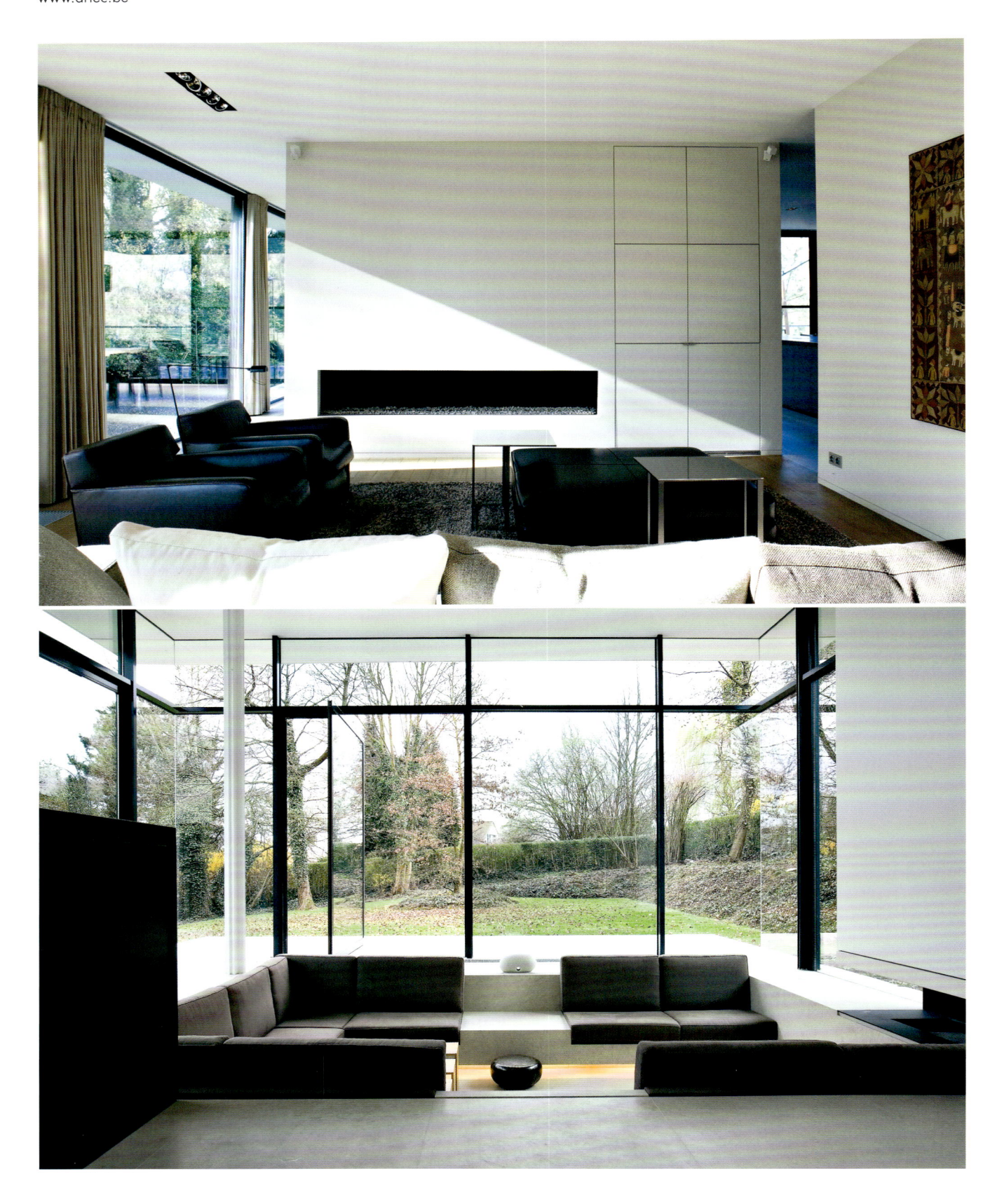

www.gilletjm.com

www.devaere-nv.be

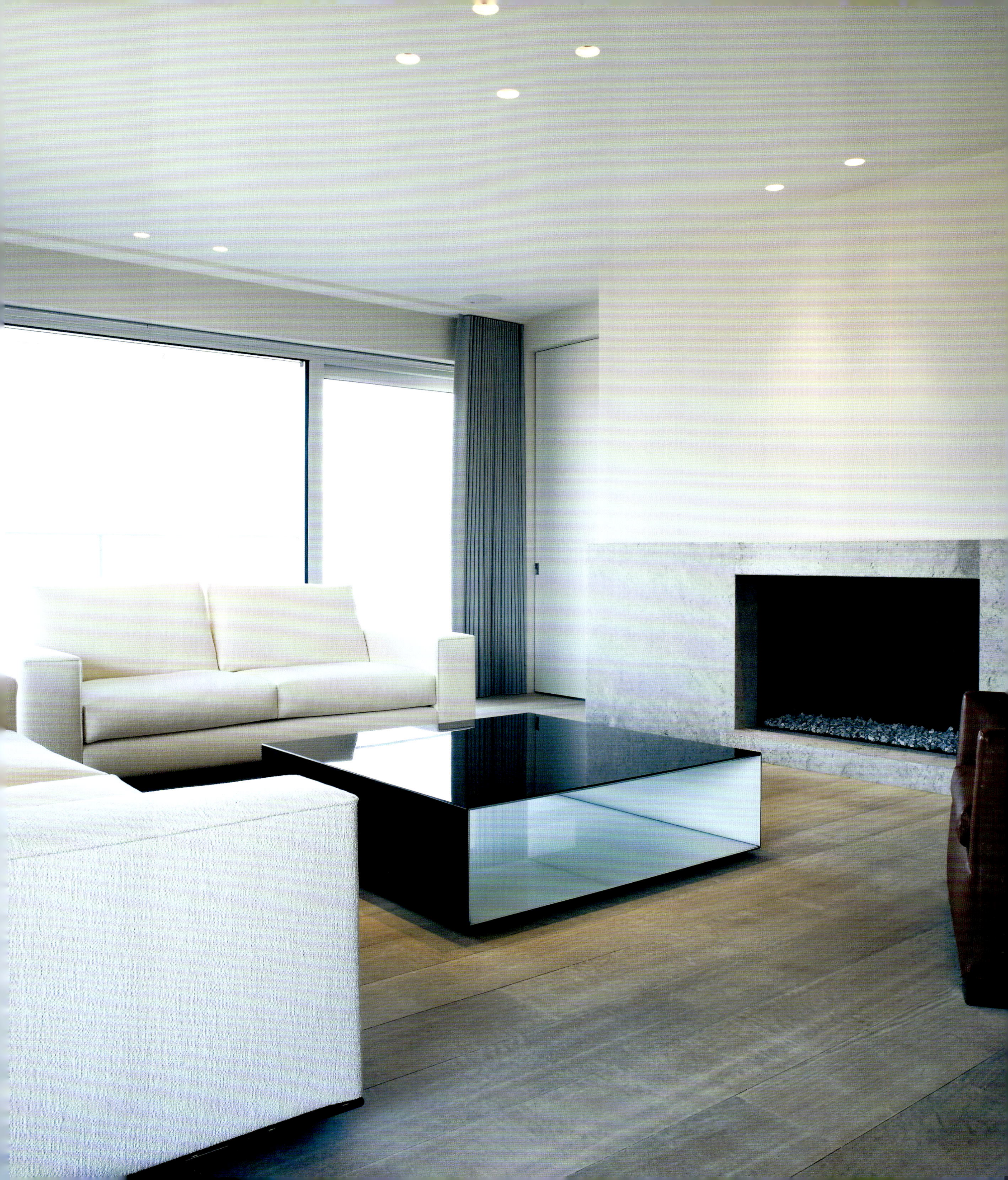

www.ebony-interiors.com

dwek.architectes@gmail.com

www.costermans-projecten.be
www.hetarsenaal.nl

www.ebony-interiors.com

www.alexandershouses.com
www.fabathome.be

www.ensembleetassocies.be

www.simoeninterieur.be

www.obumex.be
www.christian-liaigre.fr

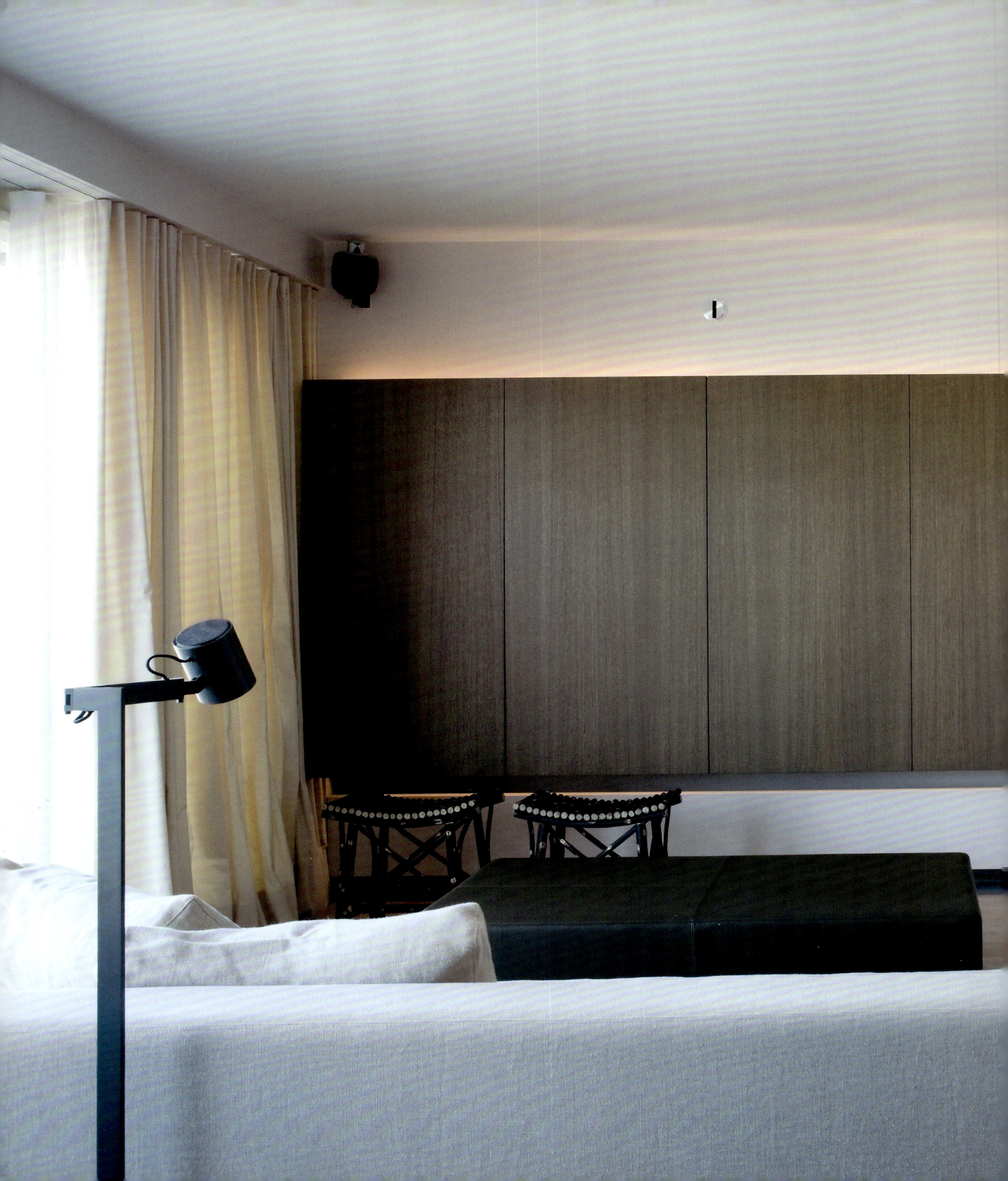

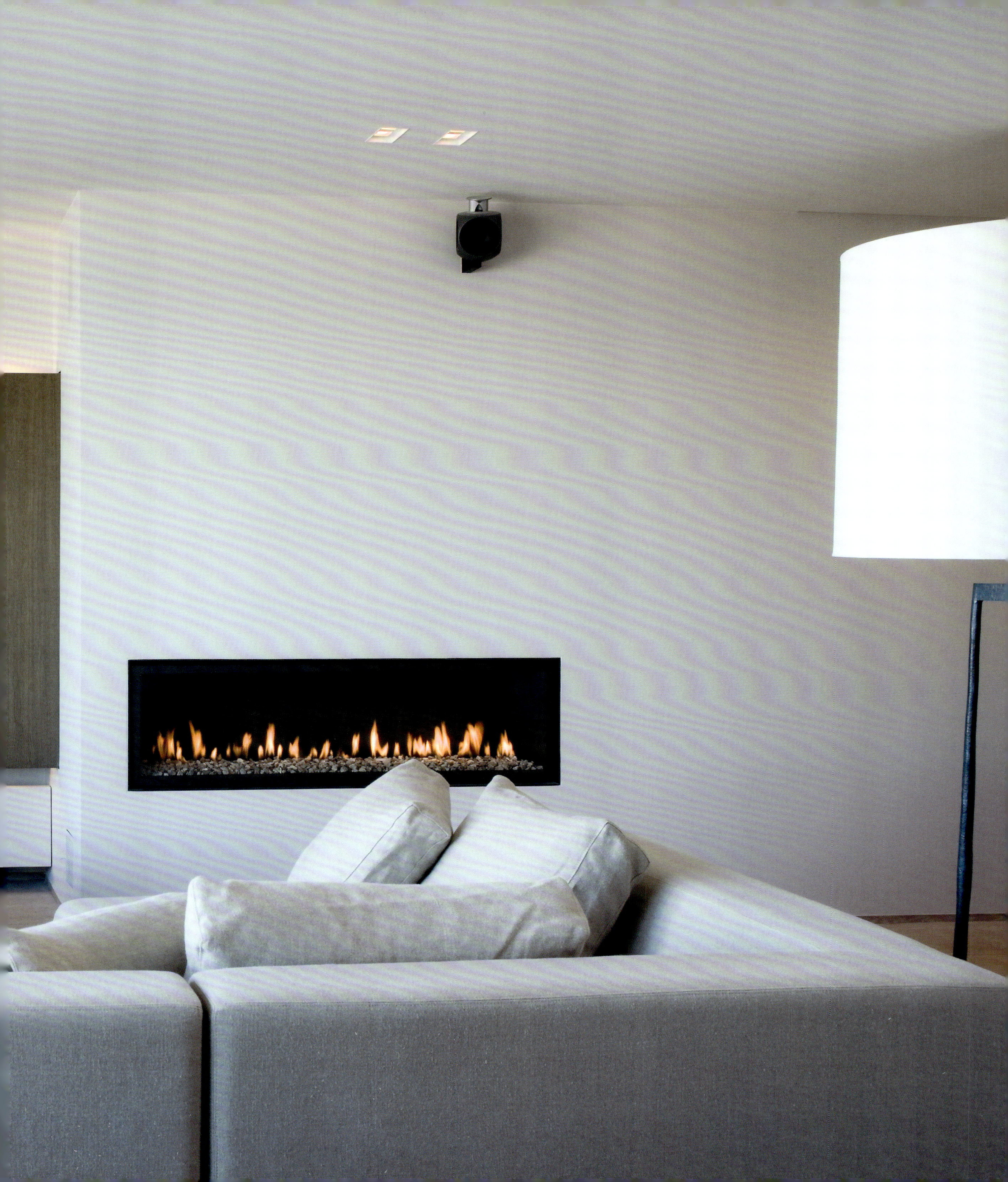

www.obumex.be

www.obumex.be

www.vincentvanduysen.com

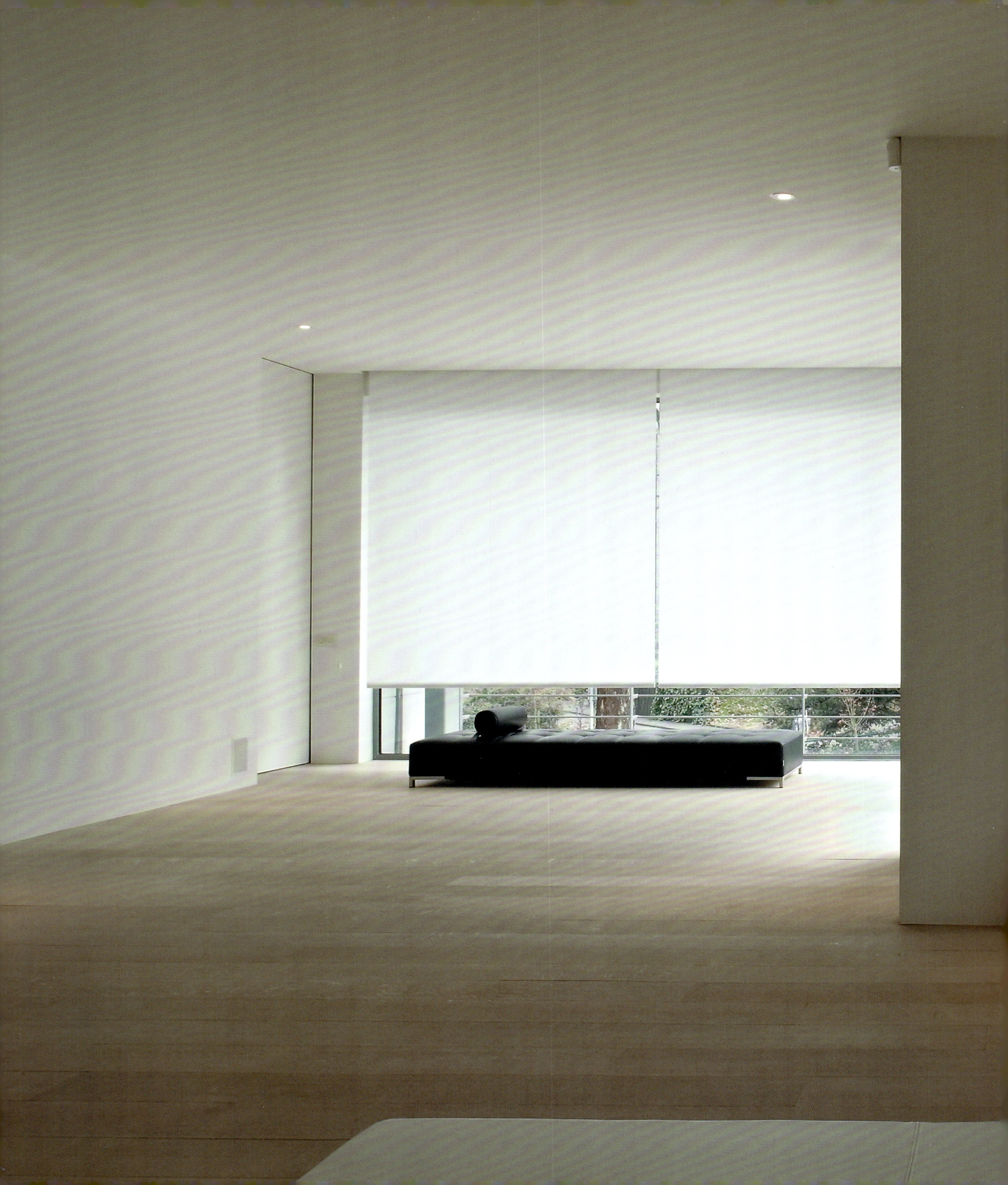

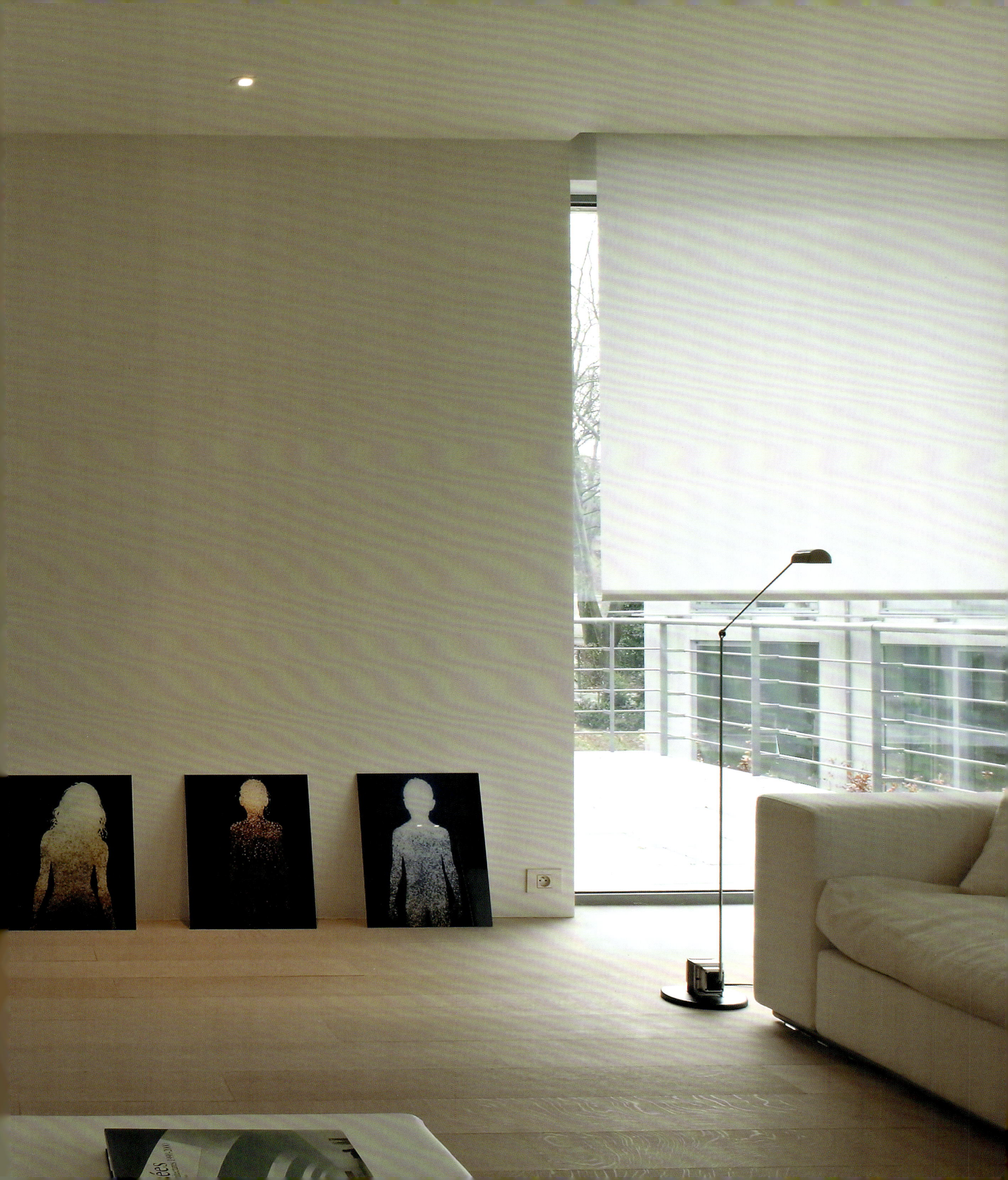

www.instore.be

Jean De Meulder

www.xavierdonck.com
www.christian-liaigre.fr

www.ebony-interiors.com
www.christian-liaigre.fr

www.pascalvanderkelen.com

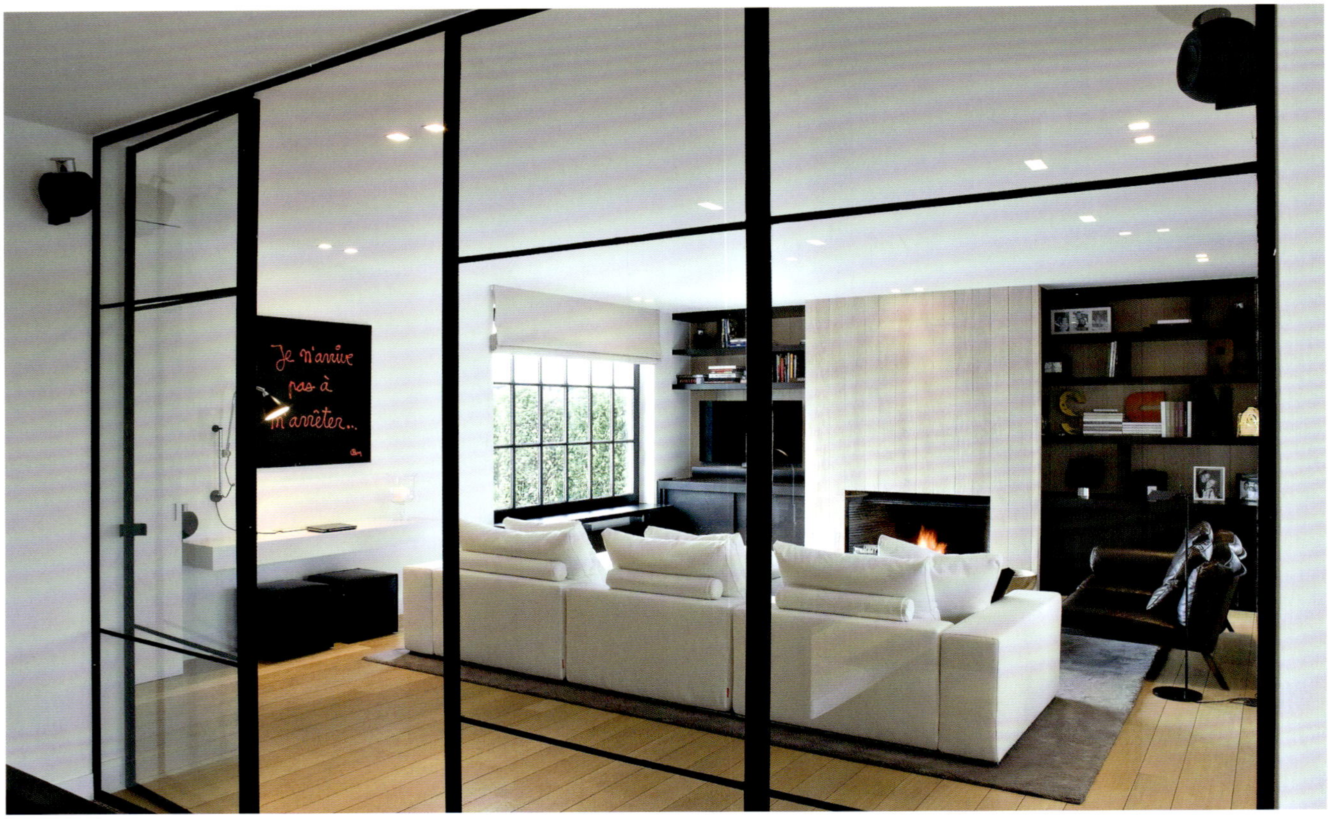
Je n'arrive
pas à
m'arrêter...

102-105
www.rrinterieur.be

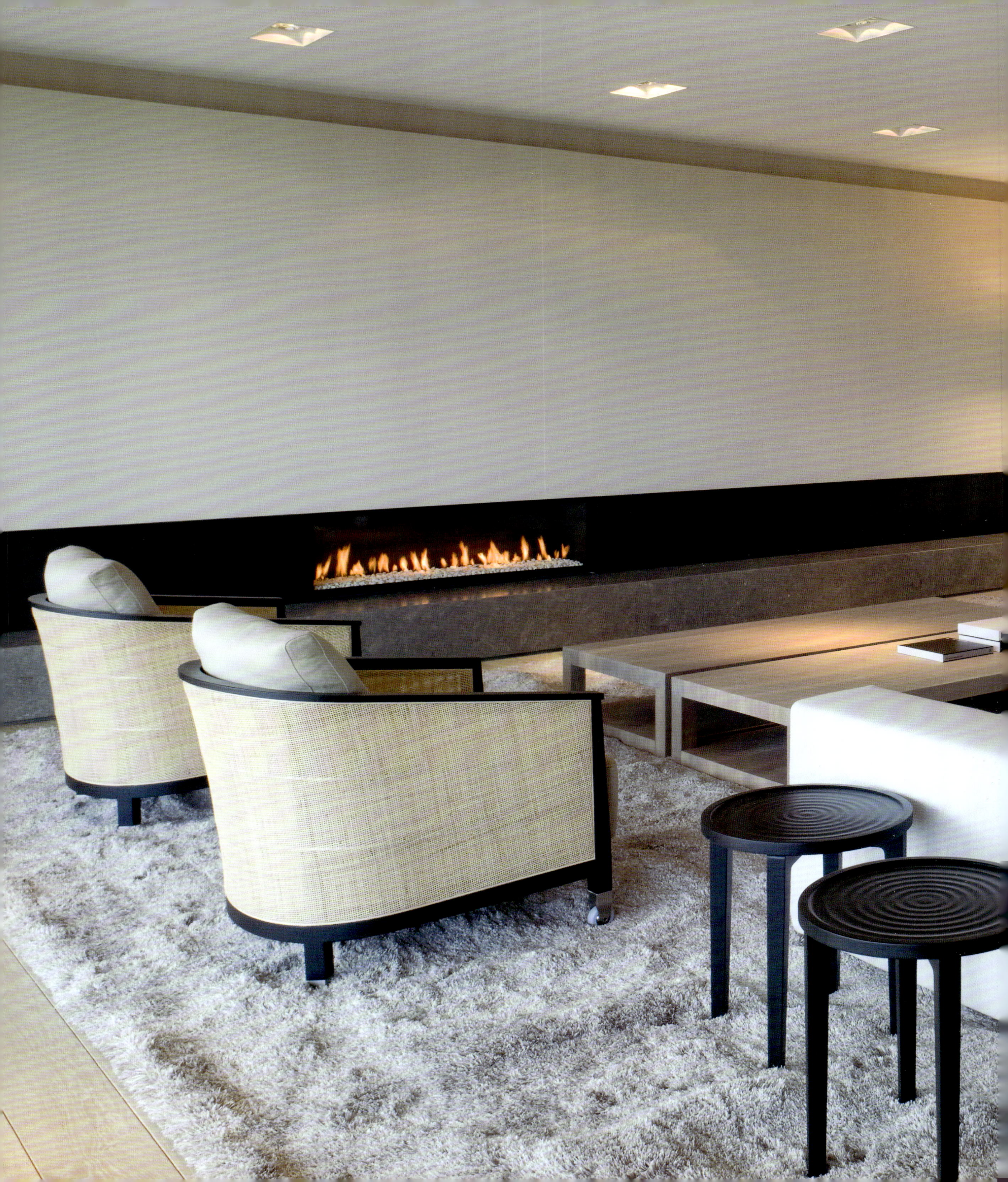

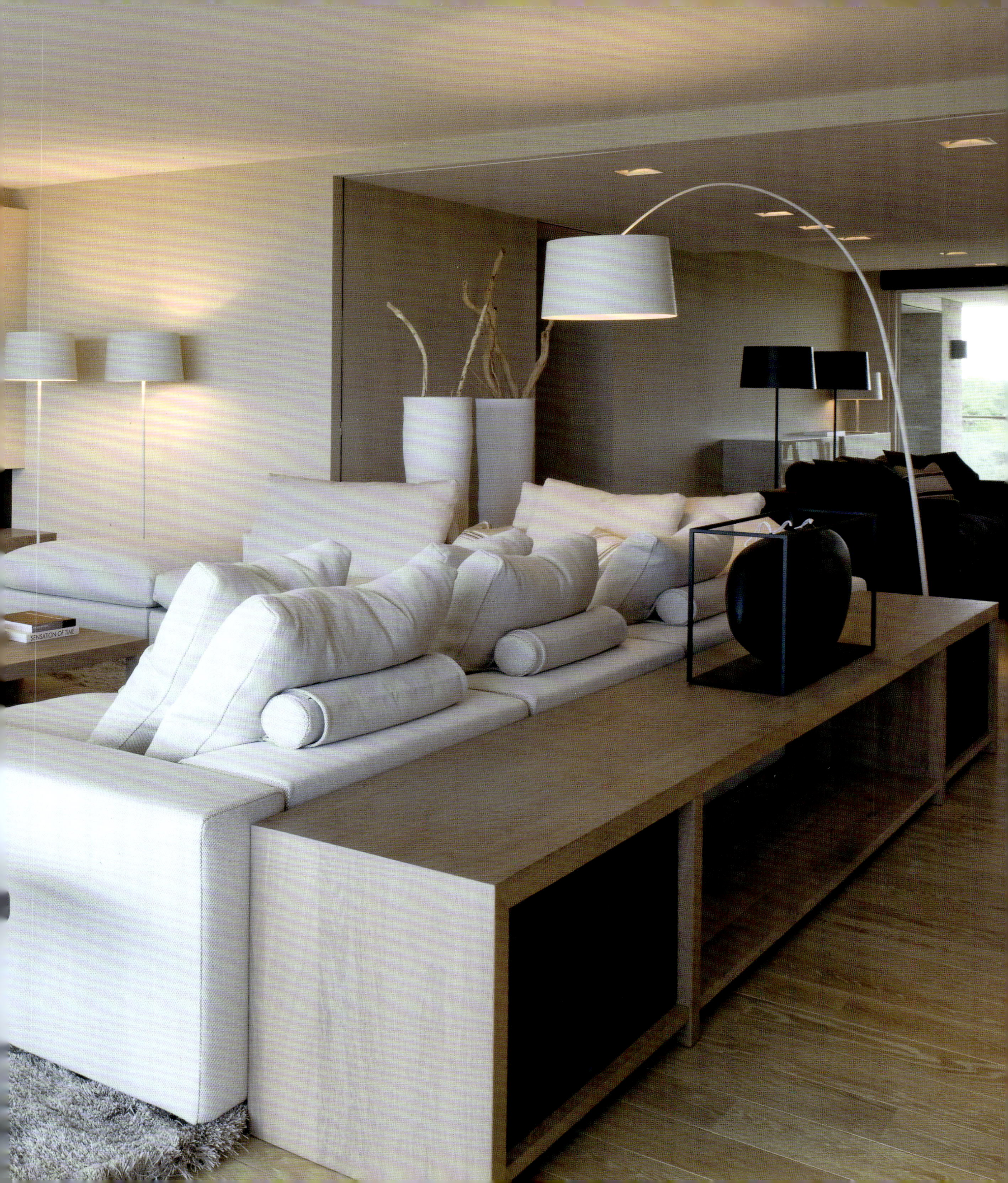

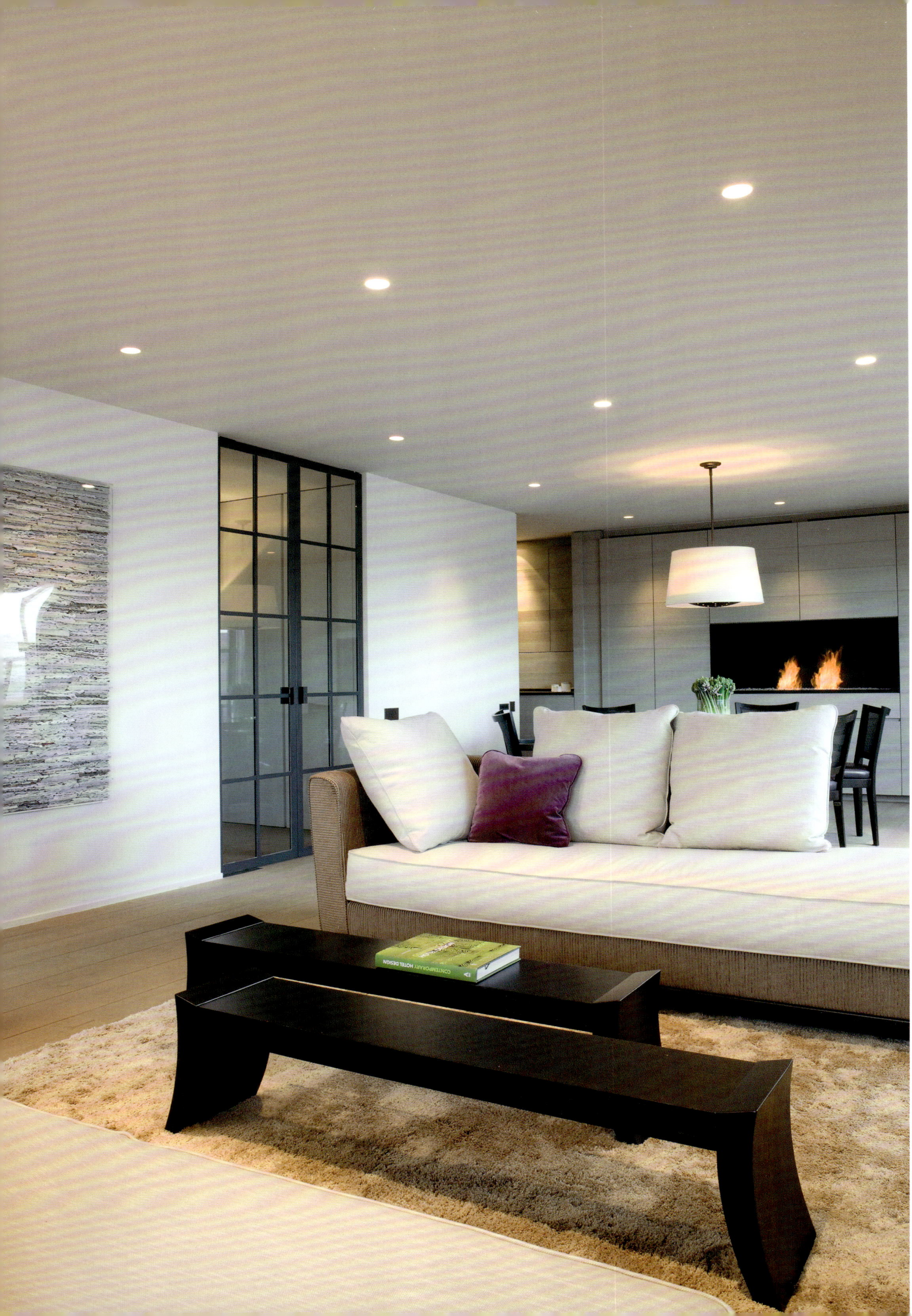
CONTEMPORARY HOTEL DESIGN

← ↑
www.isabelle-onraet.be
www.christian-liaigre.fr

→
www.kultuz.be

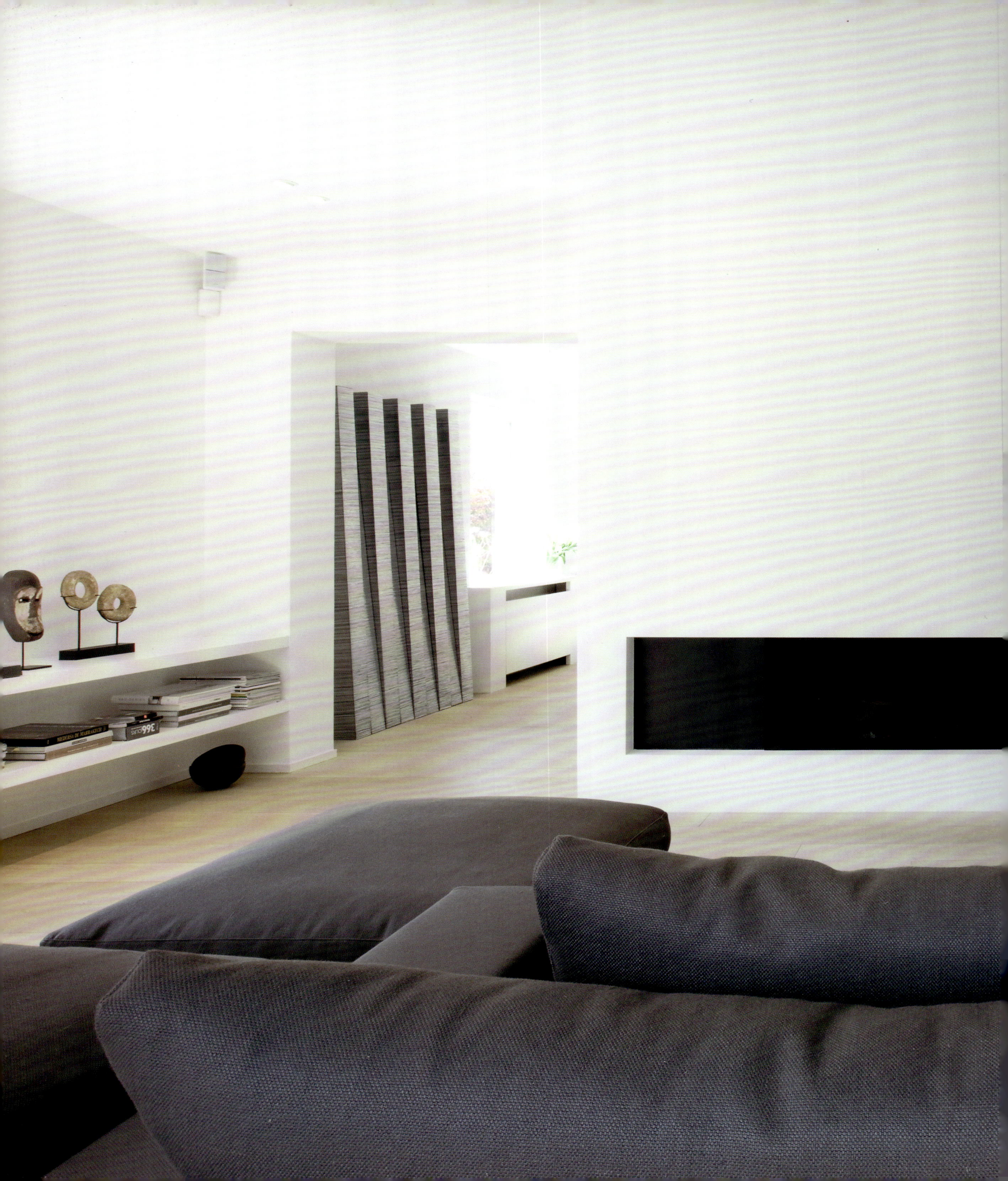

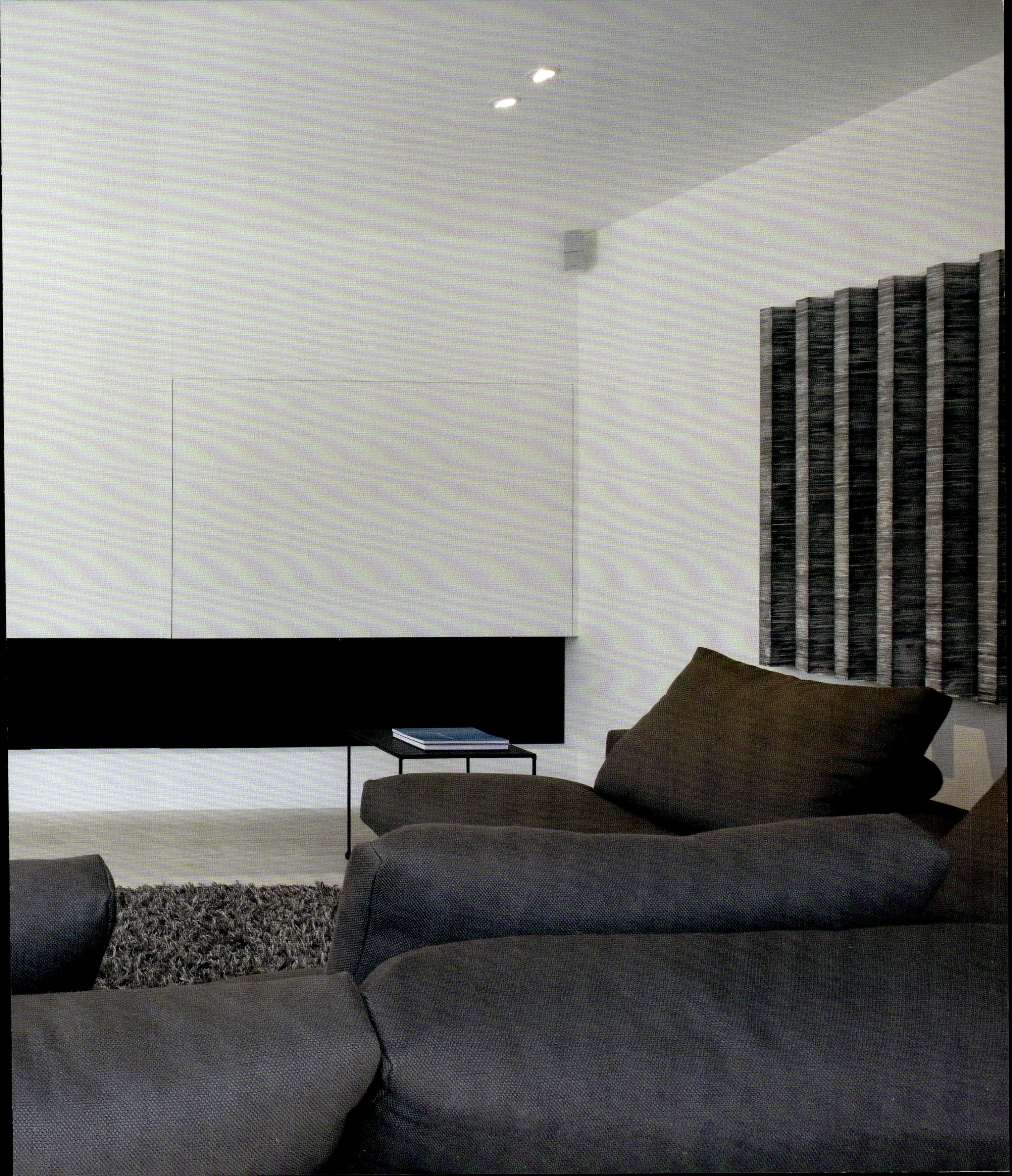

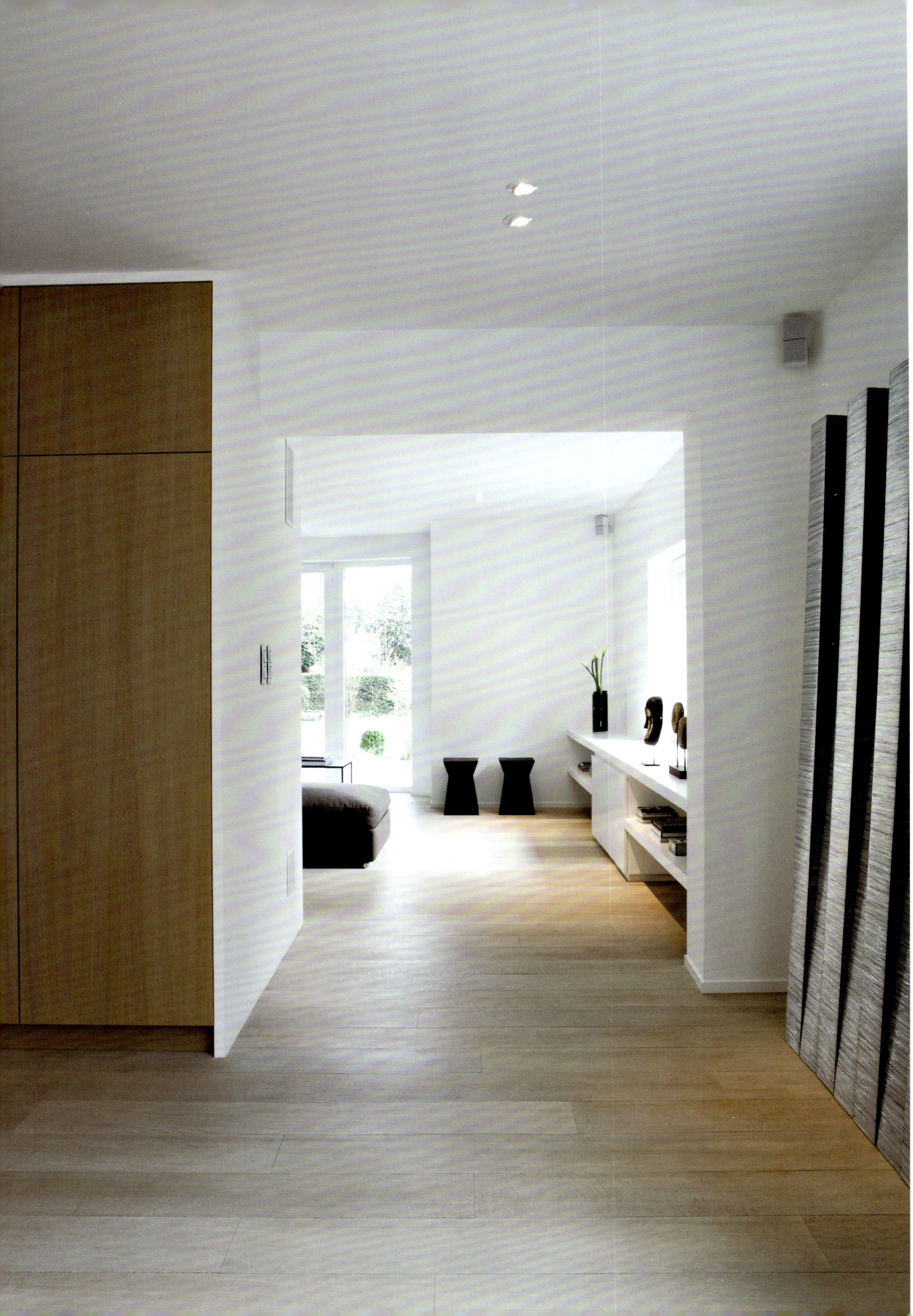

www.collection-privee.com

www.kultuz.be
www.christian-liaigre.fr

www.kultuz.be

www.collection-privee.com

www.minus.be

www.hansverstuyftarchitecten.be

www.adparchitecture.com

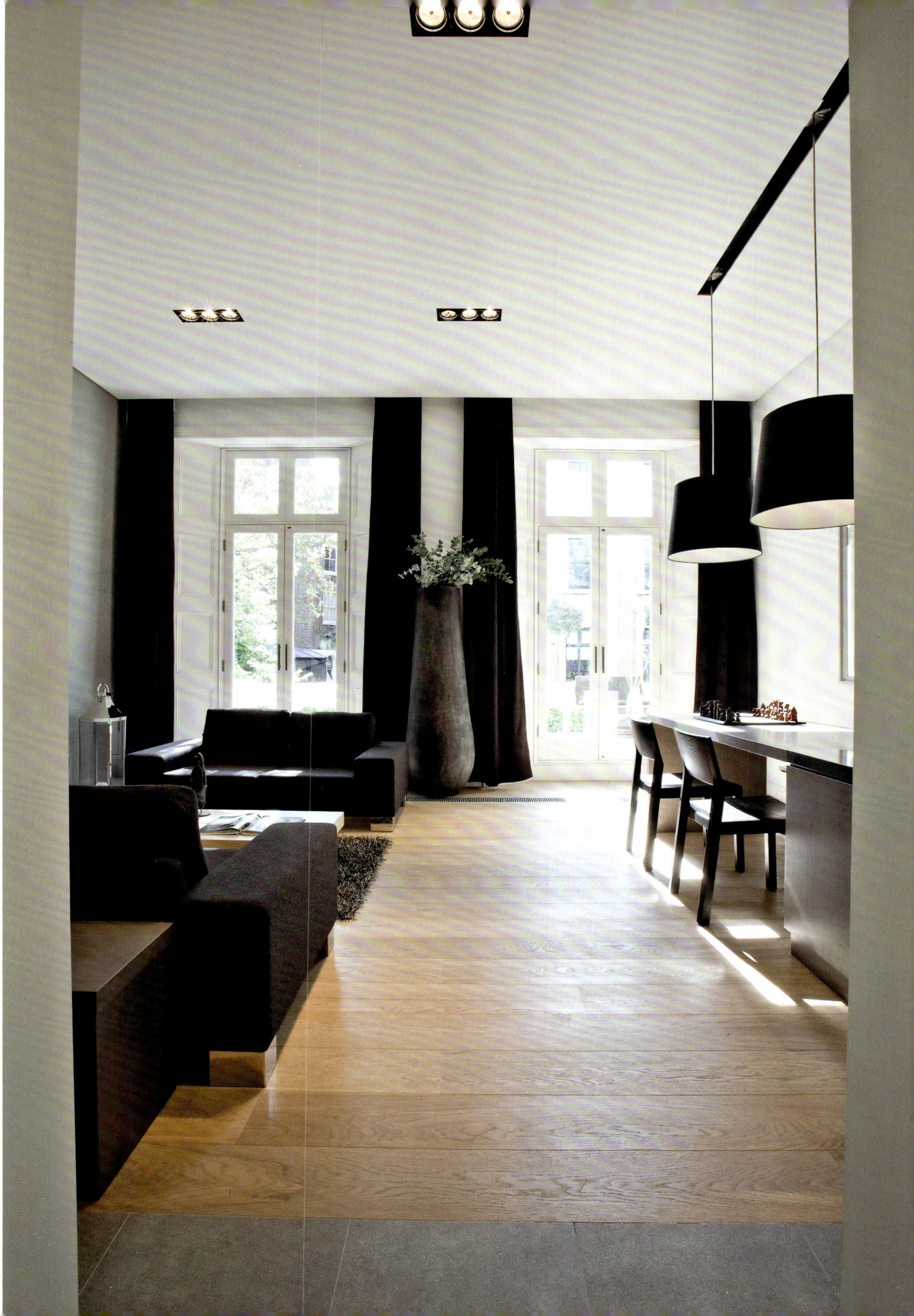

www.ebony-interiors.com
www.christian-liaigre.fr

www.astralovesliving.com

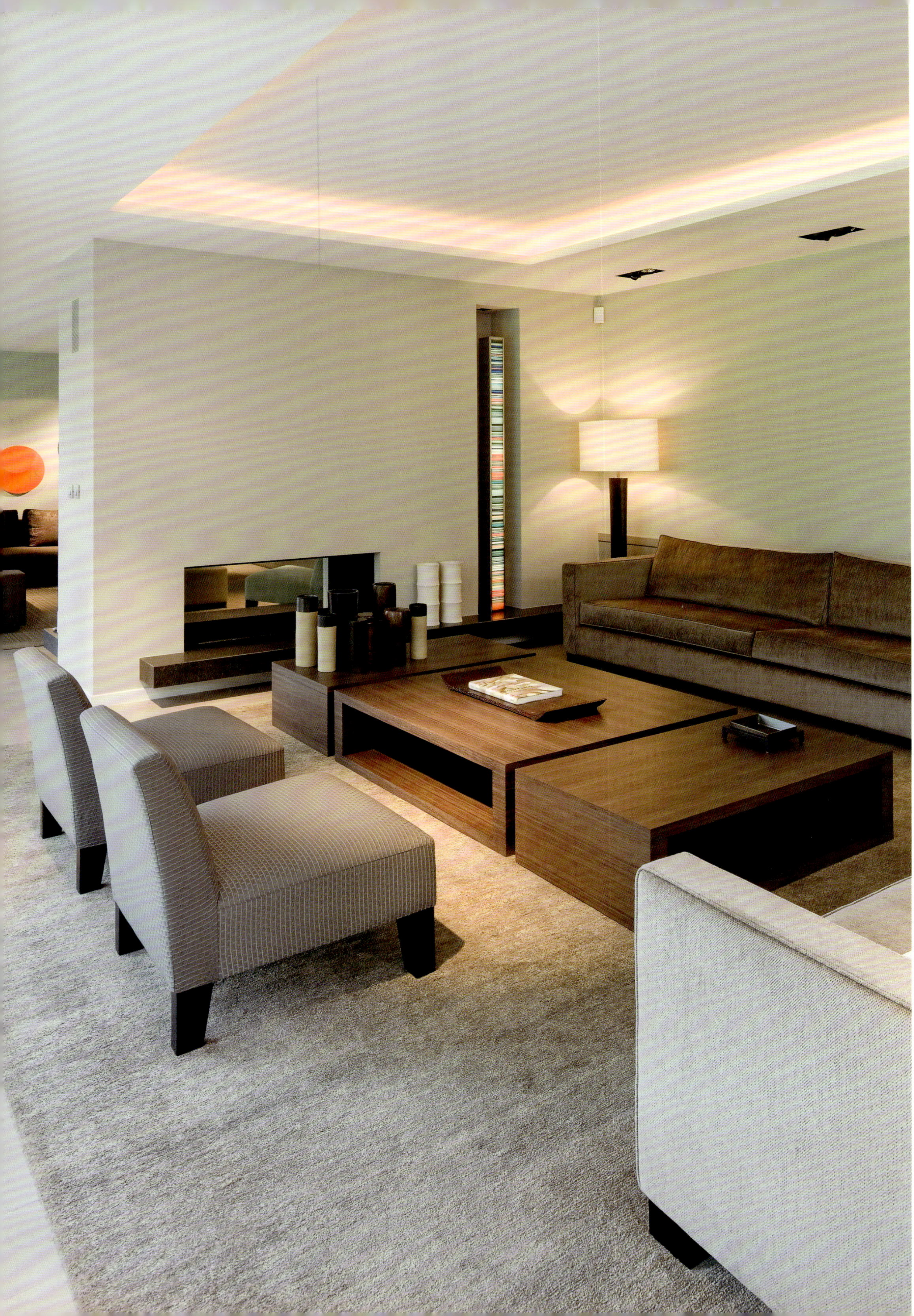

www.ebony-interiors.com

marie@stadsbader-bernard.com

121

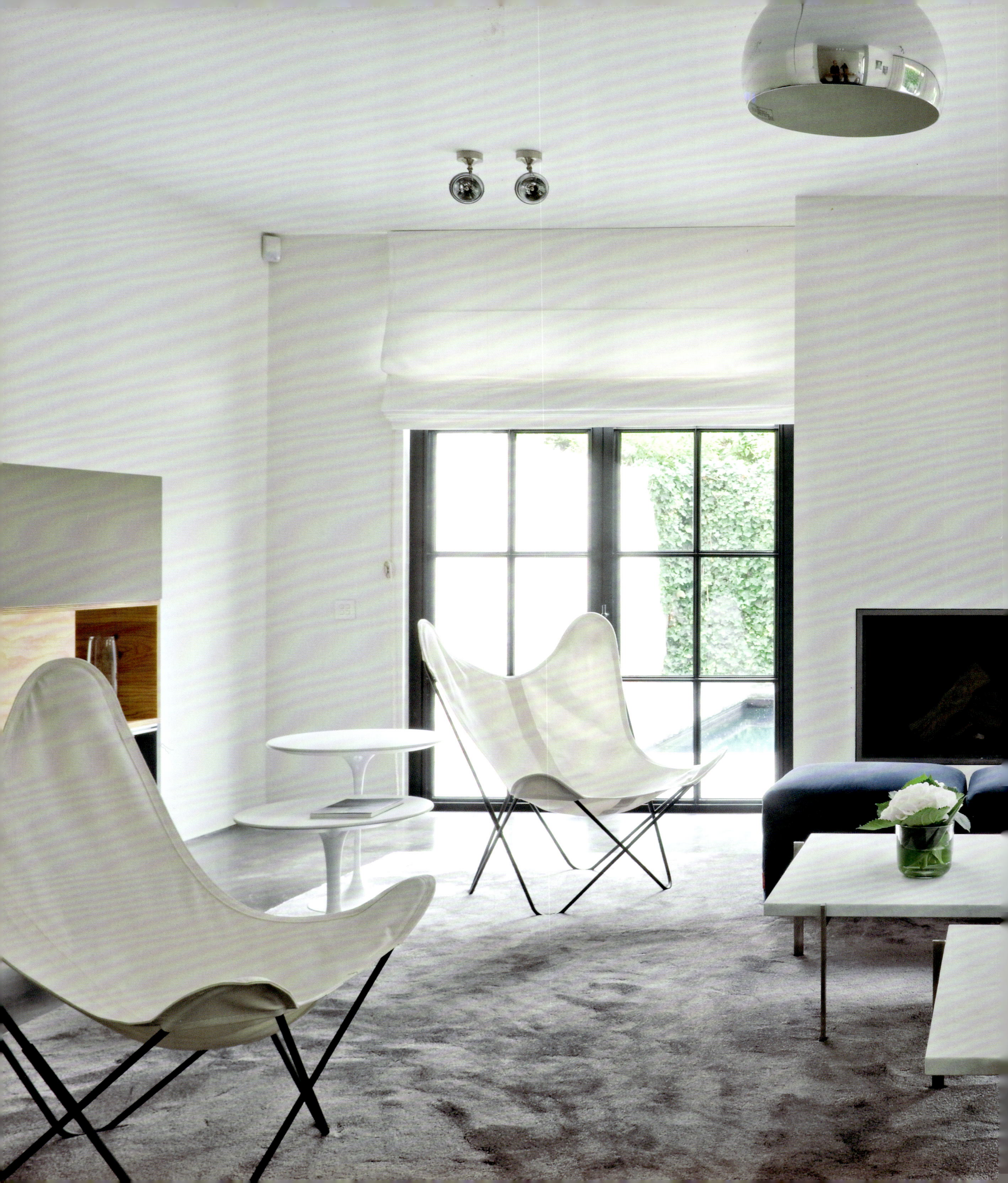

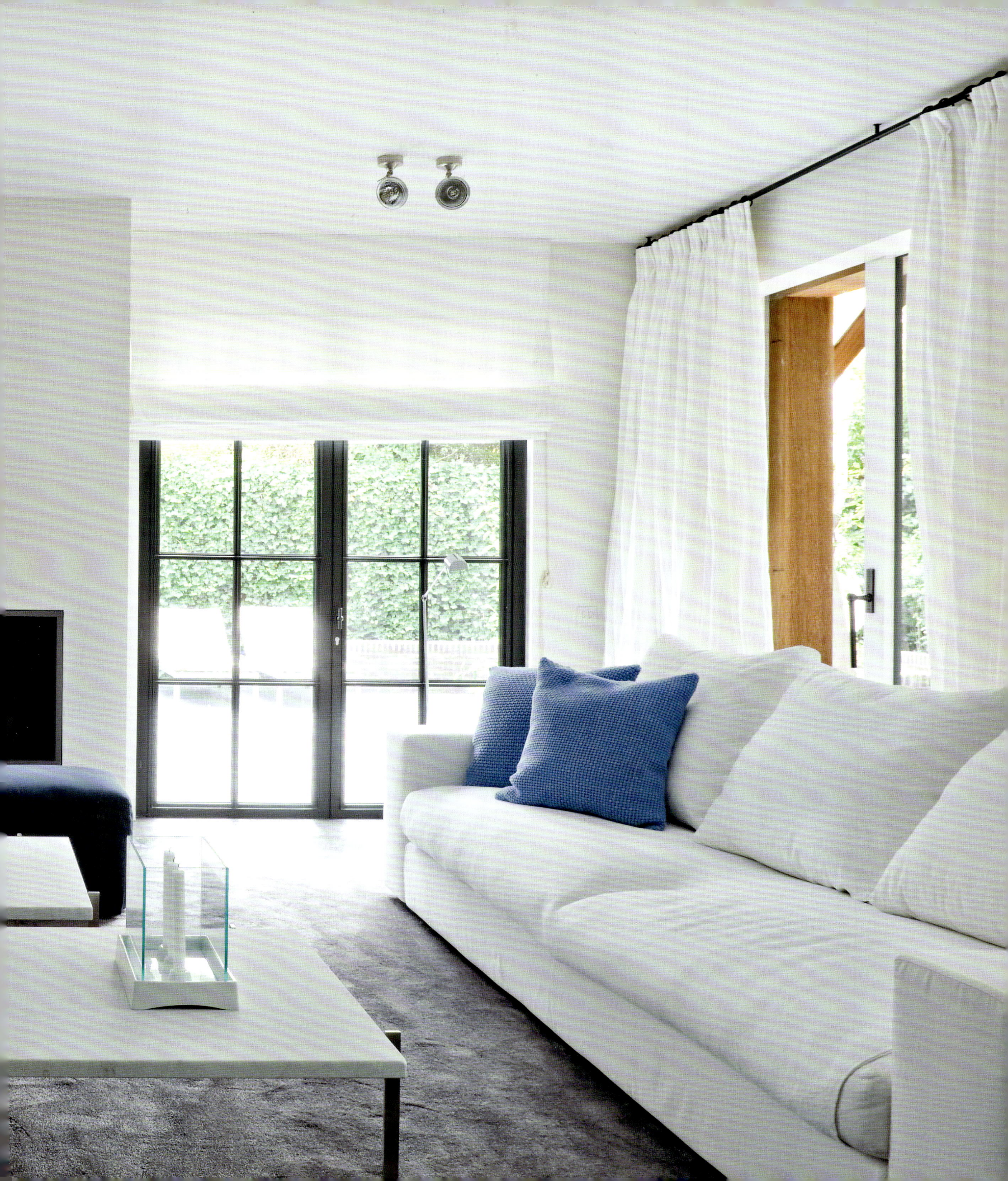

annik.dierckx@telenet.be

www.dtj-interiorarchitect.be

www.minus.be

www.nico-verheyden.be

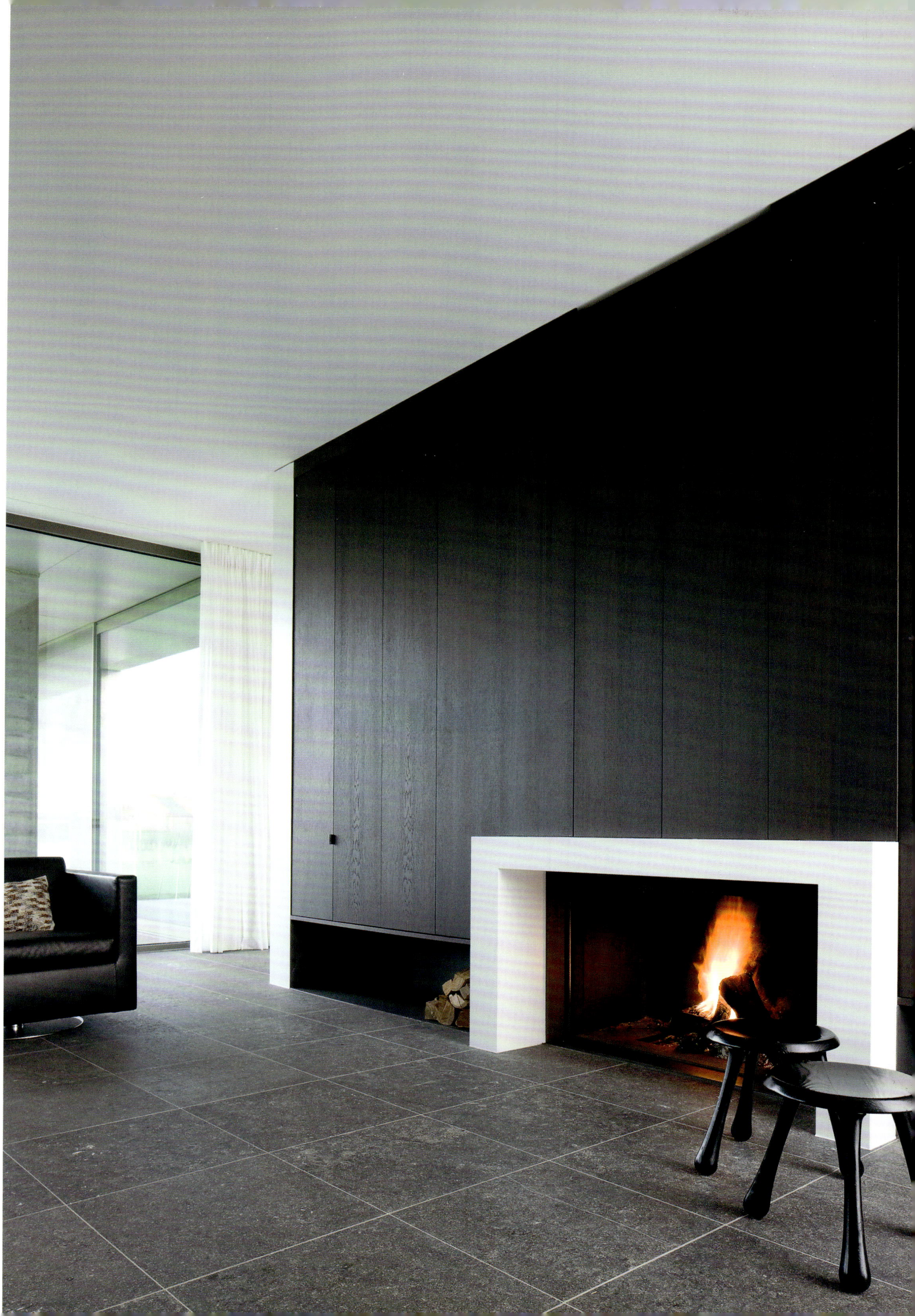

www.filipglorieux.be

www.cypeys.com

www.minus.be

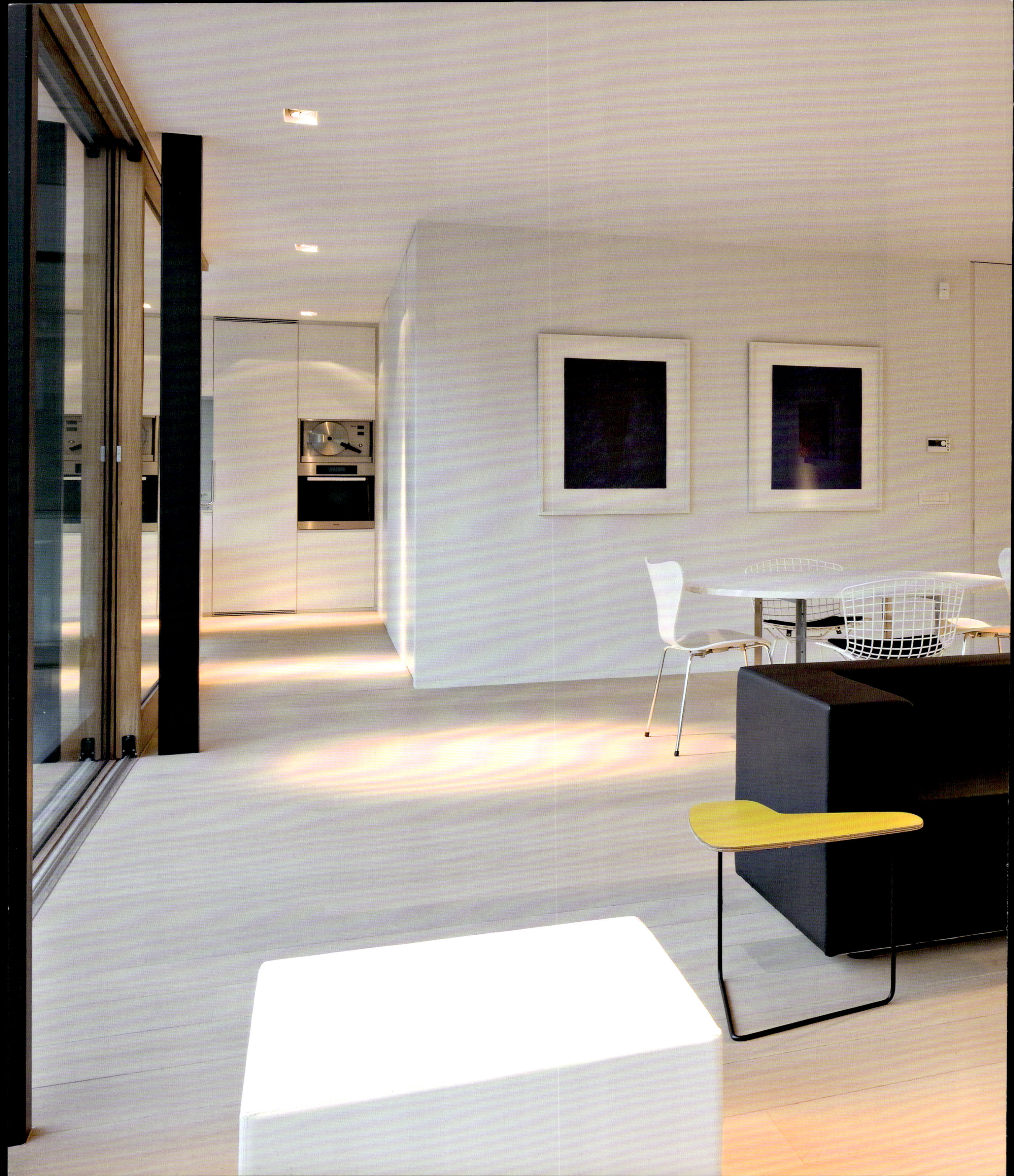

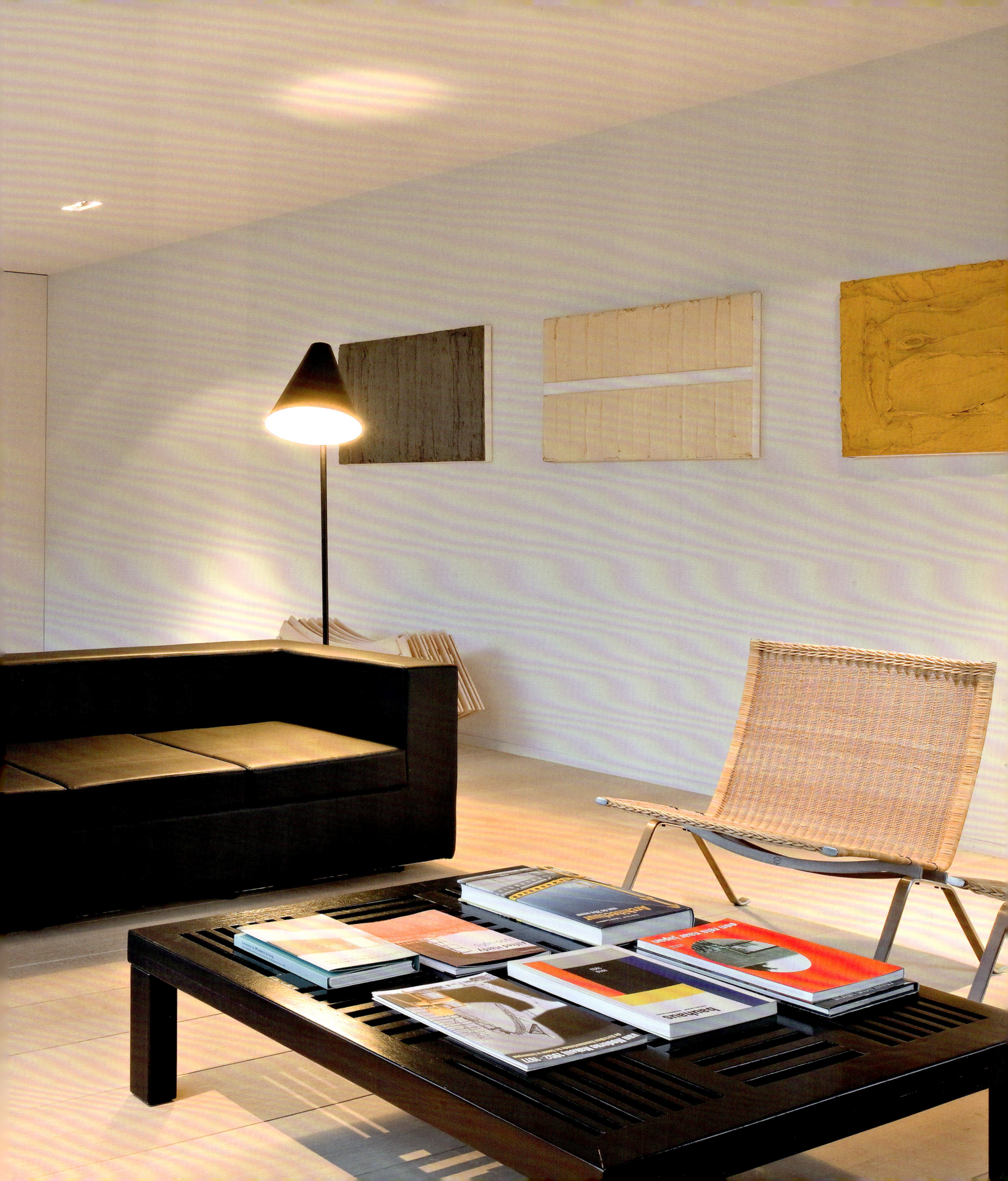

www.brunovanbesien.be

www.hansverstuyftarchitecten.be

www.minus.be

DINING ROOMS
SALLES À MANGER
EETKAMERS

www.ensembleetassocies.be
www.christian-liaigre.fr

↑
www.stephanielaporte.be

www.aksent-gent.be

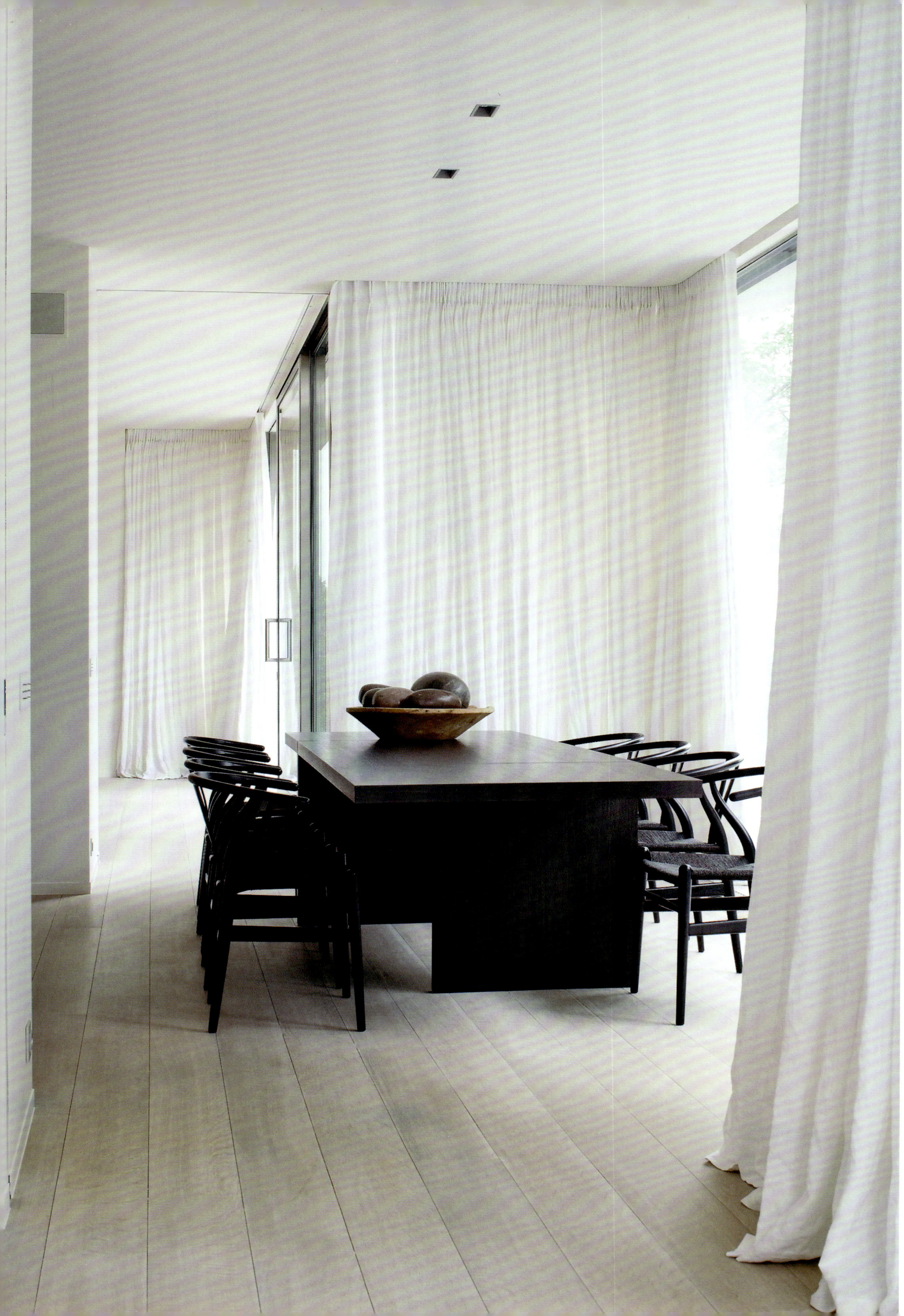

www.obumex.be

www.pascalvanderkelen.com

139

www.daskal-laperre.com

www.ebony-interiors.com

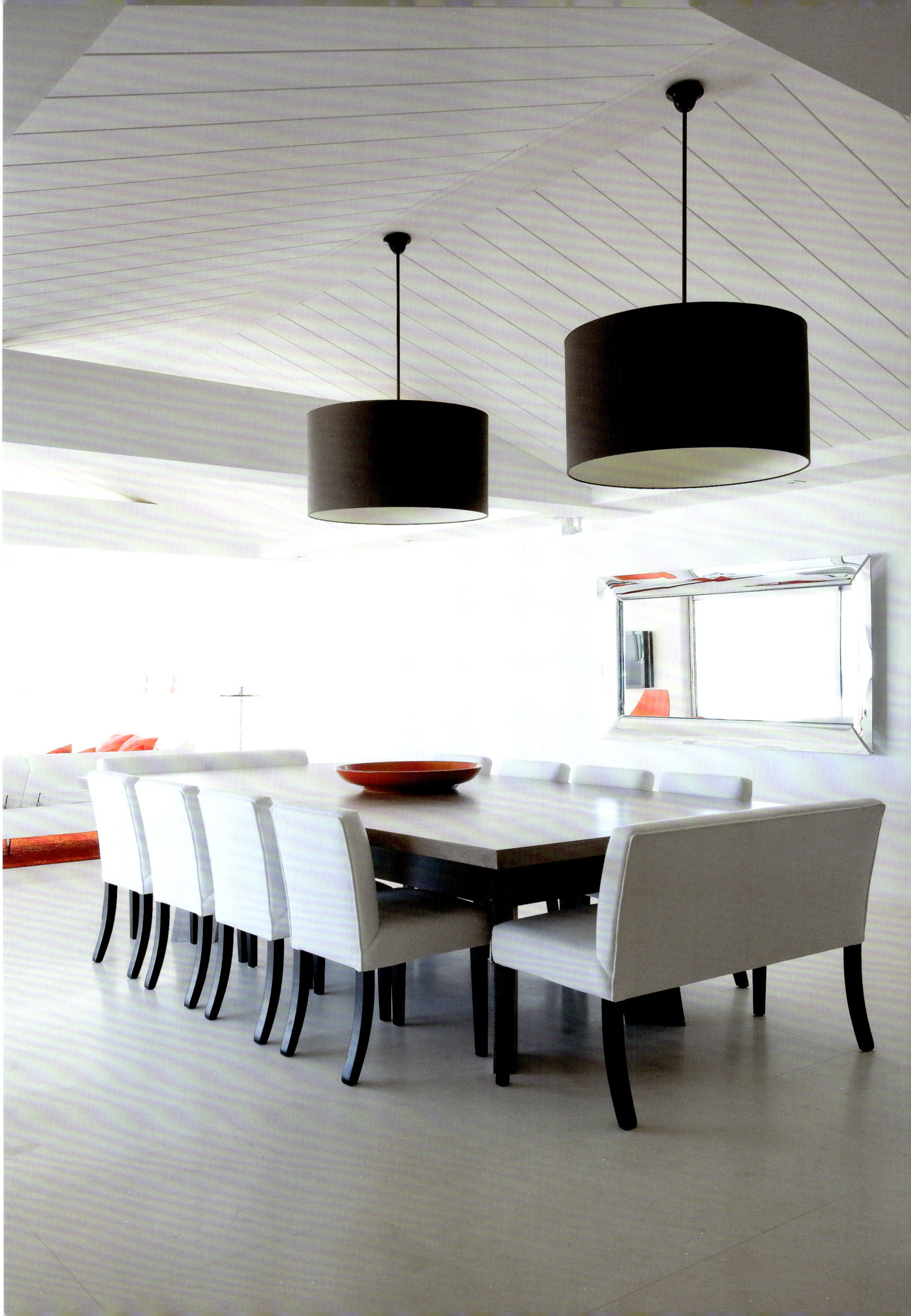

www.pascalvanderkelen.com

www.ensembleetassocies.be

www.projectdesign.ch
www.weltondesign.com

www.pascalvanderkelen.com

www.ensembleetassocies.be

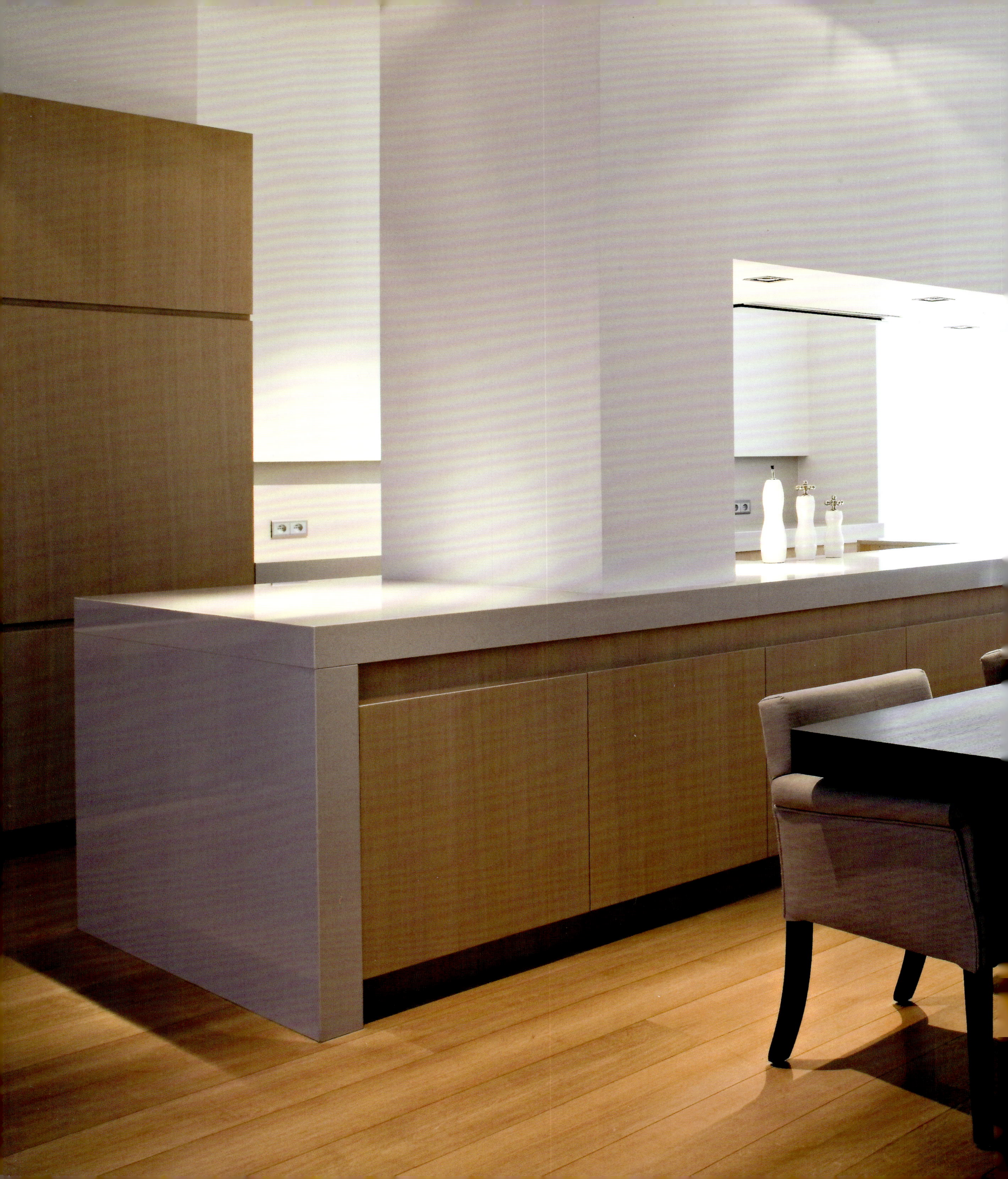

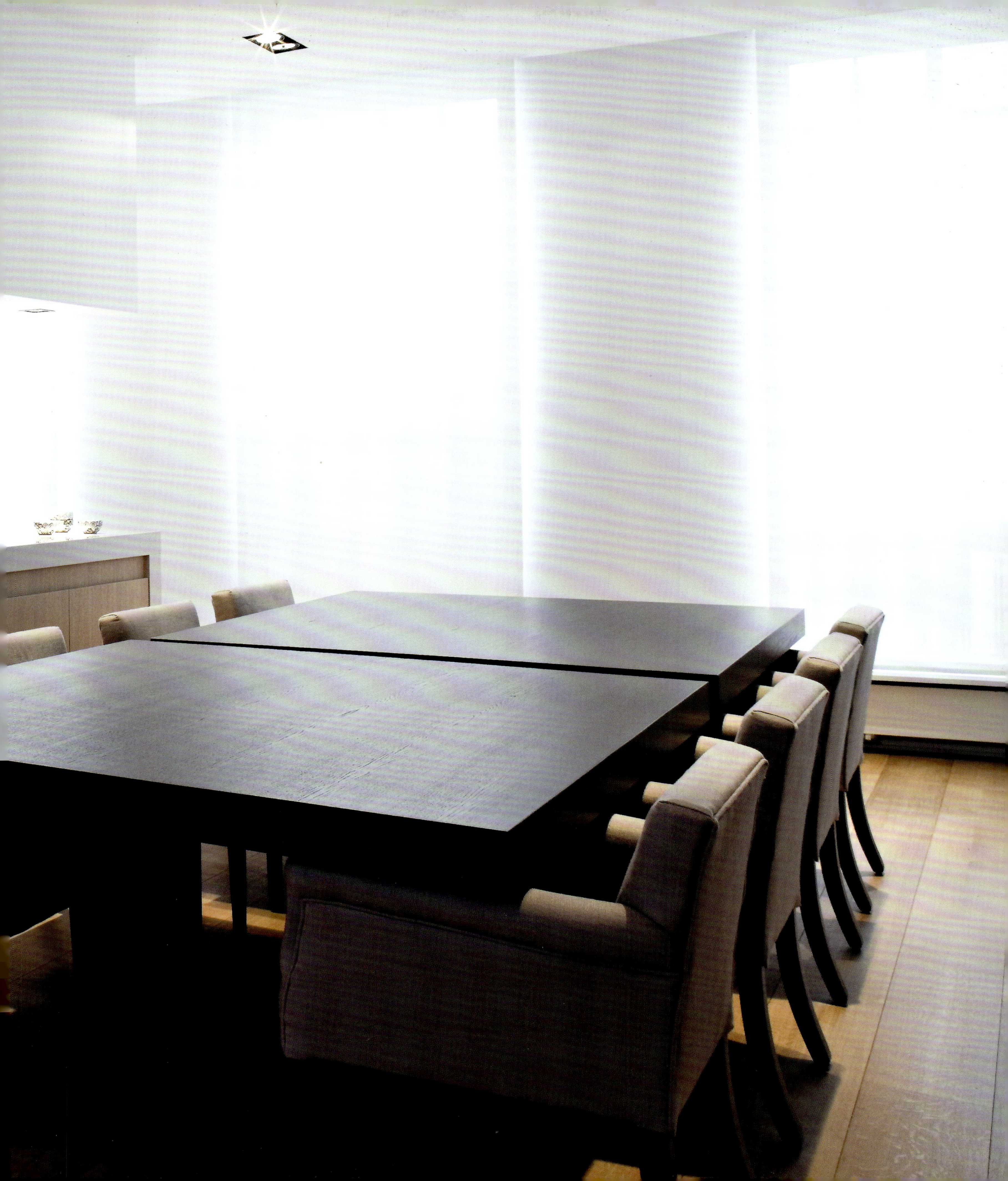

↑
www.stephanielaporte.be
www.obumex.be
www.christian-liaigre.fr

www.alexandershouses.com
www.erpicum.org
www.fabathome.be

www.casavero.be

www.ensembleetassocies.be

www.francisluypaert.be

dwek.architectes@gmail.com
www.esthergutmer.be
www.christian-liaigre.fr

www.obumex.be

info@dejaegere-interiors.be

bert.vanbogaert@pandora.be
www.interieurdemaere.be

www.schellen.be
www.lindacoart.be
www.christian-liaigre.fr

www.simoeninterieur.be

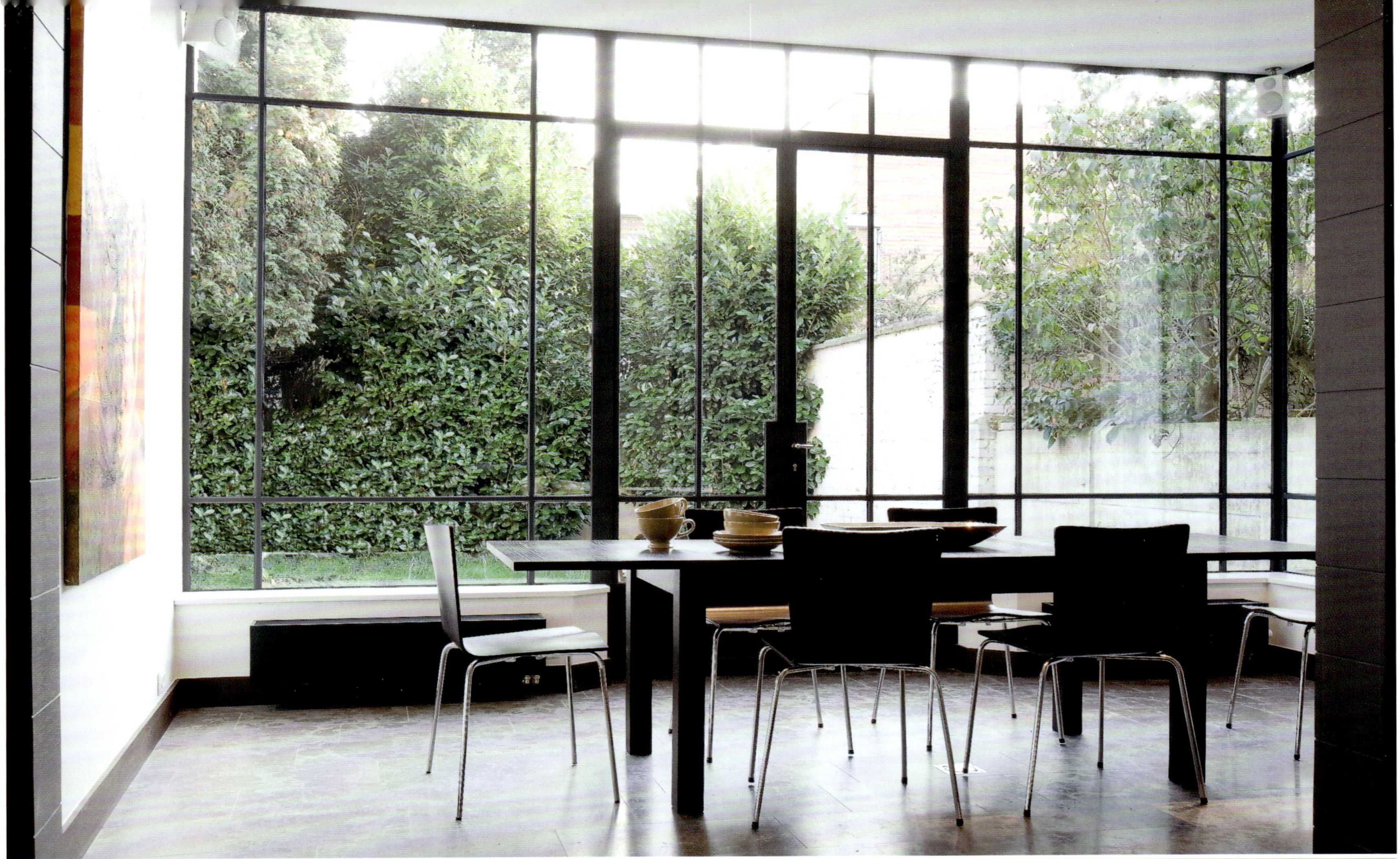

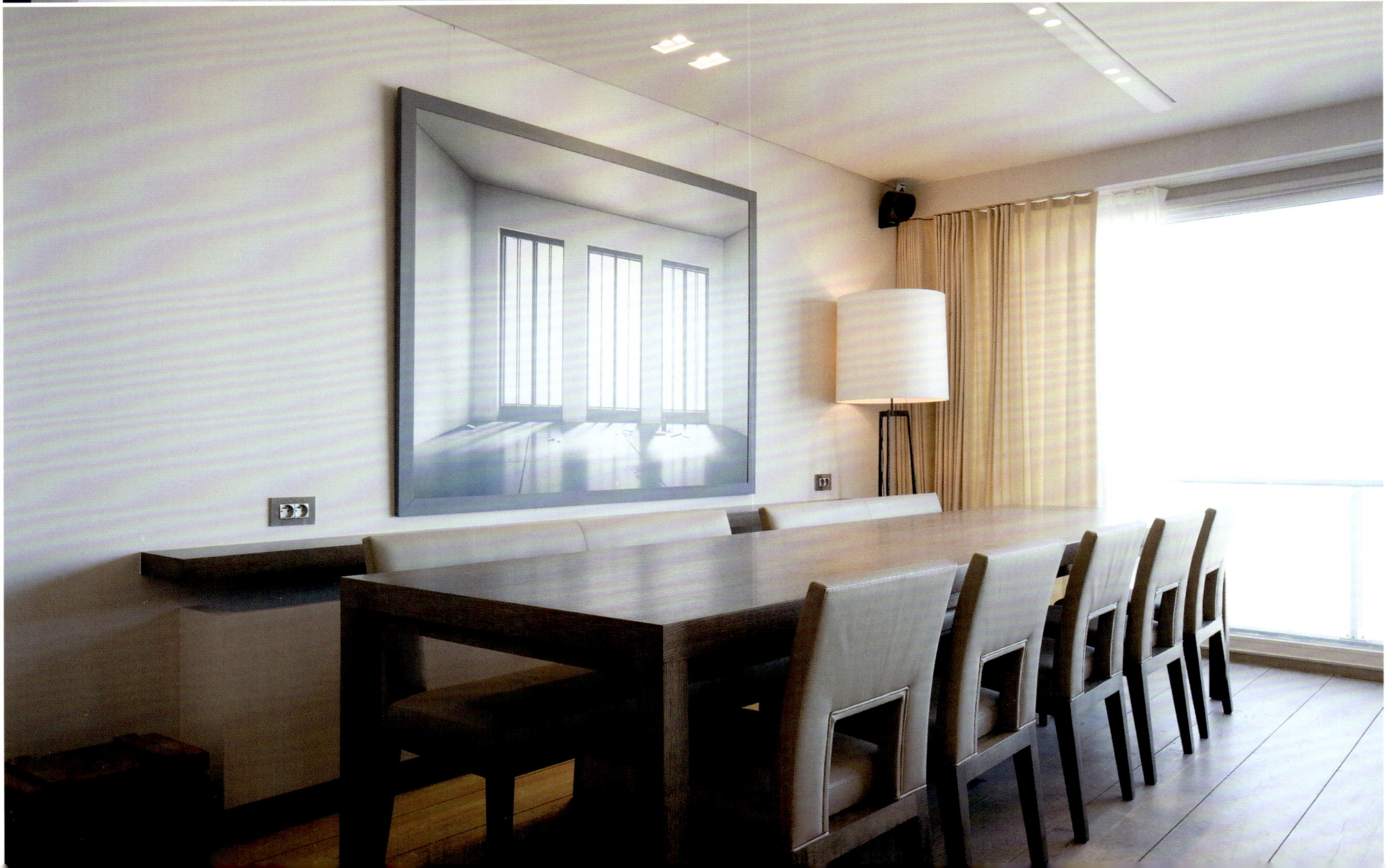

←
www.herbosch-vanreeth.be

www.rrinterieur.be

← →
www.obumex.be www.obumex.be
www.christian-liaigre.fr www.christian-liaigre.fr

155.

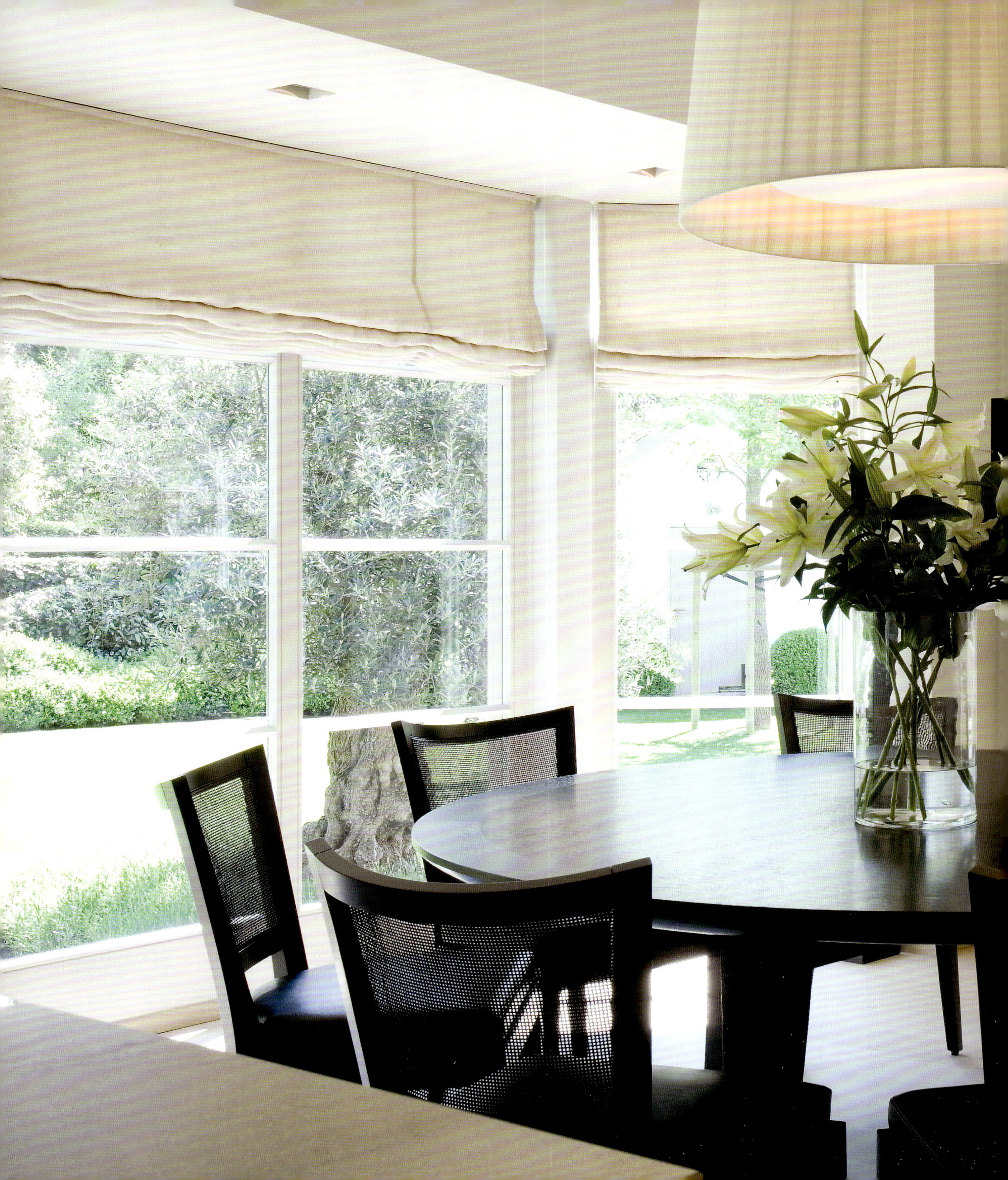

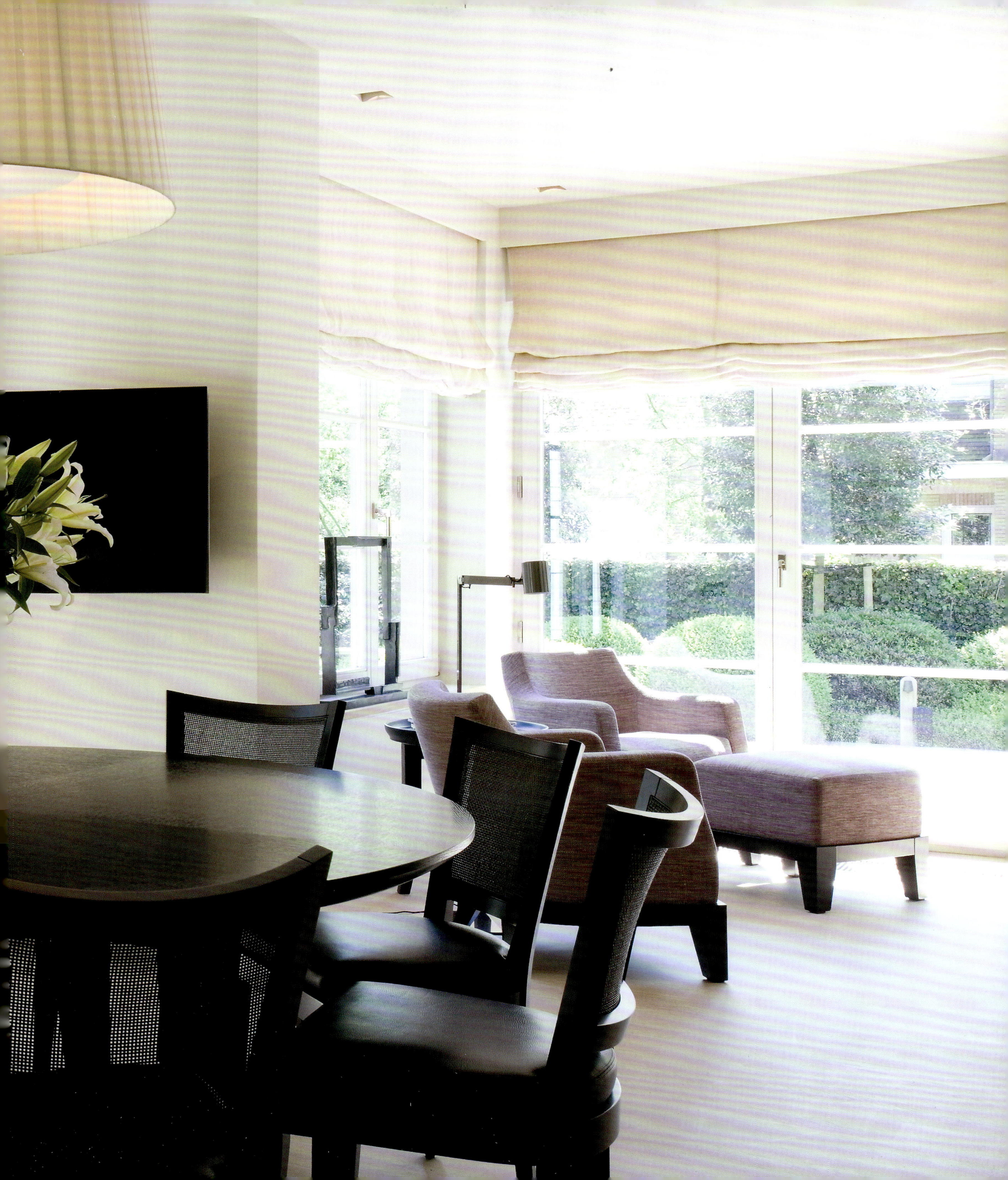

www.pascalvanderkelen.com

Sophie Campion
www.christian-liaigre.fr

www.instore.be

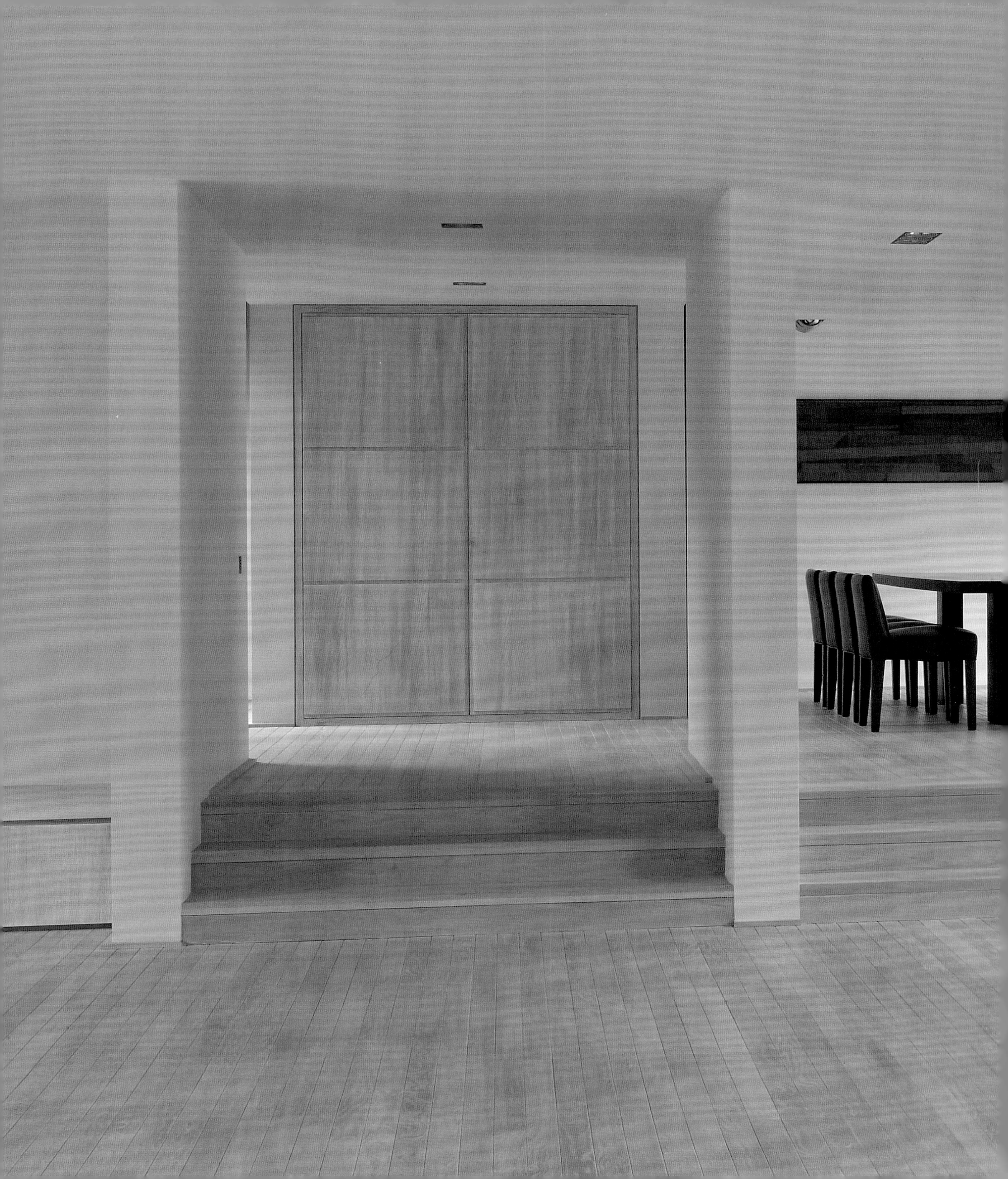

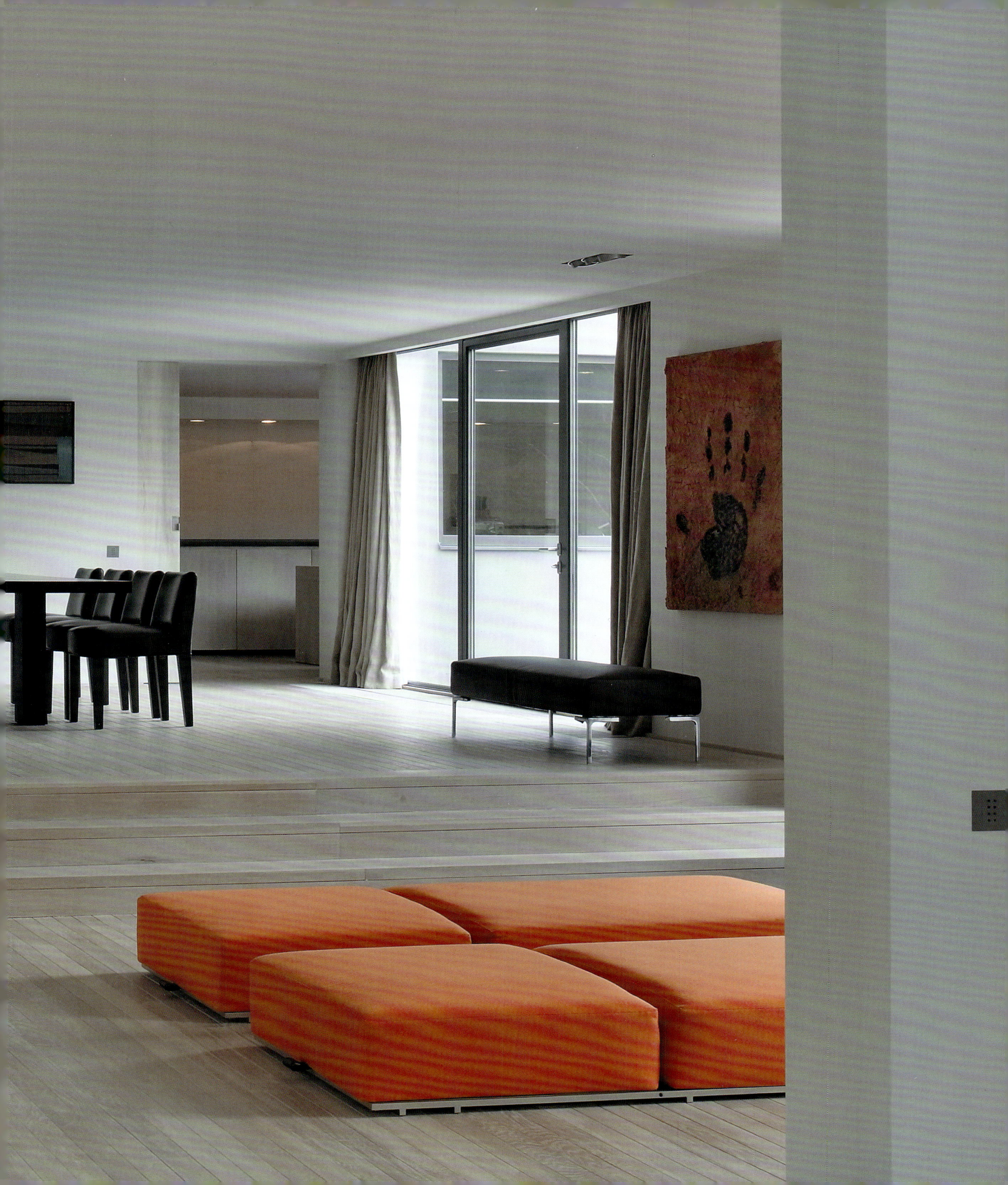

↑ →
www.rrinterieur.be

www.pascalvanderkelen.com

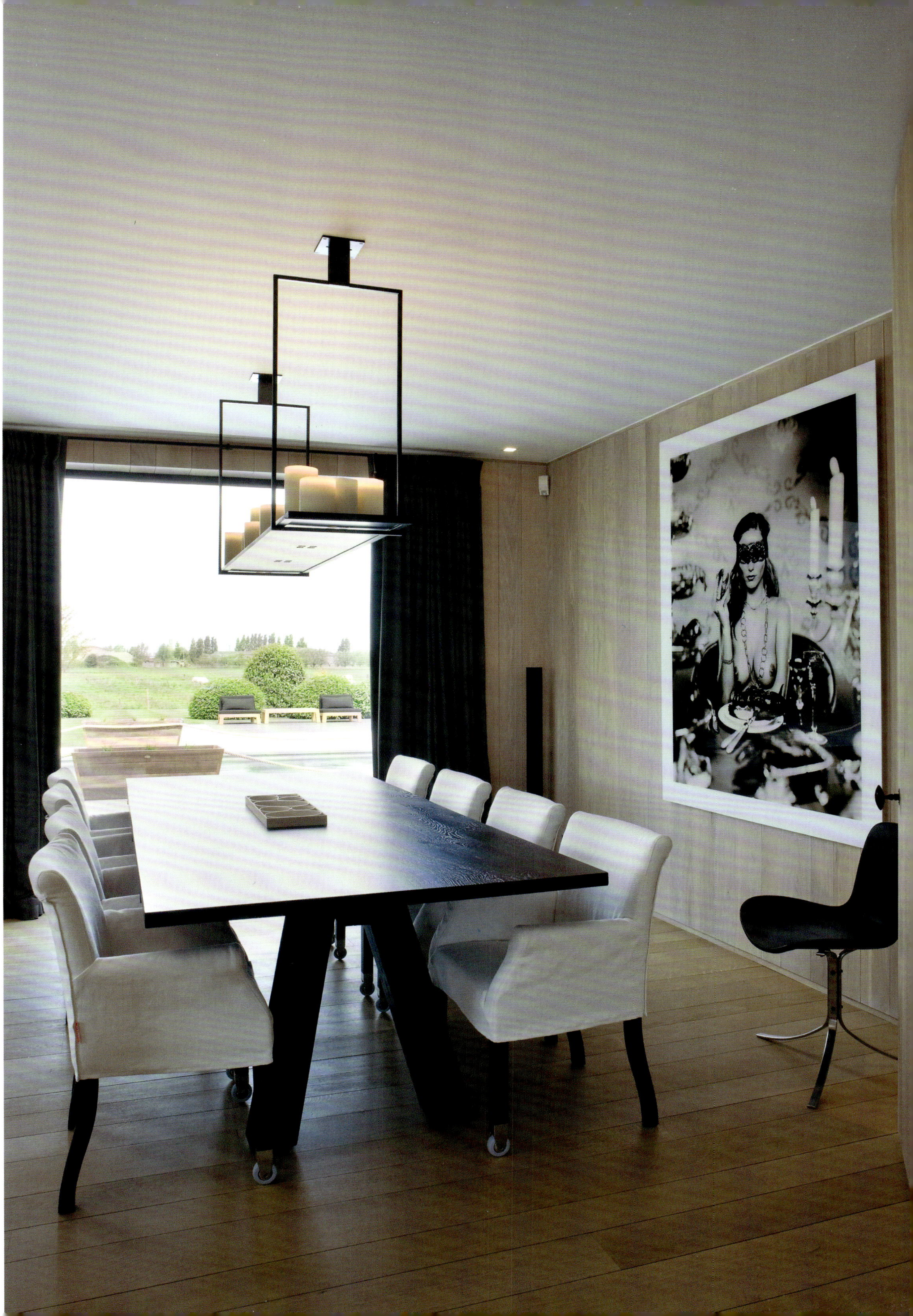

↑ →
www.minus.be

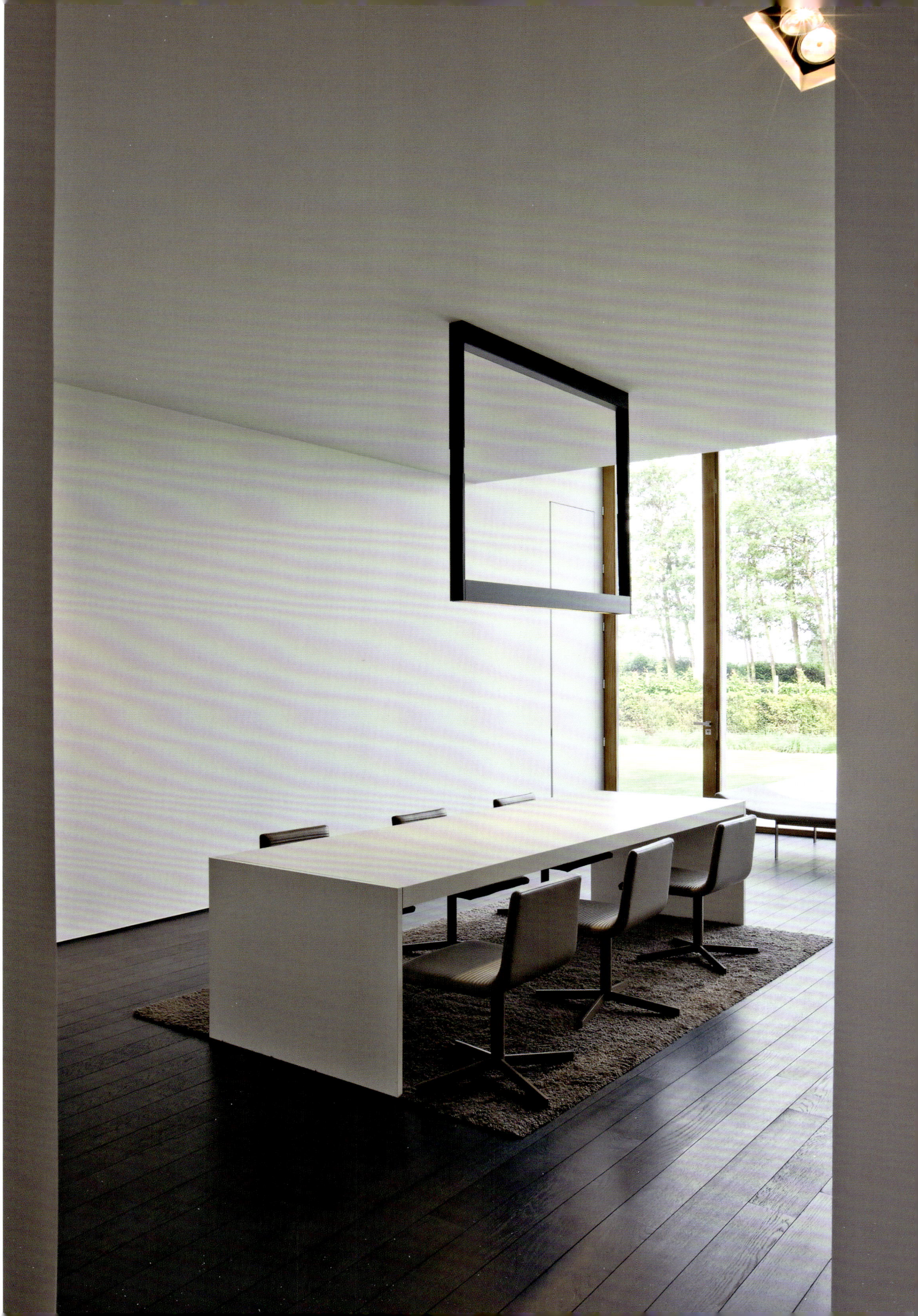

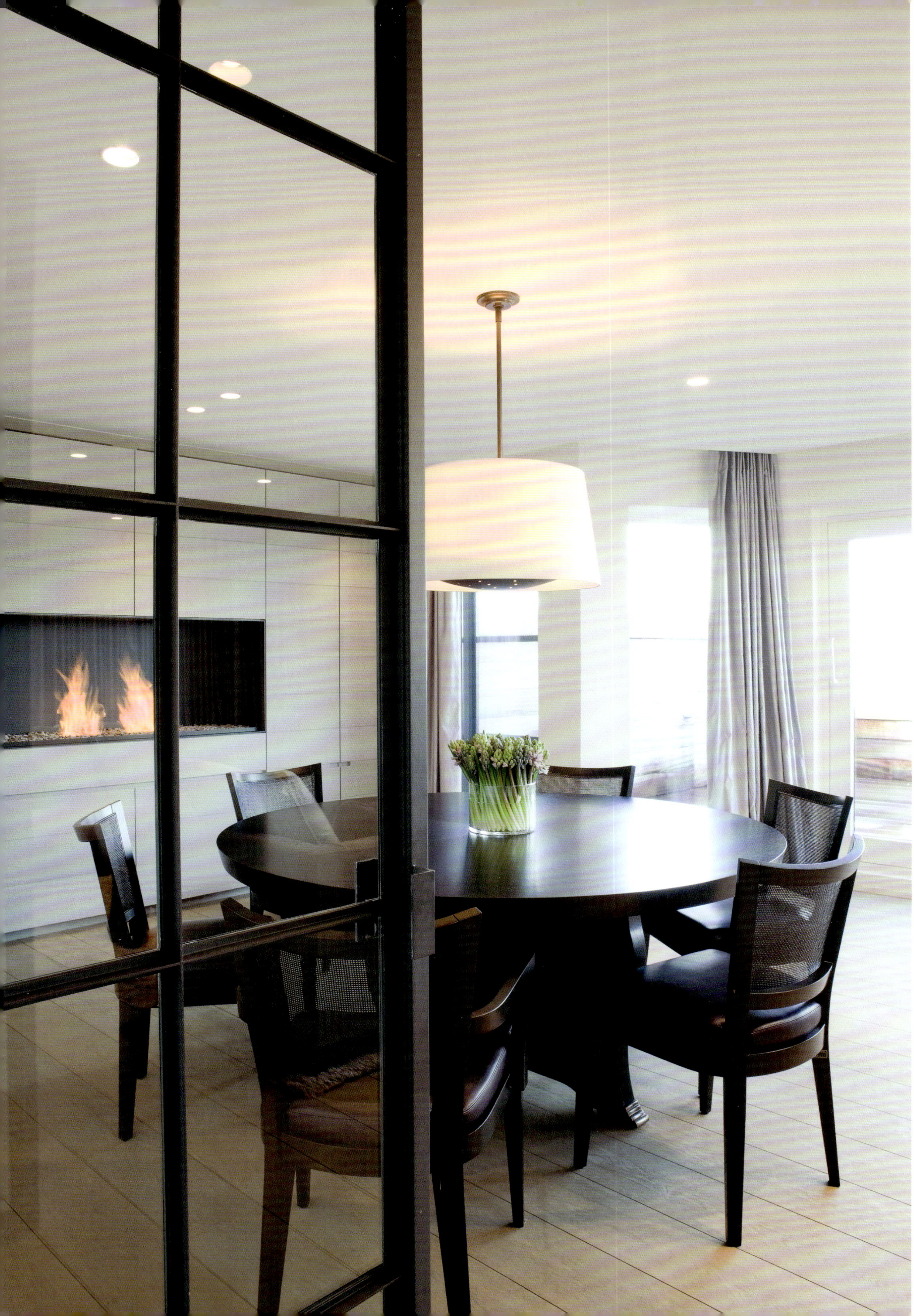

www.isabelle-onraet.be

www.dols.nl

www.aerts-blower.be

→
www.kultuz.be

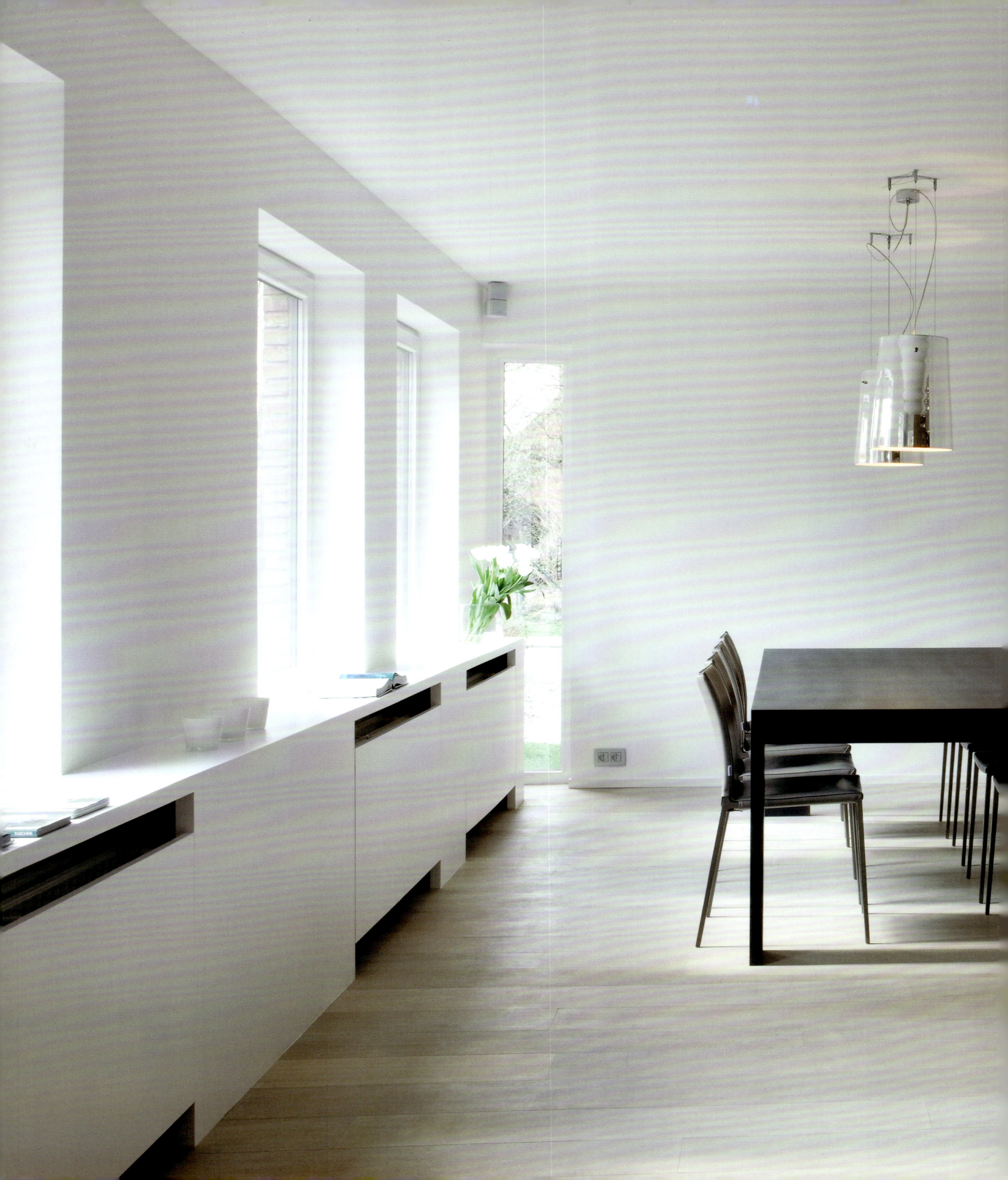
TASCHEN

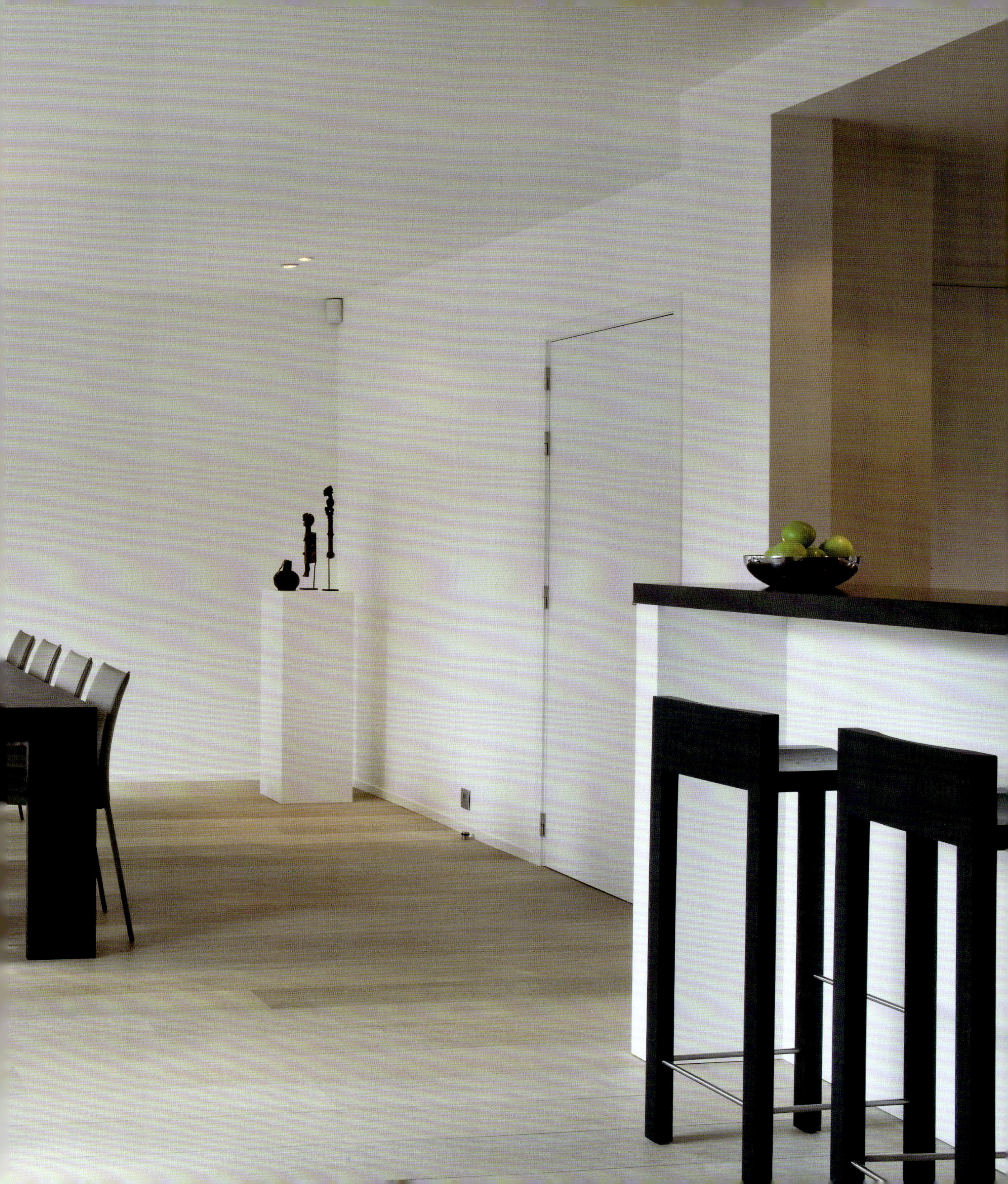

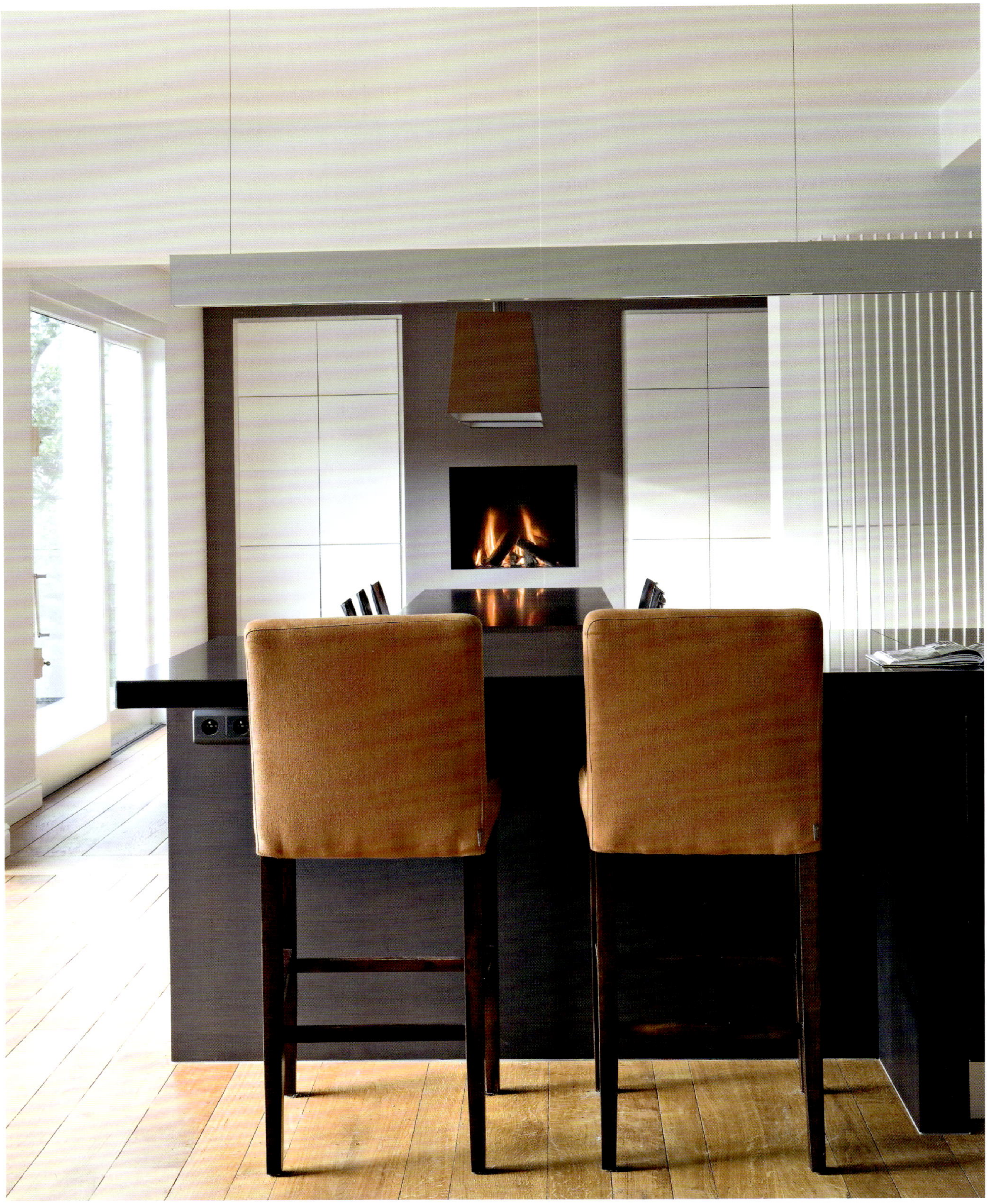

www.stratobelgium.com

← Van Ravestyn

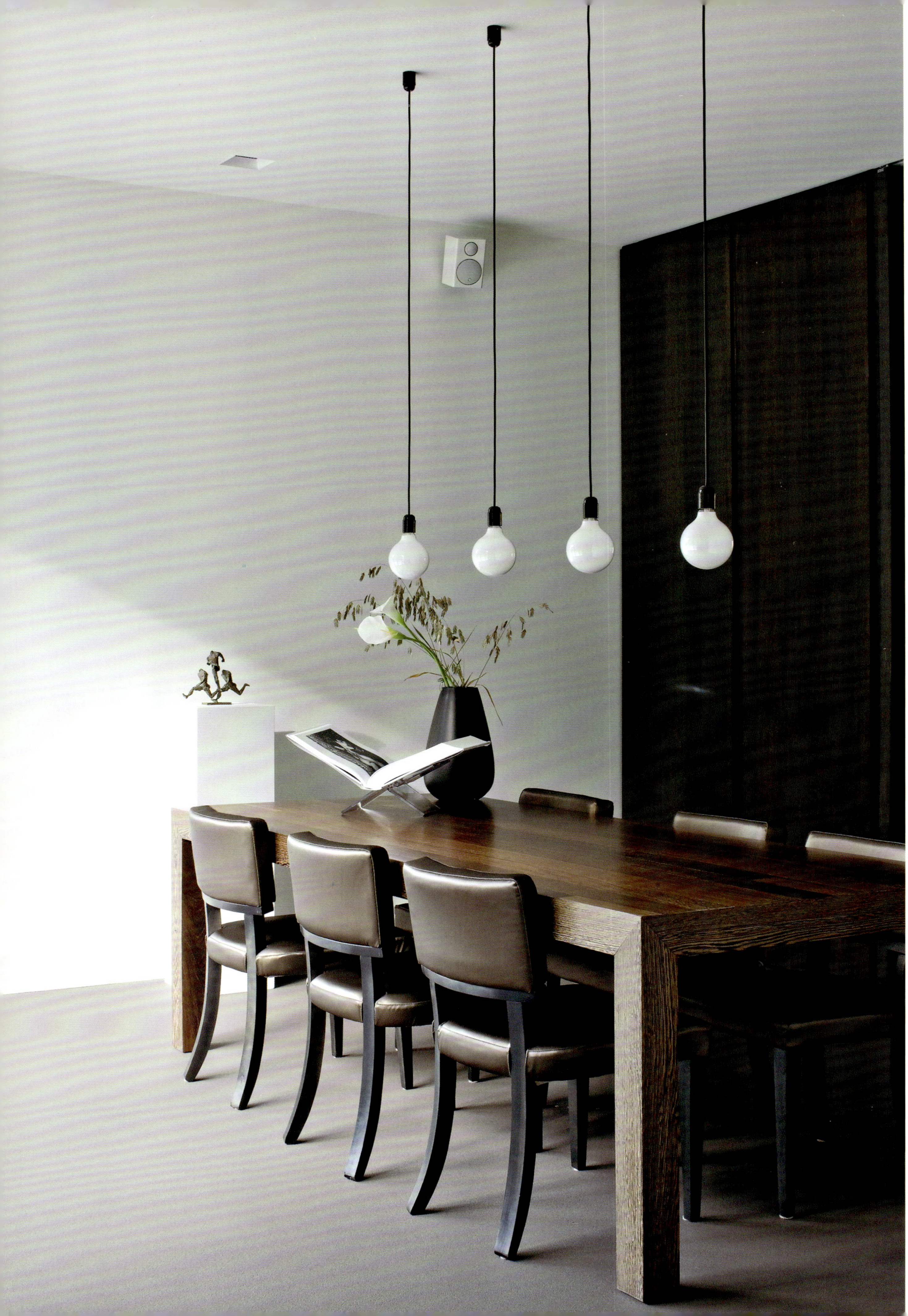

Van Ravestyn

annik.dierckx@telenet.be

www.minus.be

www.hansverstuyftarchitecten.be

www.adparchitecture.com

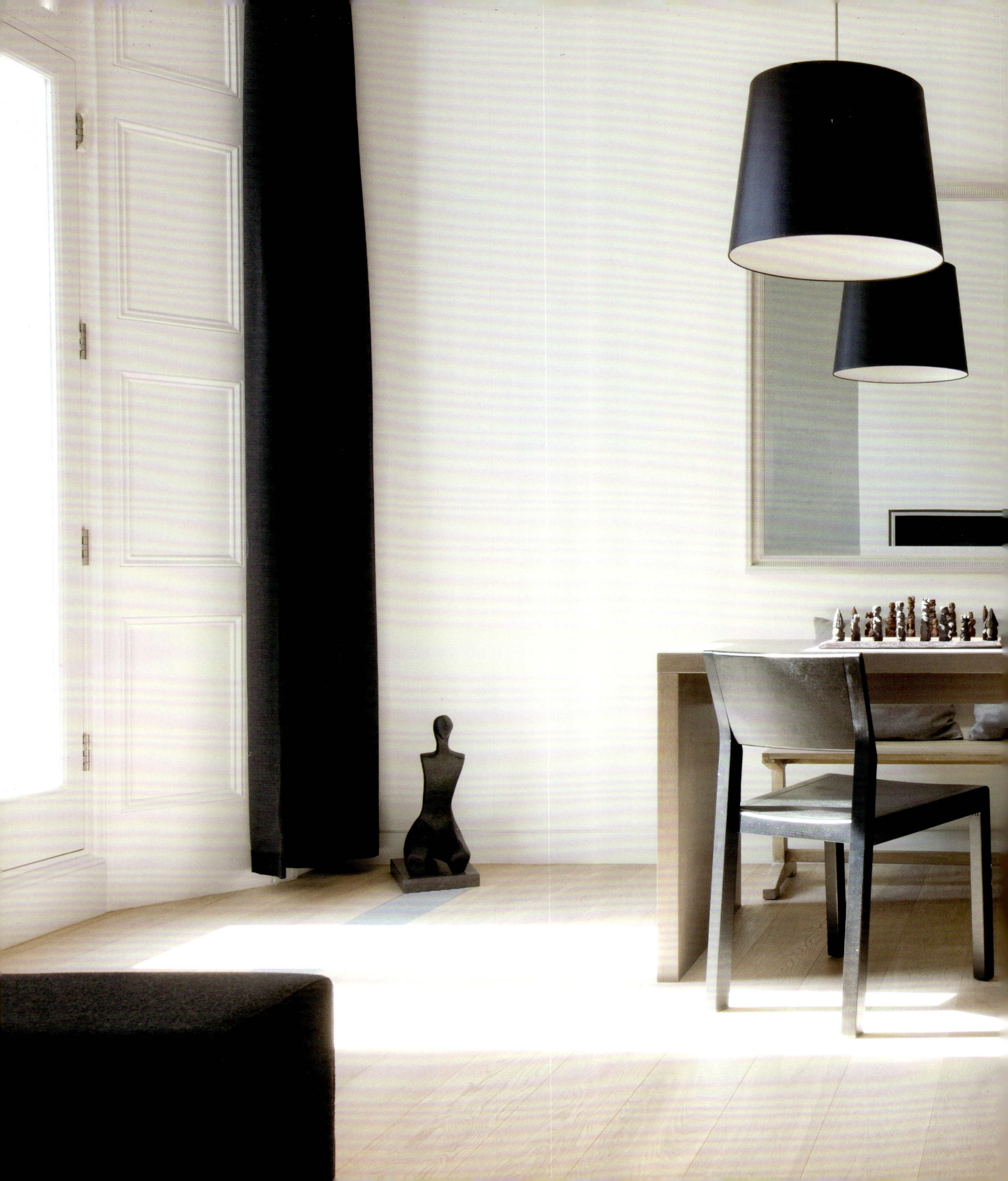

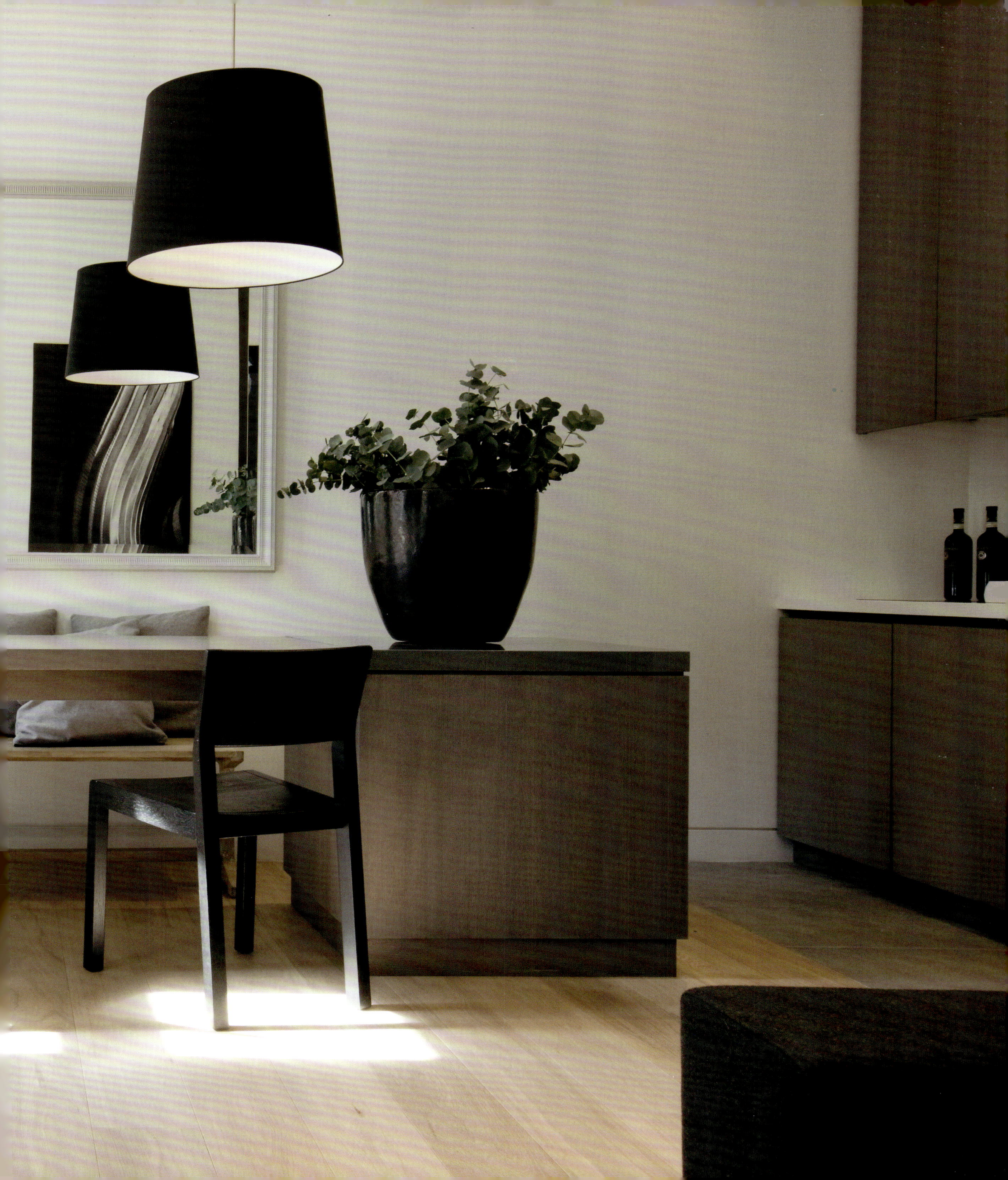

marie@stadsbader-bernard.com

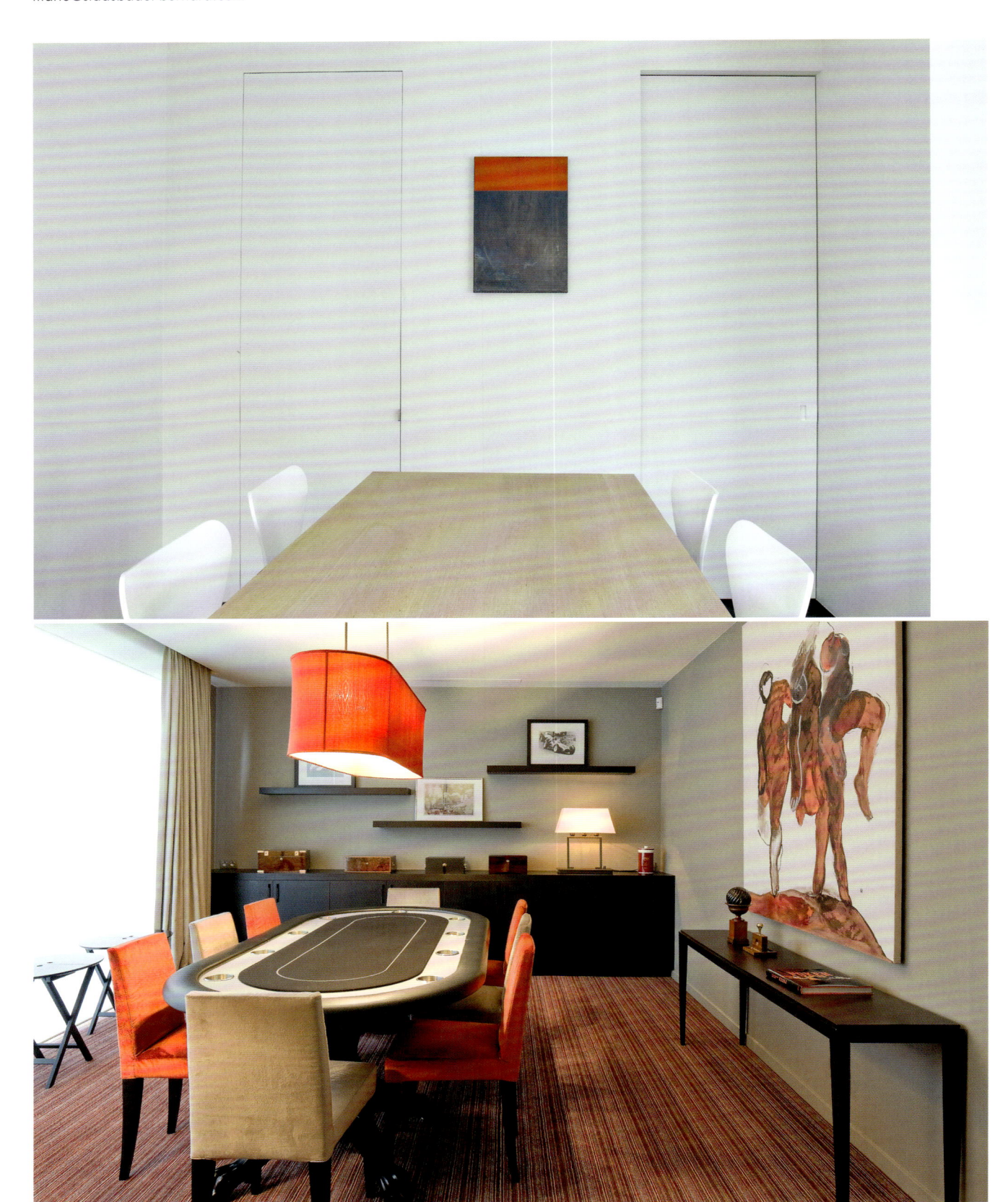

www.ebony-interiors.com

www.brunovanbesien.be

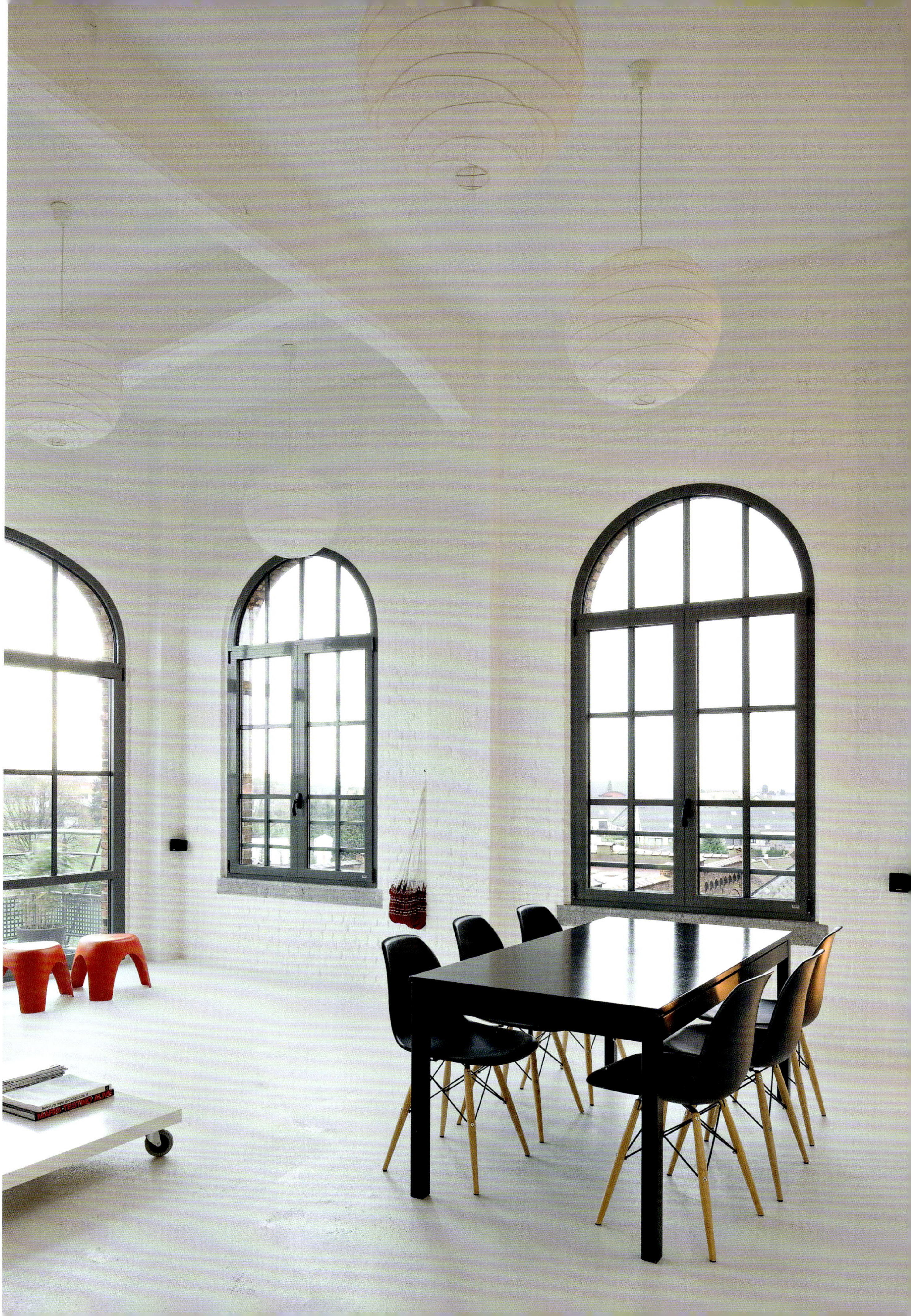

www.rrinterieur.be

fedecor@iway.be

www.culot.be
www.christian-liaigre.fr

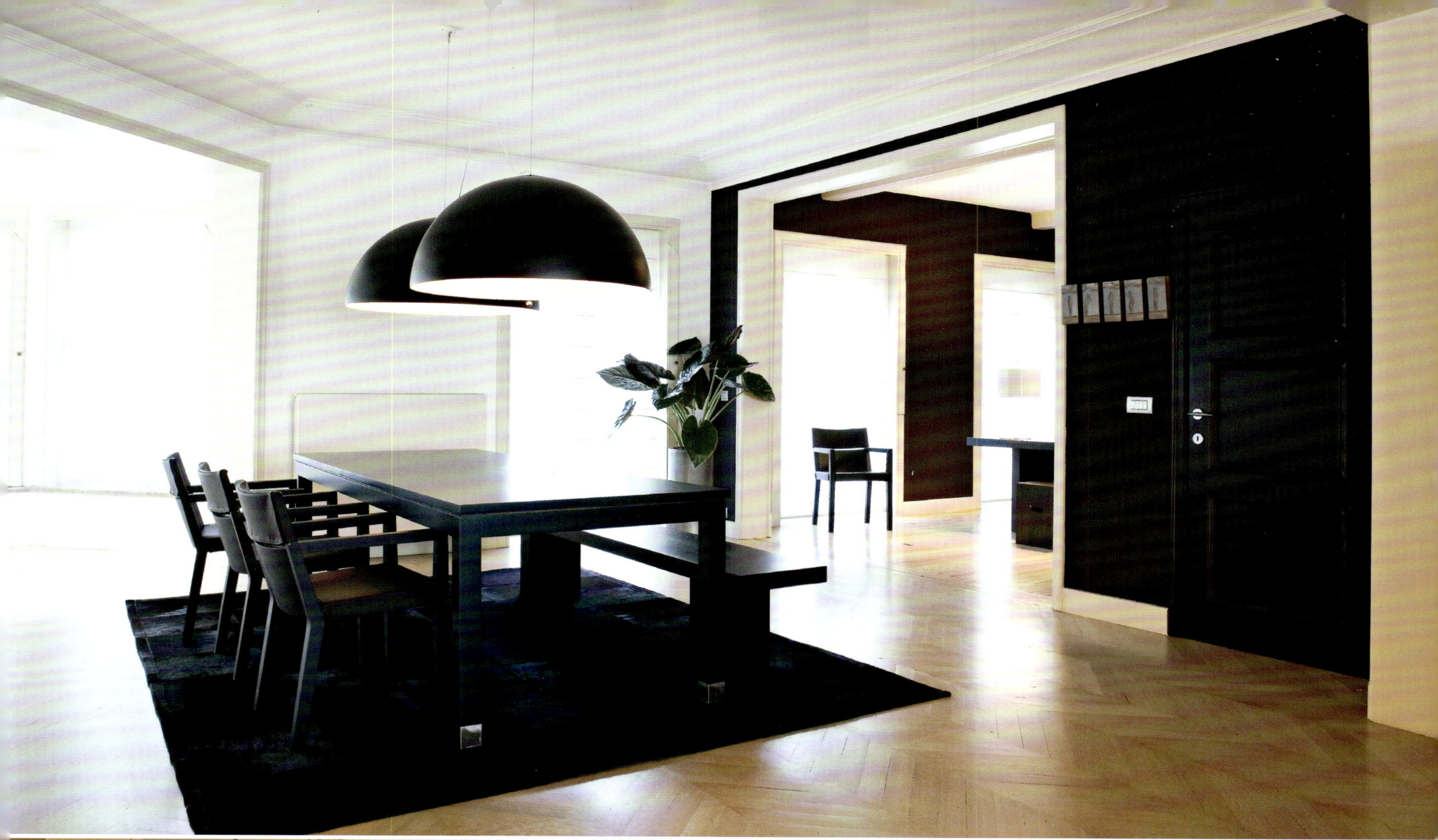

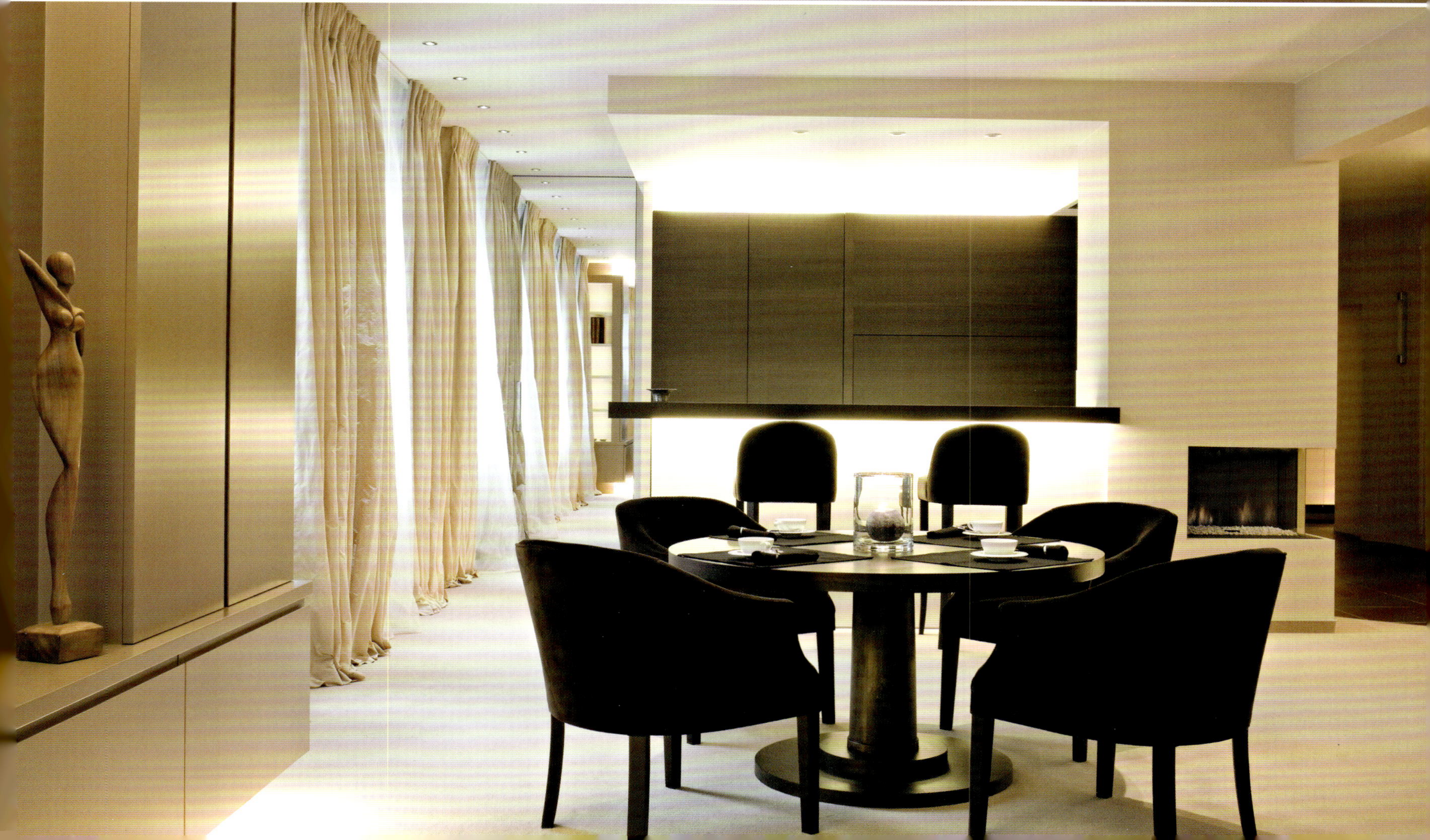

www.cypeys.com

marie@stadsbader-bernard.com

www.simoeninterieur.be

www.minus.be

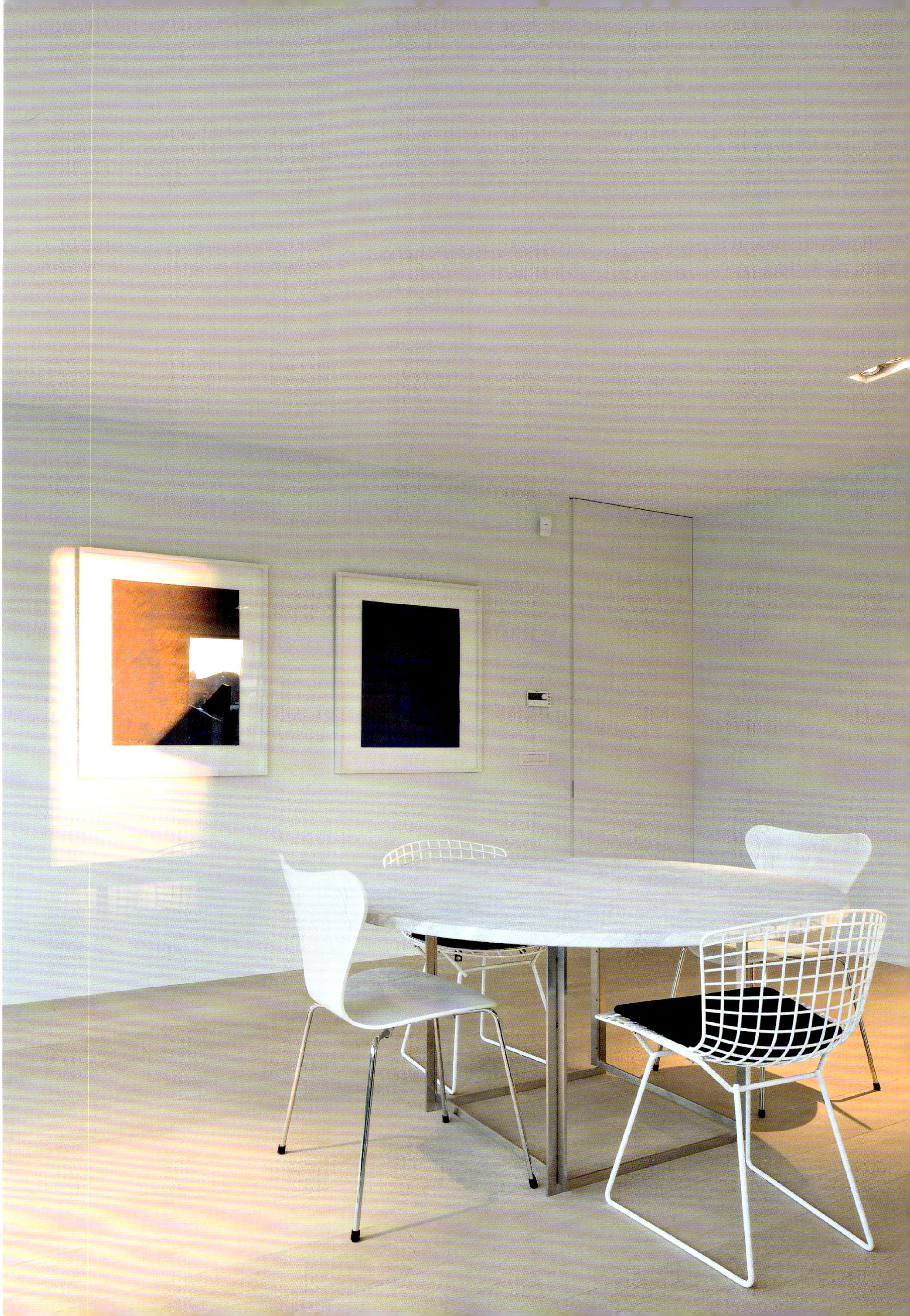

KITCHENS
CUISINES
KEUKENS

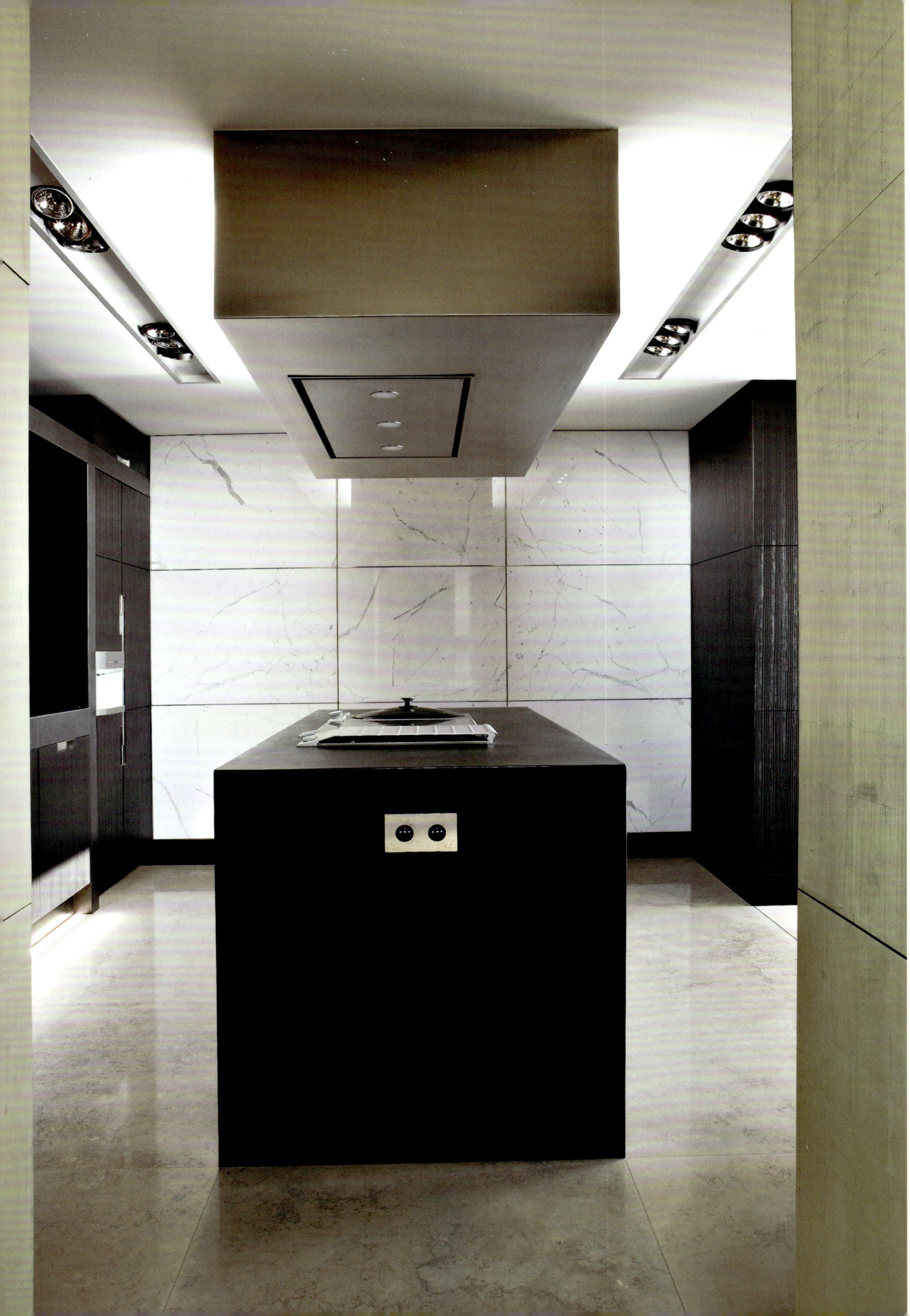

www.olivierlempereur.com

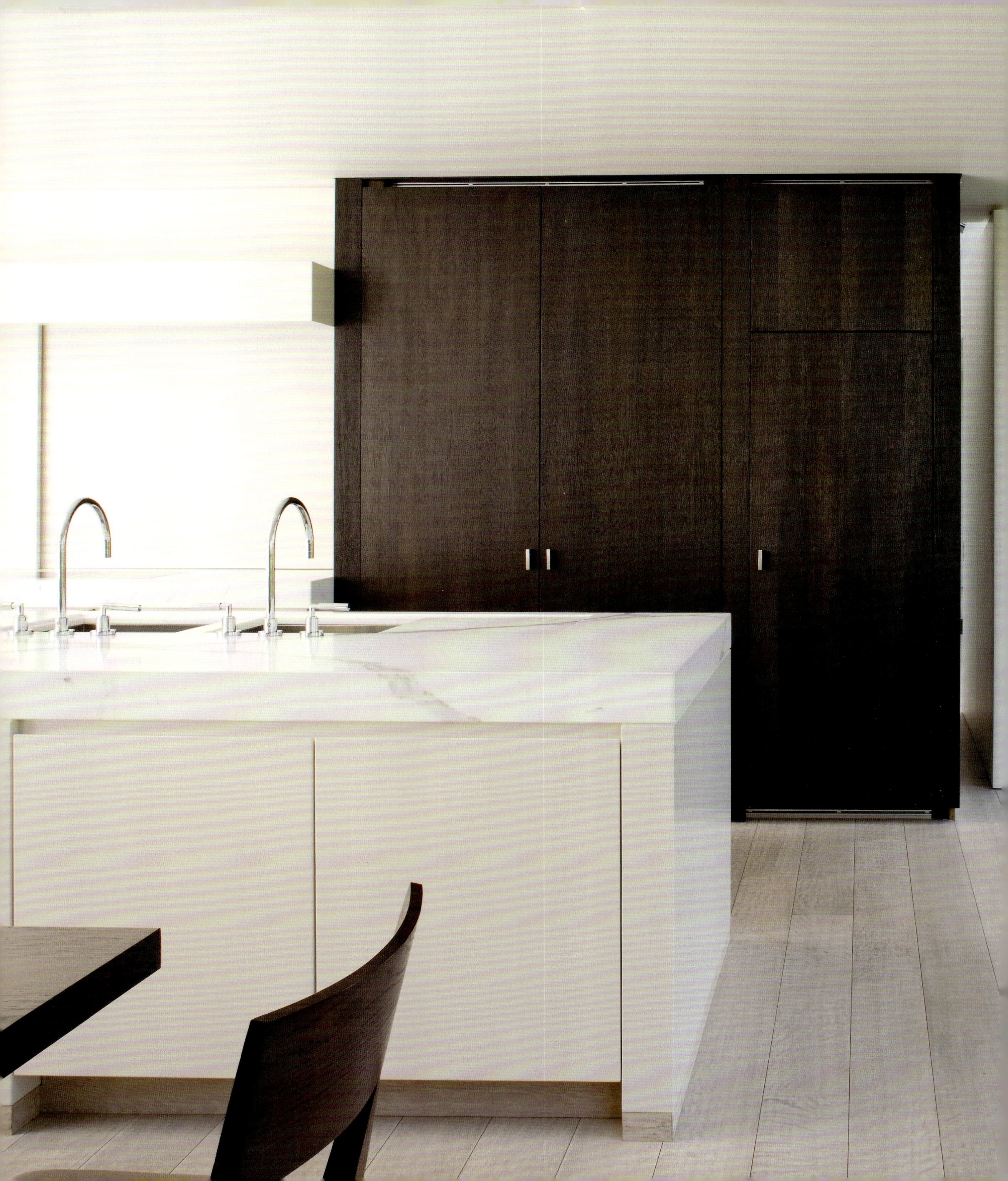

www.stephanielaporte.be

nathalie.vanreeth@skynet.be

↑
www.collection-privee.com

↑
www.cypeys.com

www.ensembleetassocies.be

197

www.obumex.be
www.fabienvantomme.be

Aldo Marcone

www.courtens.be

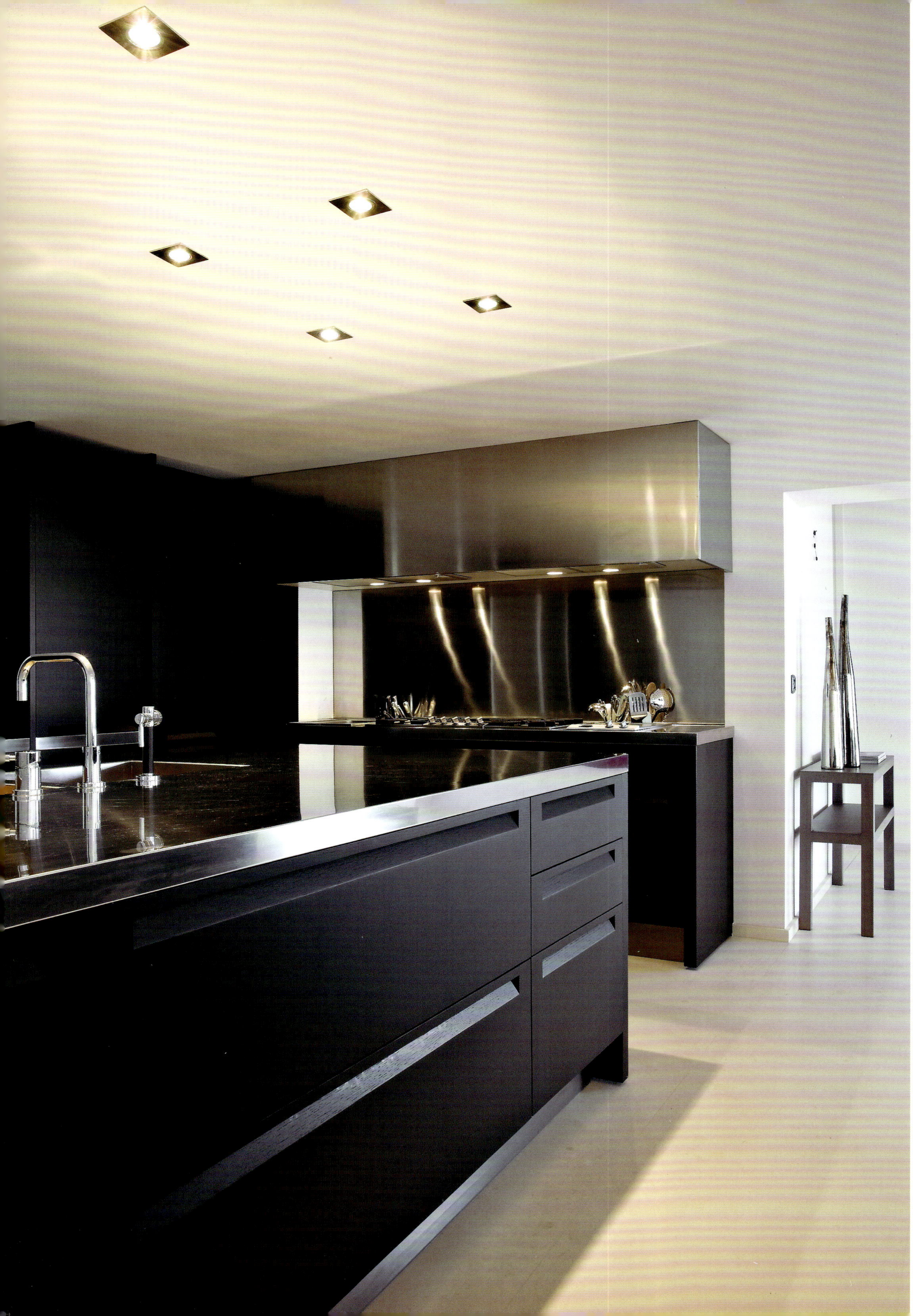

www.architectmuylaert.be
www.aerts-blower.be
www.pas-partoe.be
www.kultuz.be

www.ebony-interiors.com
www.zen-design.fr

www.arcadecuisine.be

www.projectdesign.ch
www.weltondesign.com

www.pascalvanderkelen.com

www.aksent-gent.be
www.aform.be

www.ensembleetassocies.be

www.reynders-goc.com

www.ensembleetassocies.be

www.pascalvanderkelen.com

dwek.architectes@gmail.com

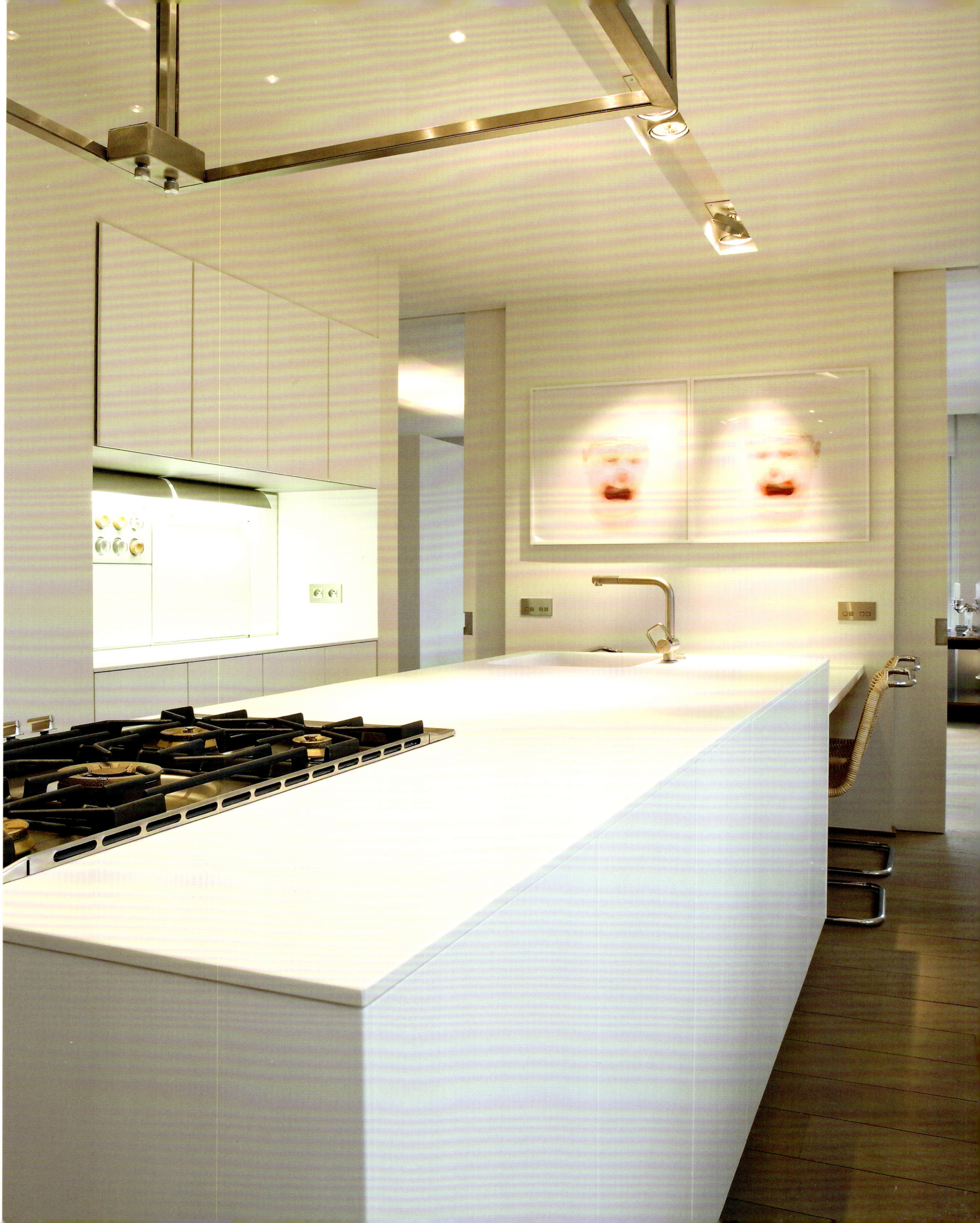

www.wallaeysinterieur.be

www.ixtra.be

www.alexandershouses.com
www.erpicum.org
www.fabathome.be

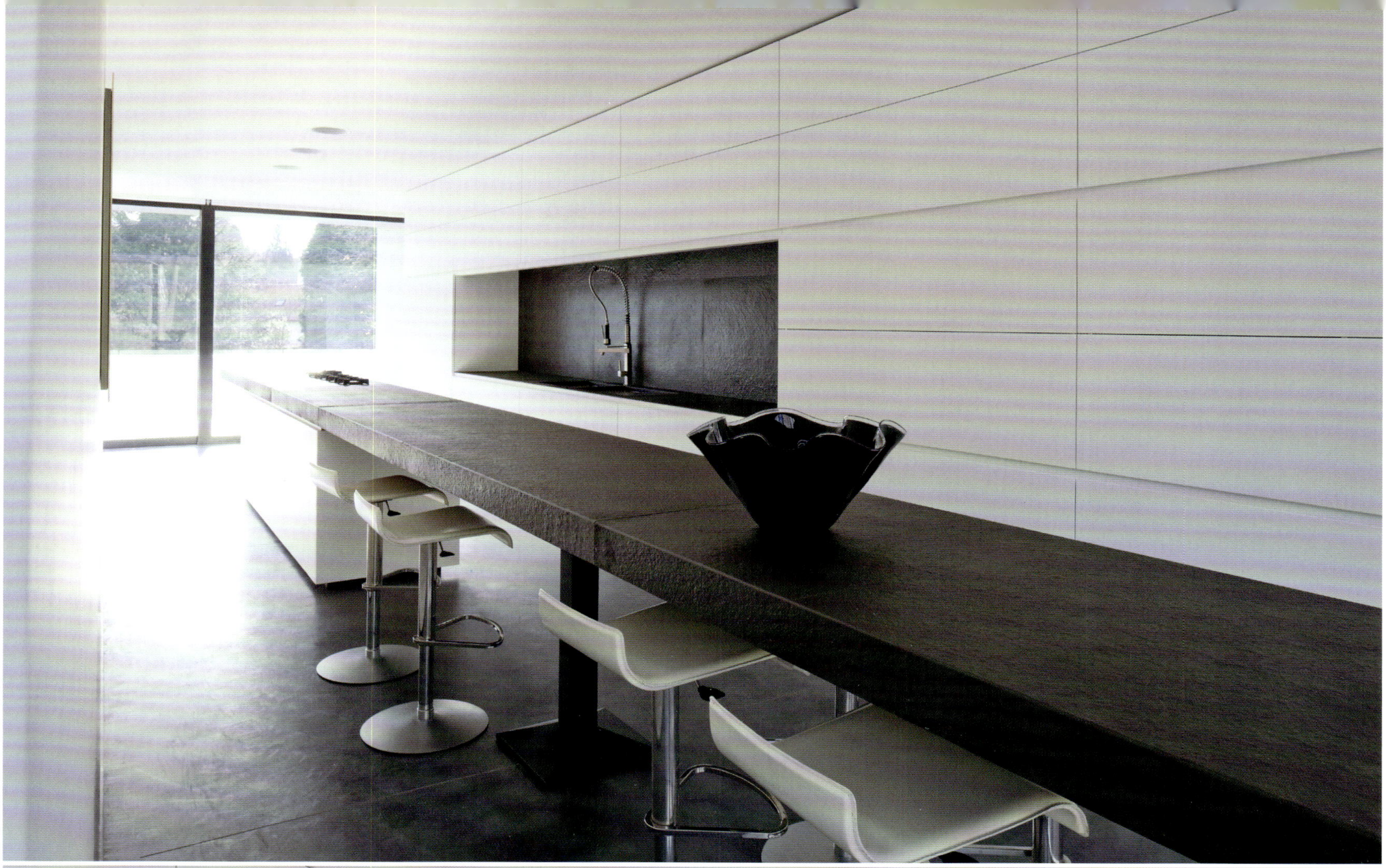

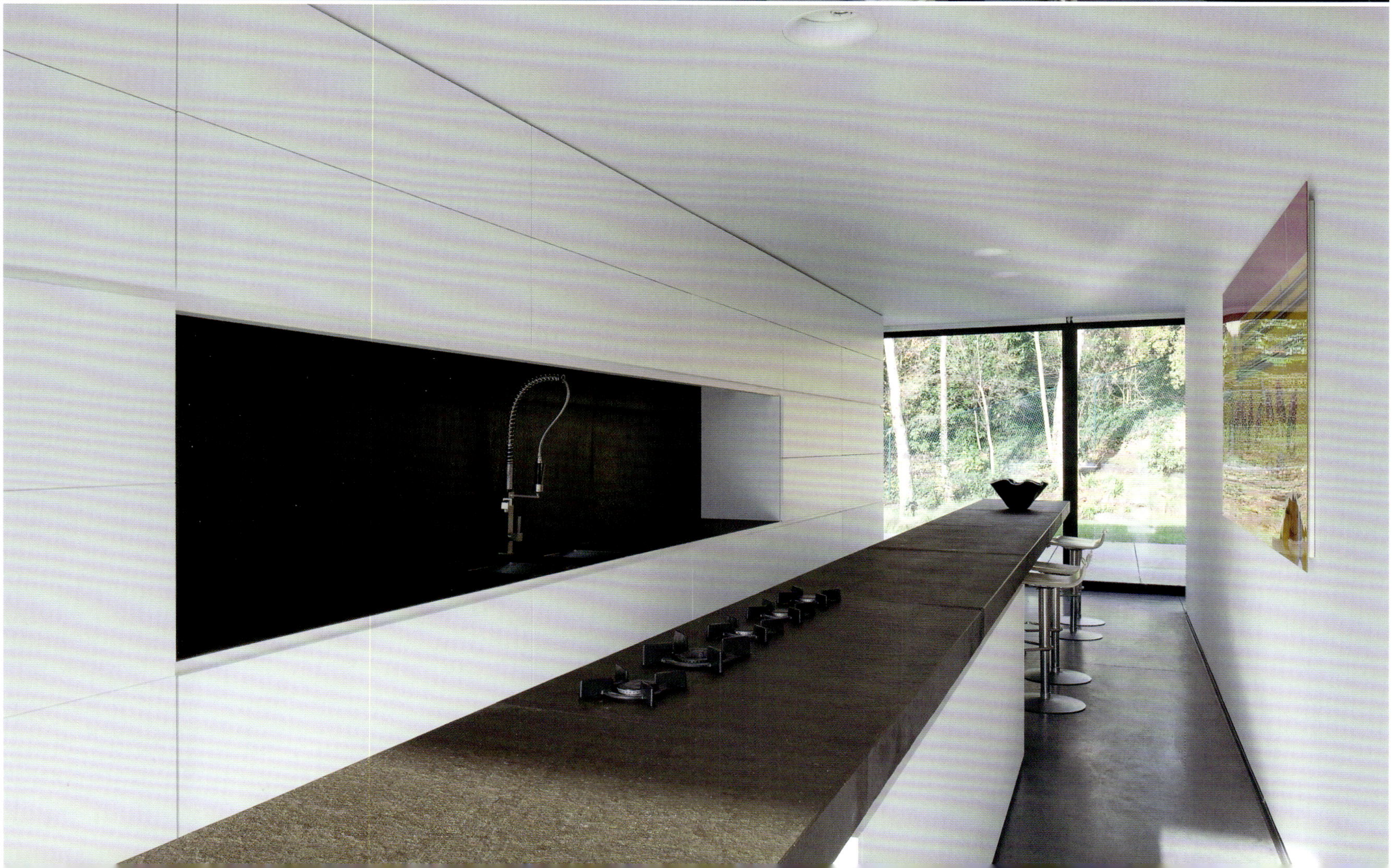

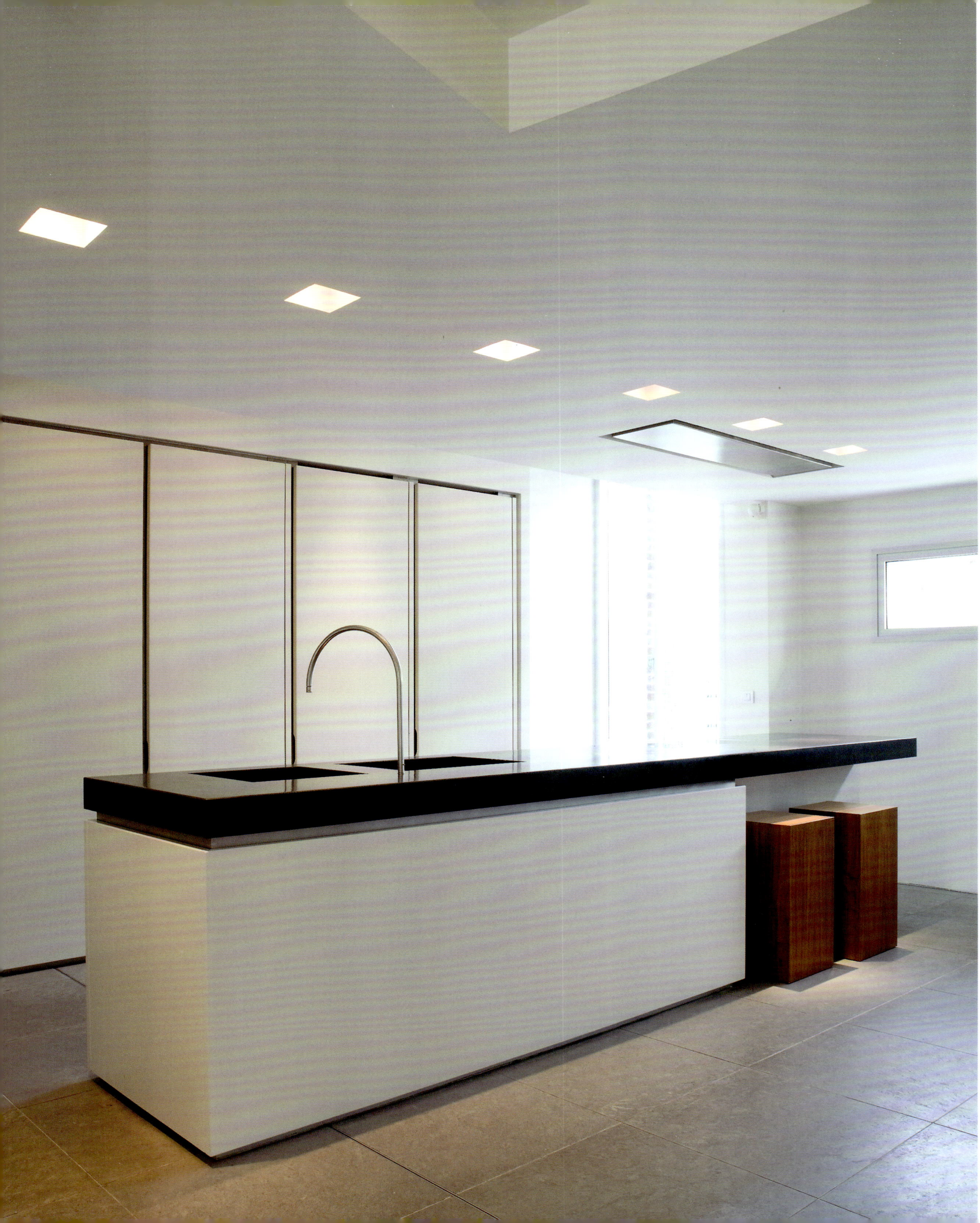

www.schellen.be
www.lindacoart.be

←
www.obumex.be
www.ademarquette-architecte.com

↑ →
www.aksent-gent.be

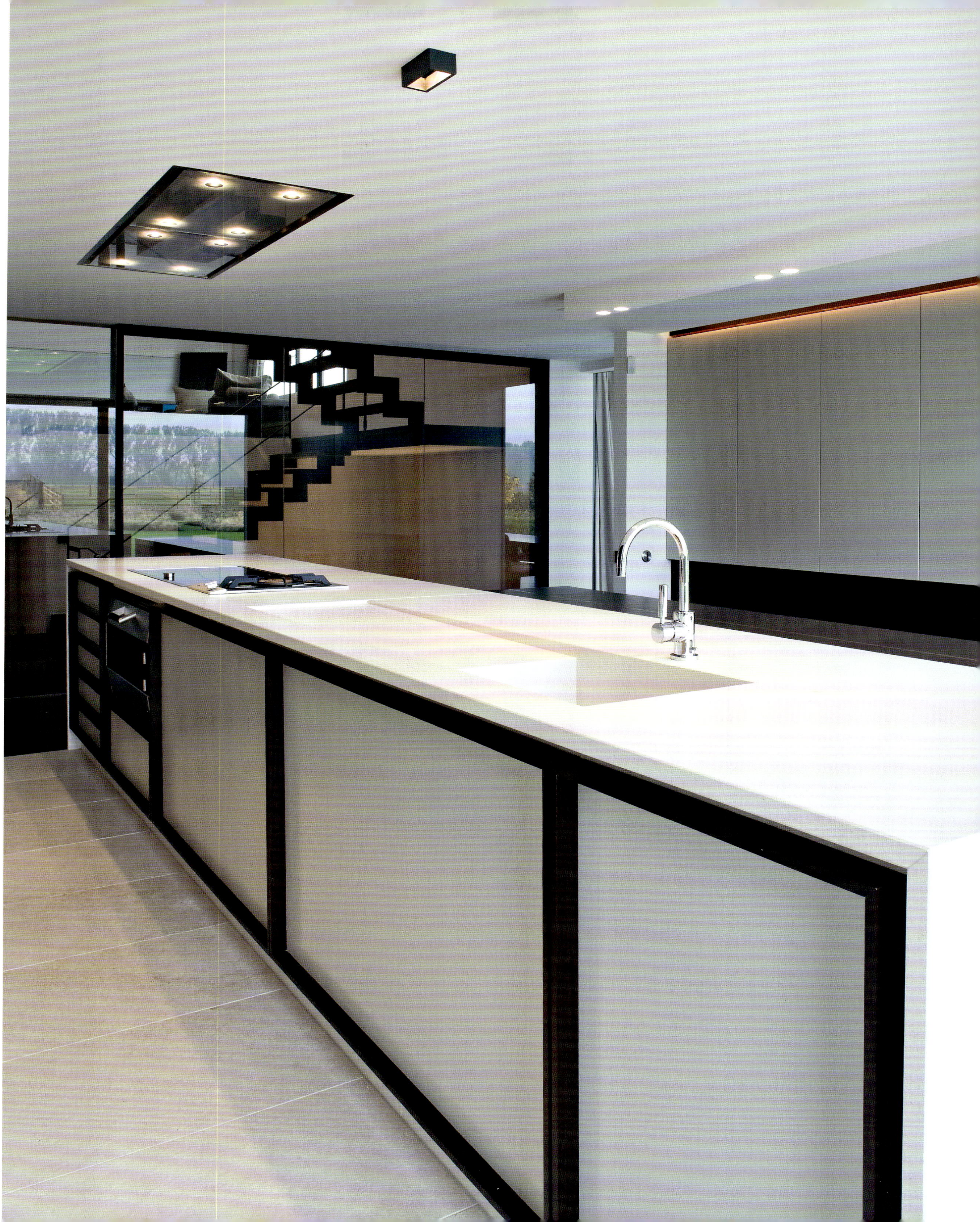

www.devaere-nv.be

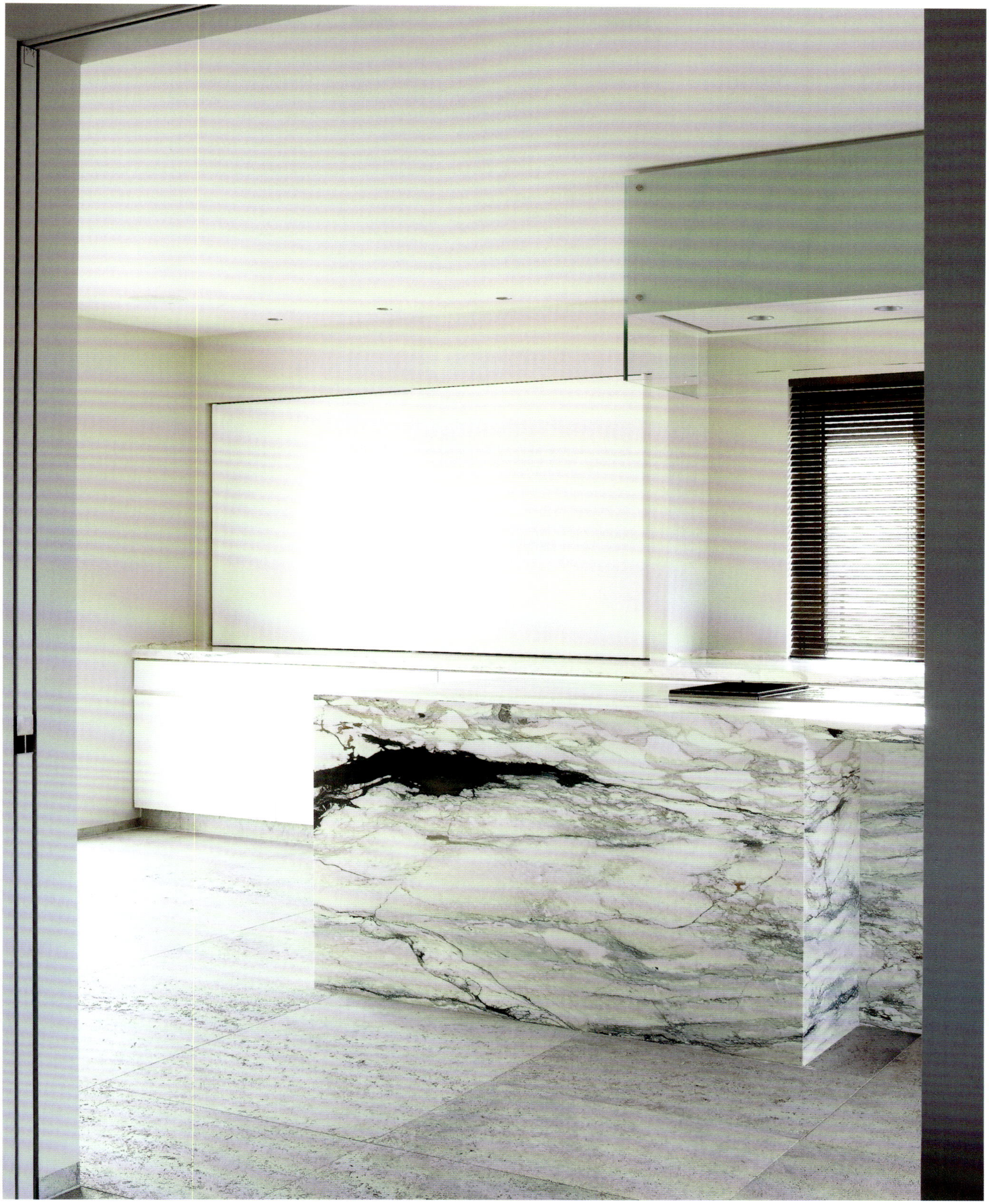

www.pascalfrancois.be

www.aksent-gent.be

www.stephanielaporte.be

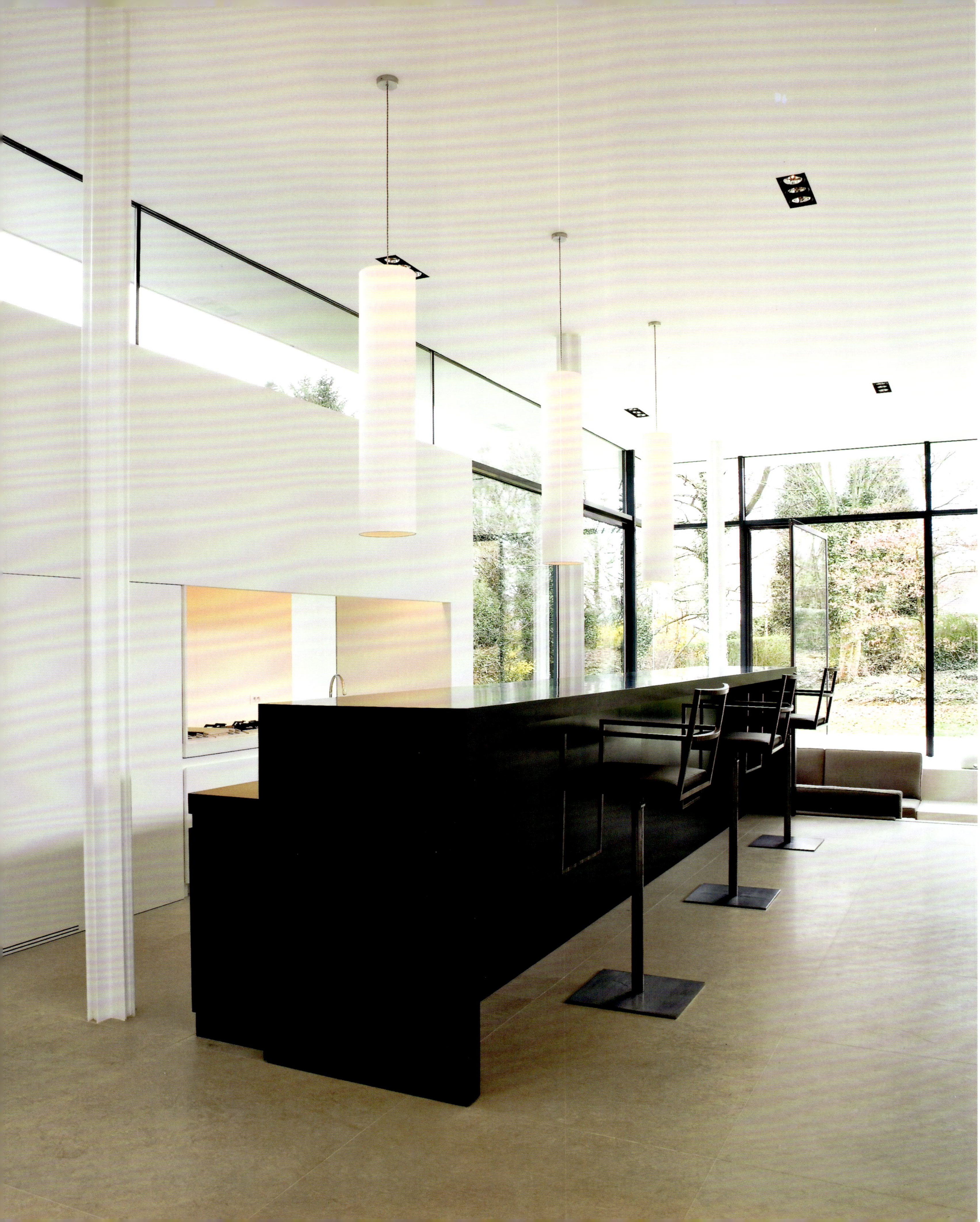

bert.vanbogaert@pandora.be
www.interieurdemaere.be

www.gilletjm.com

pascal.bilquin@telenet.be

219

www.upptown.be

www.aerts-blower.be
www.kultuz.be
www.obumex.be

www.ixtra.be

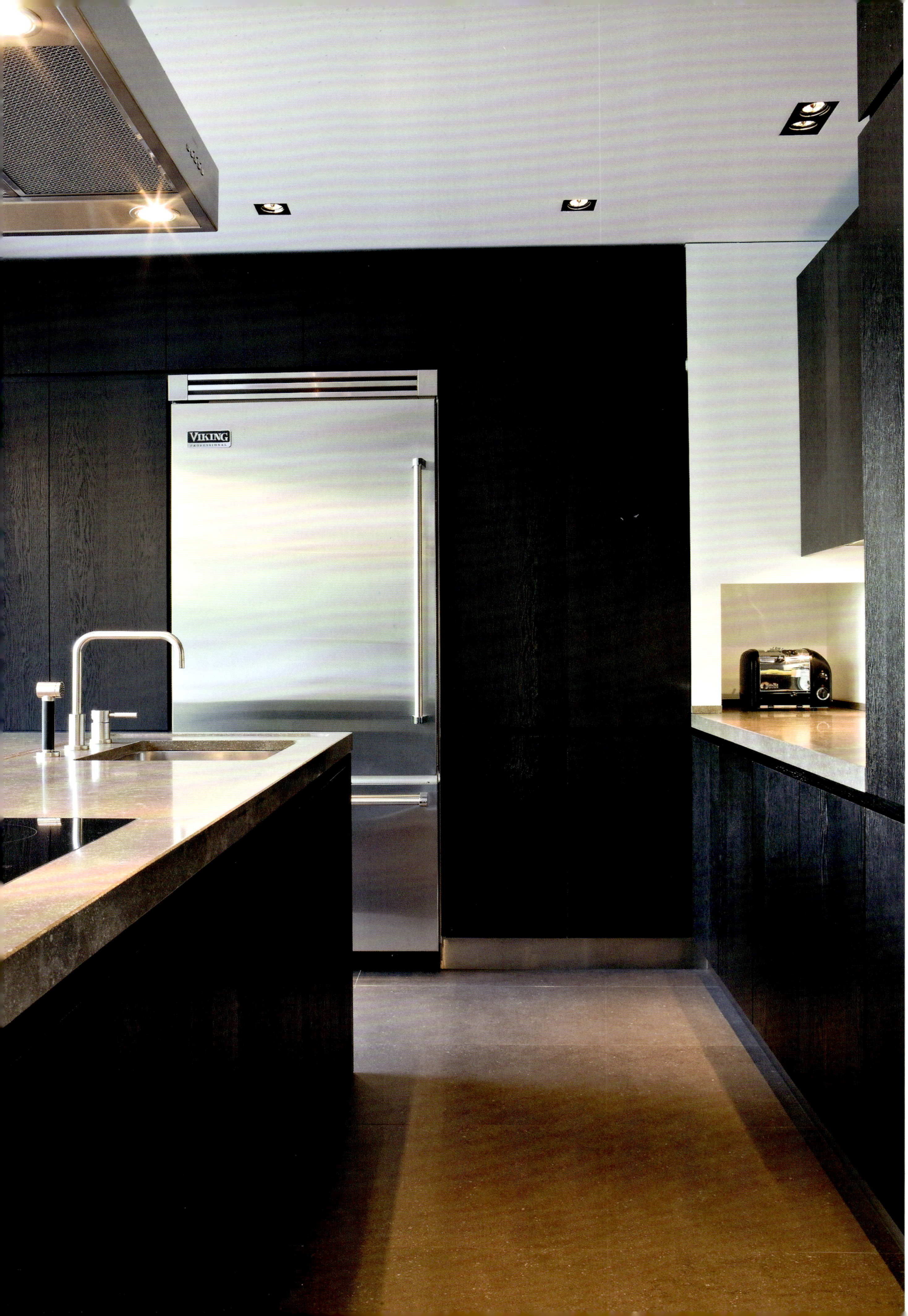
VIKING

← www.demenagerie.be   → www.ixtra.be

↓
www.costermans-projecten.be
www.hetarsenaal.nl

www.stonecompany.be

www.instore.be

www.dtj-interiorarchitect.be

www.stonecompany.be
www.wimgoesarchitectuur.be

www.demenagerie.be

www.stephaneboens.be
www.obumex.be

www.simoeninterieur.be

dwek.architectes@gmail.com

www.stonecompany.be

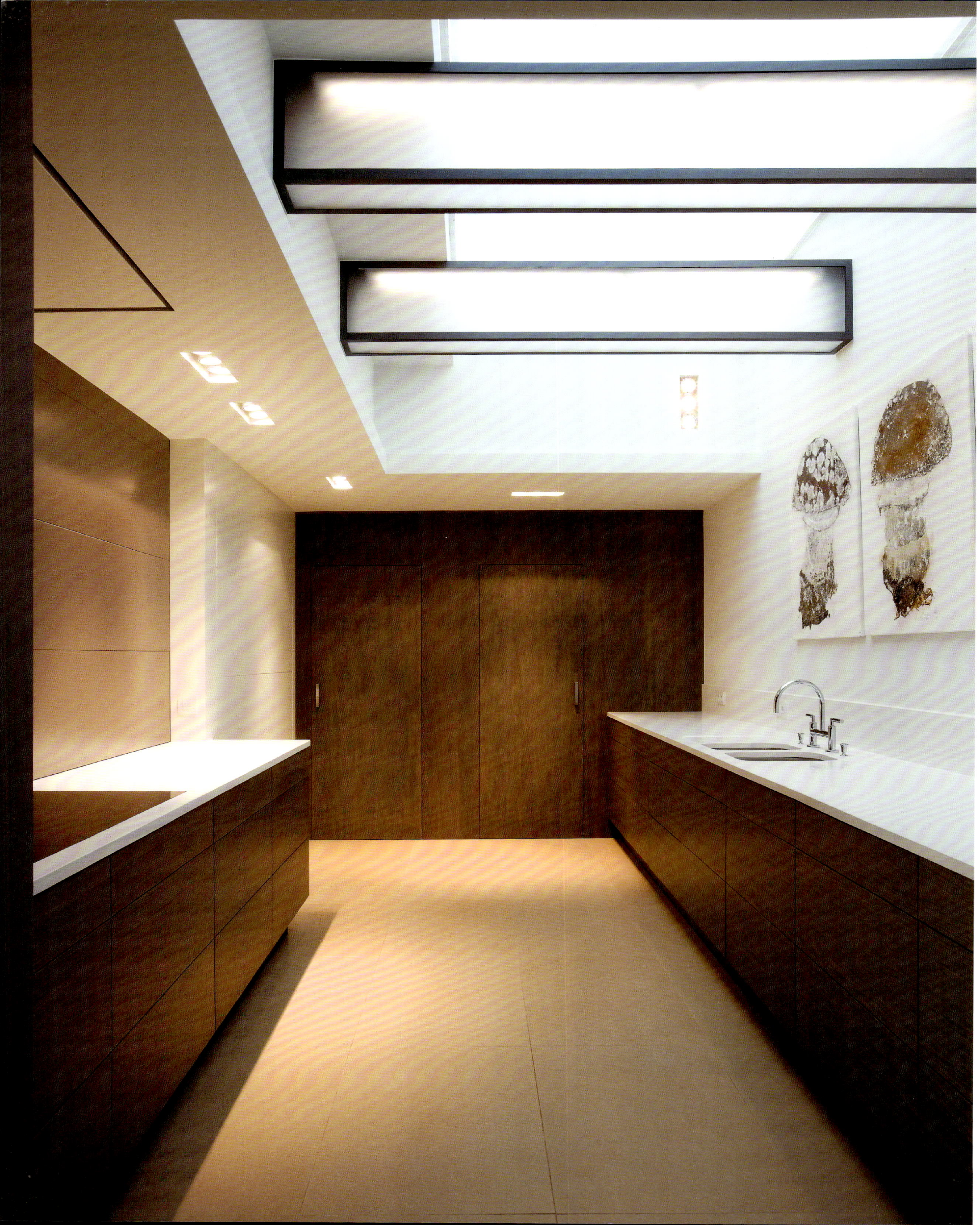

www.filiptackdesignoffice.com

www.simoeninterieur.be

←
www.vanransbeeck.be

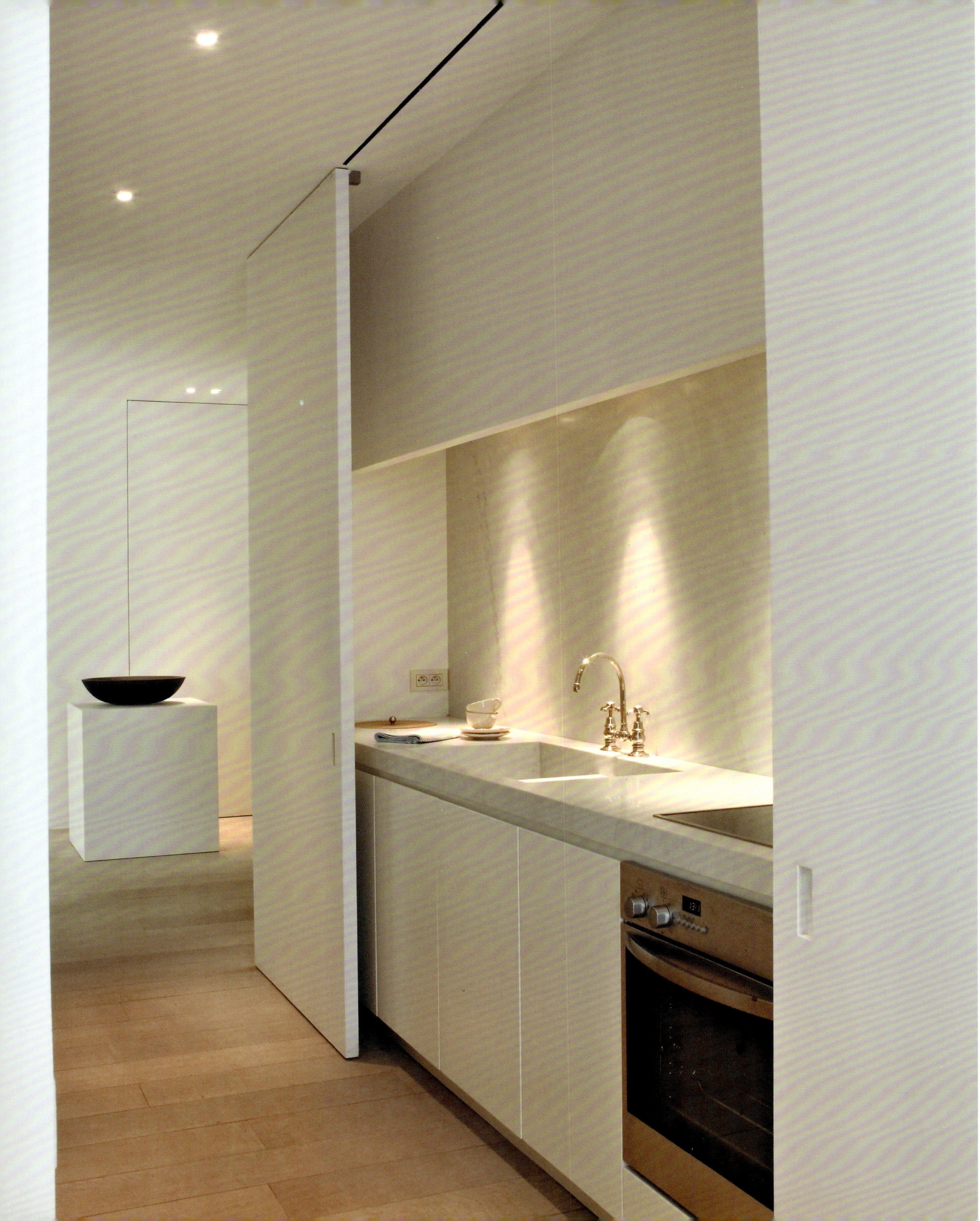

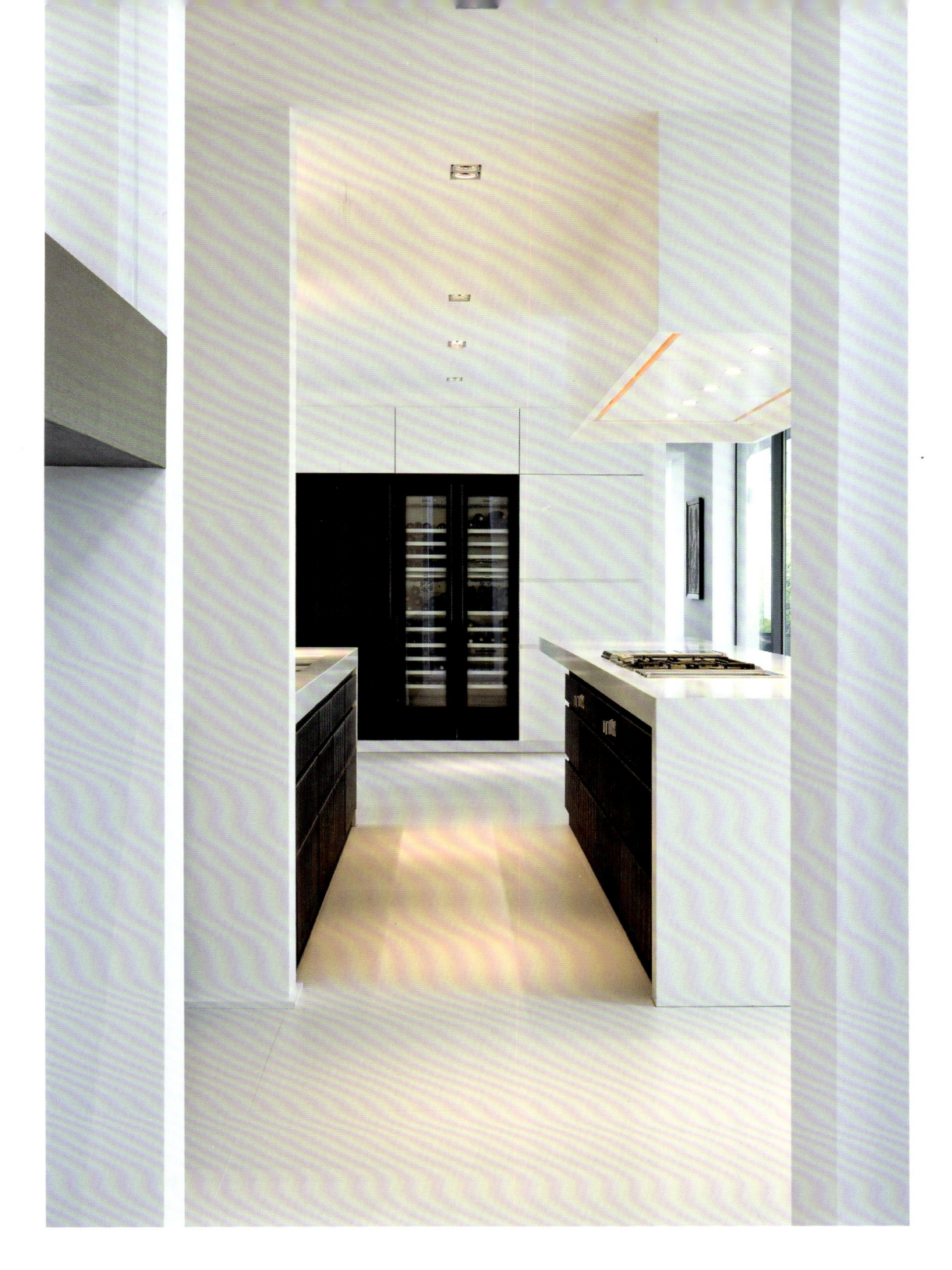

www.ensembleetassocies.be
www.wilfra.be

←
www.vincentvanduysen.com

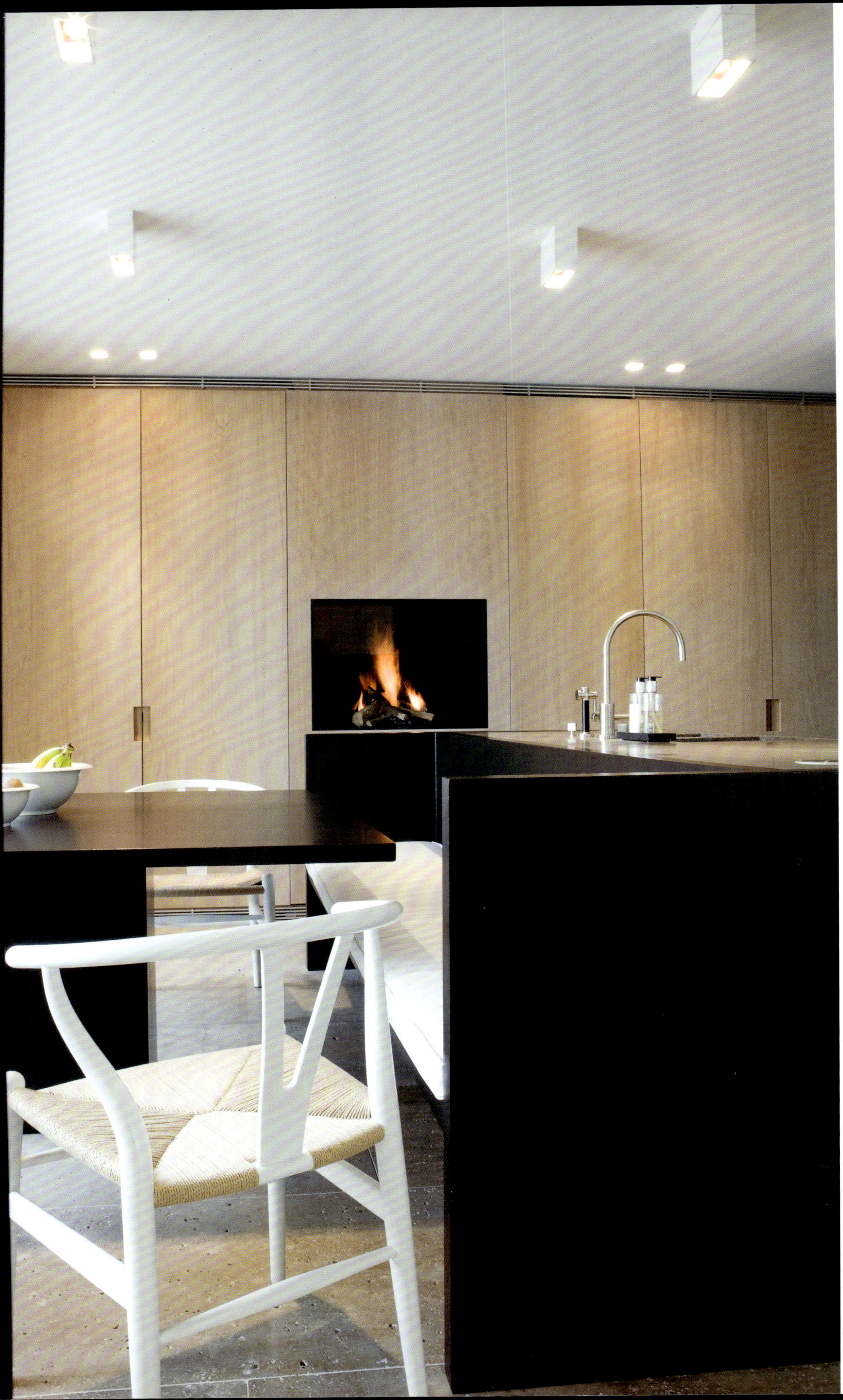

← www.rrinterieur.be
www.nathaliedeboel.be

www.minus.be

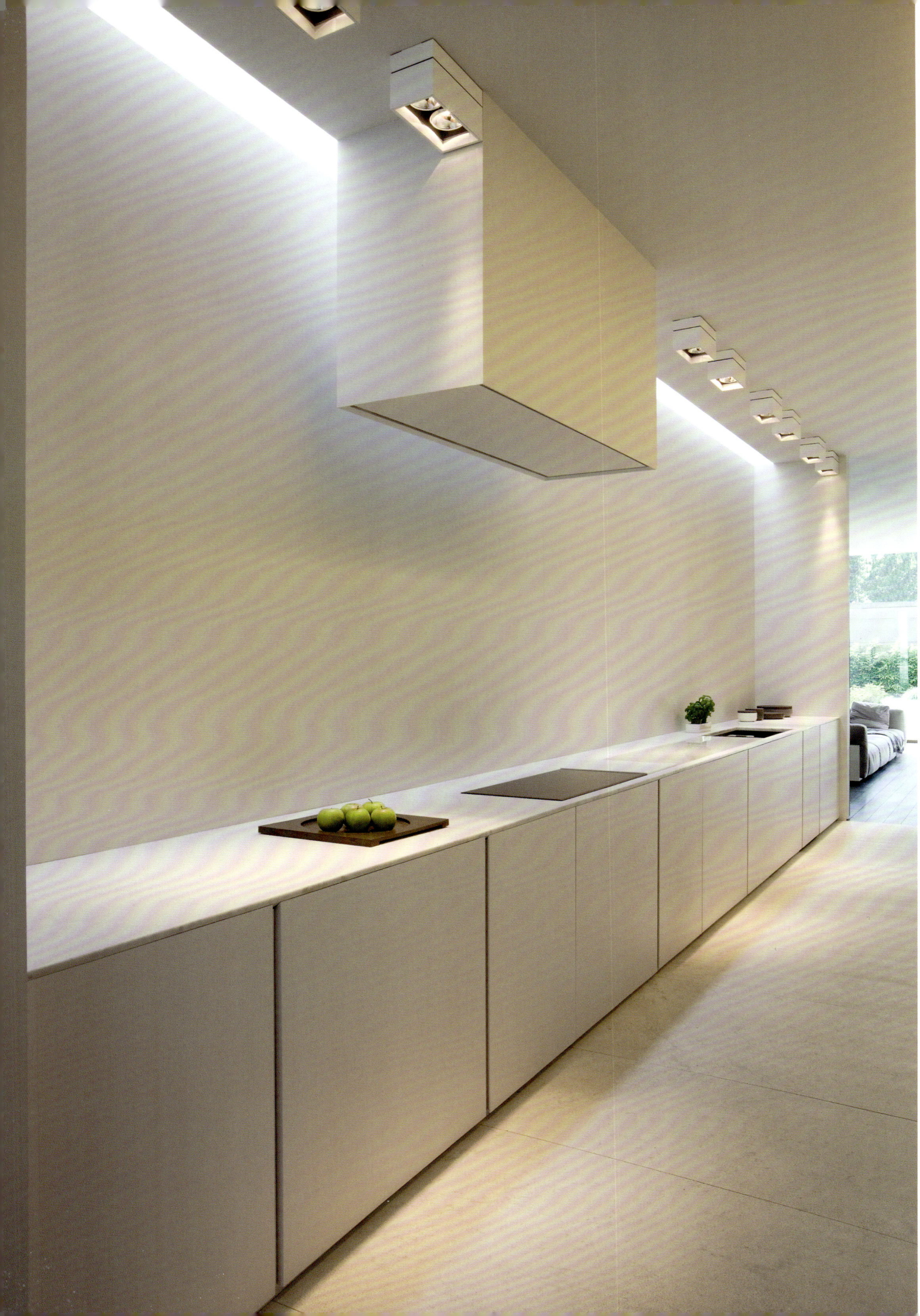

www.minus.be

www.dols.nl

www.isabelle-onraet.be

www.courtens.be

www.mape.be

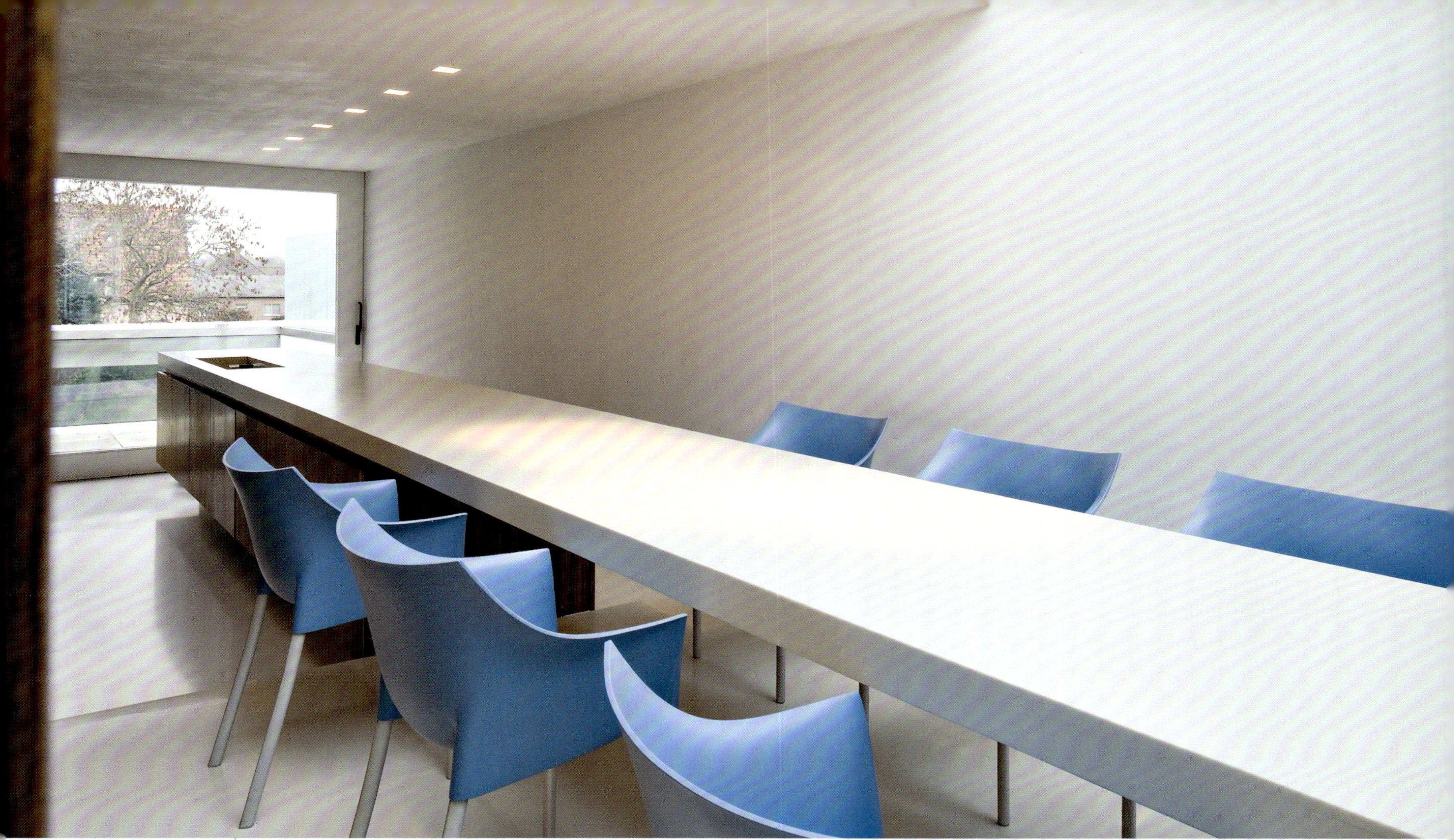

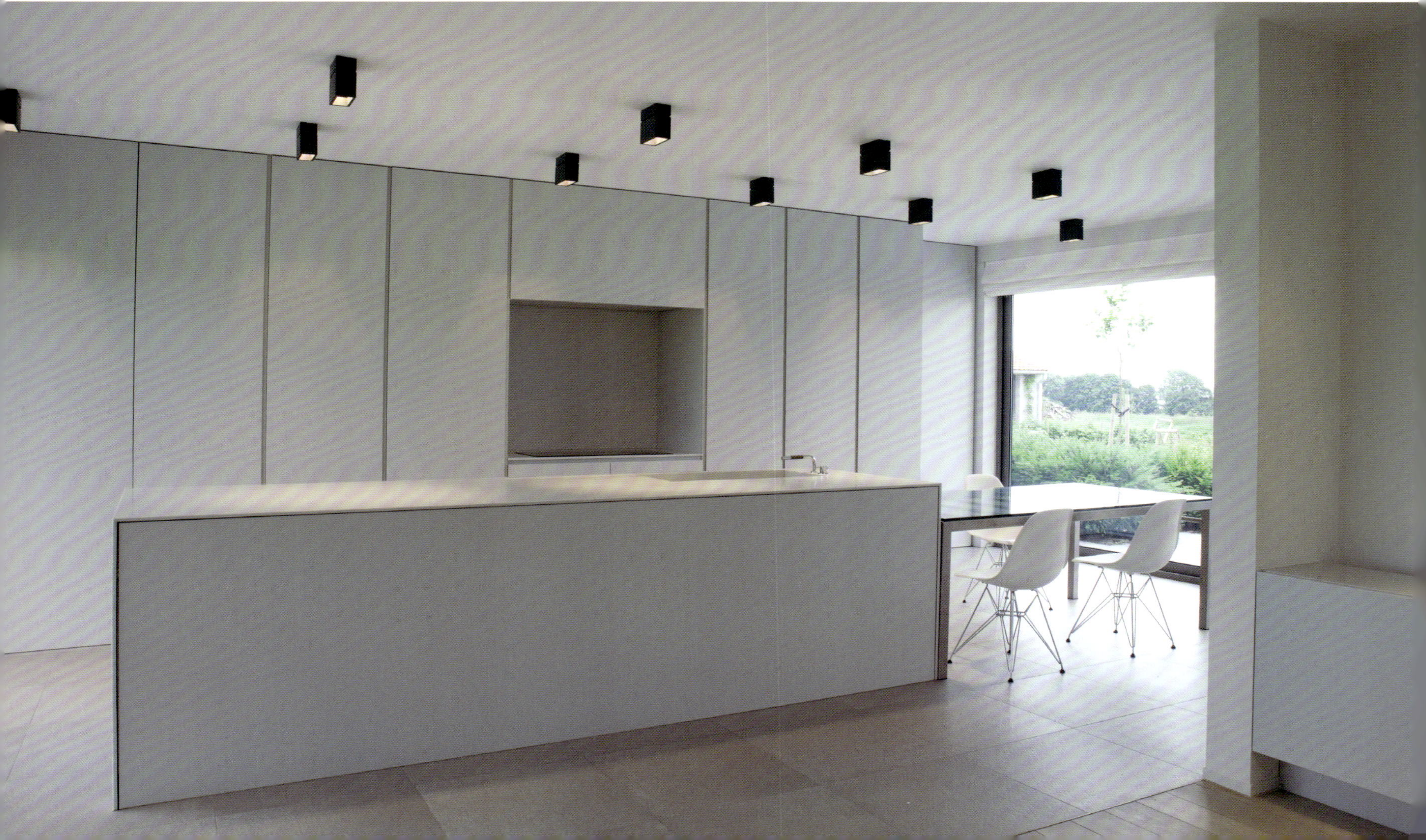

www.brunovanbesien.be

www.collection-privee.com

www.minus.be

www.paulvandekooi.nl

www.aerts-blower.be

www.dols.nl

www.stratobelgium.com

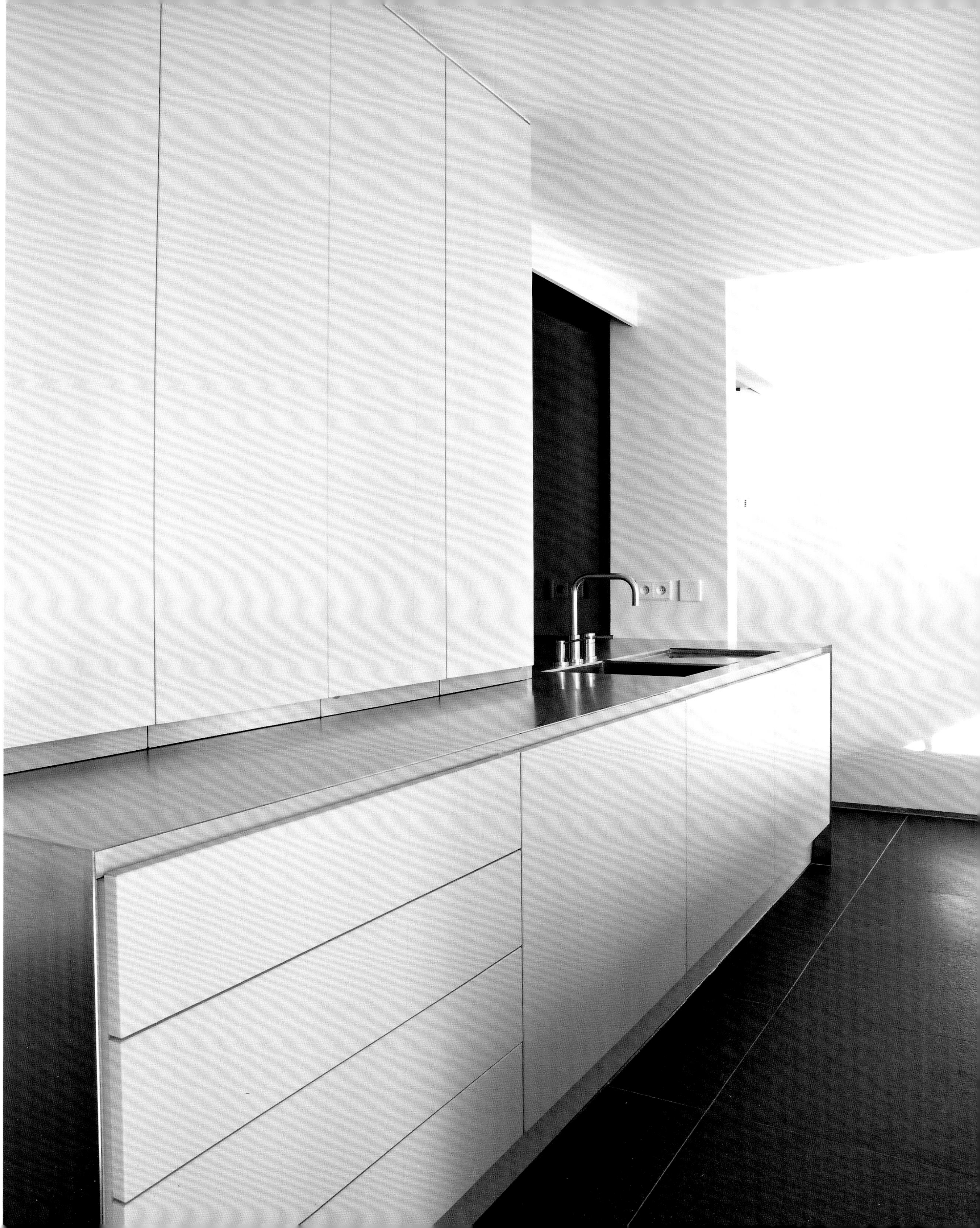

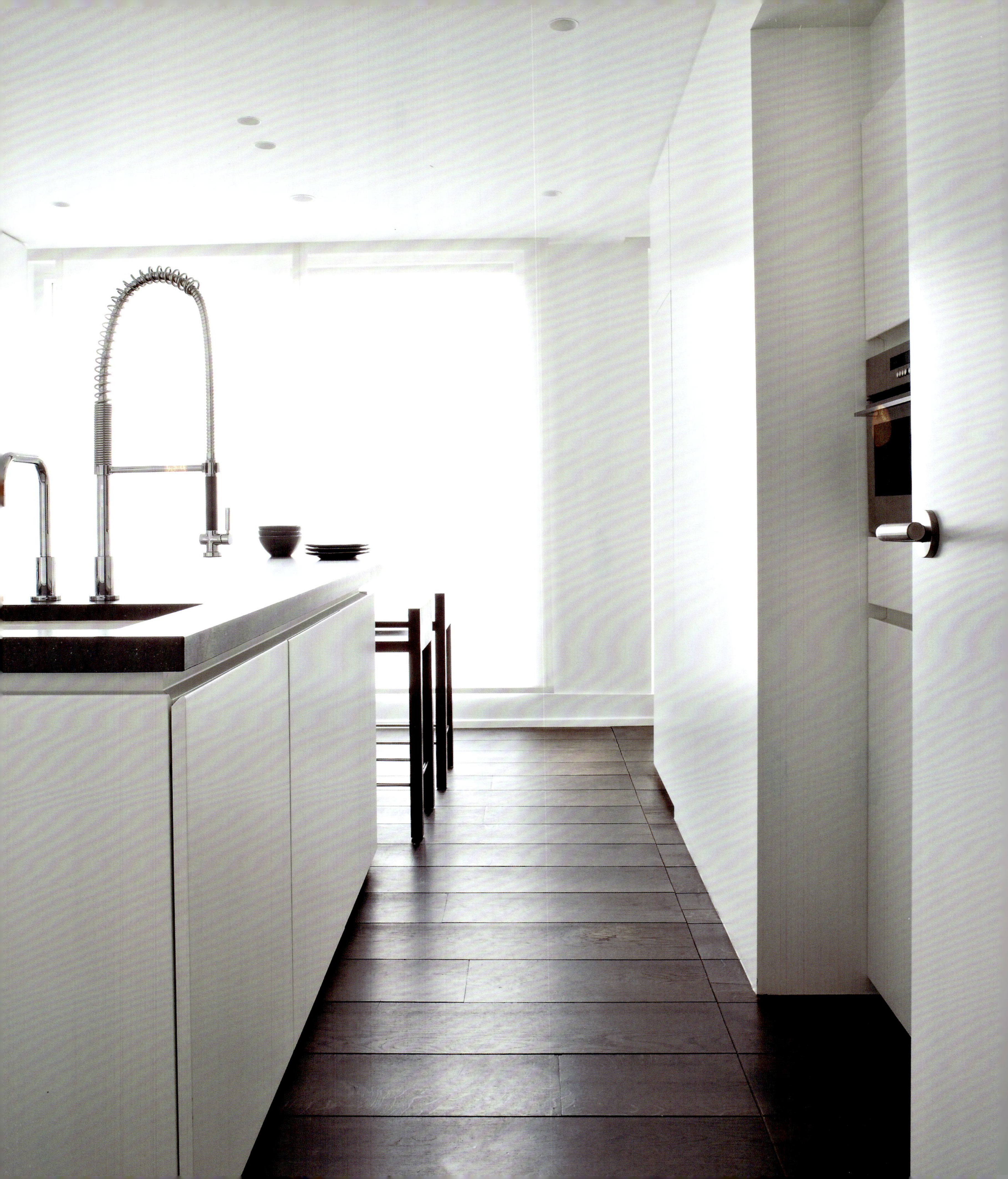

www.stratobelgium.com

←
www.mape.be

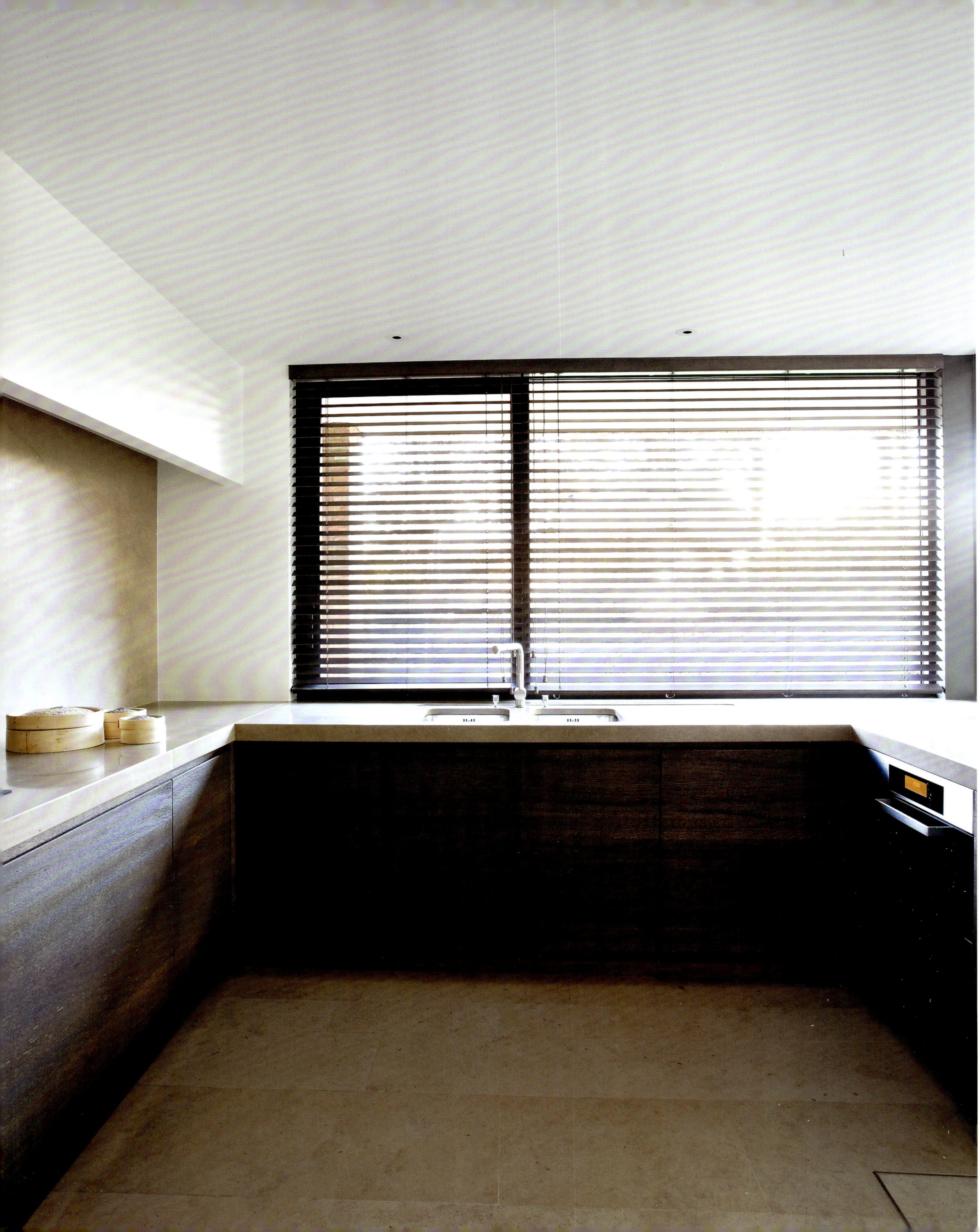

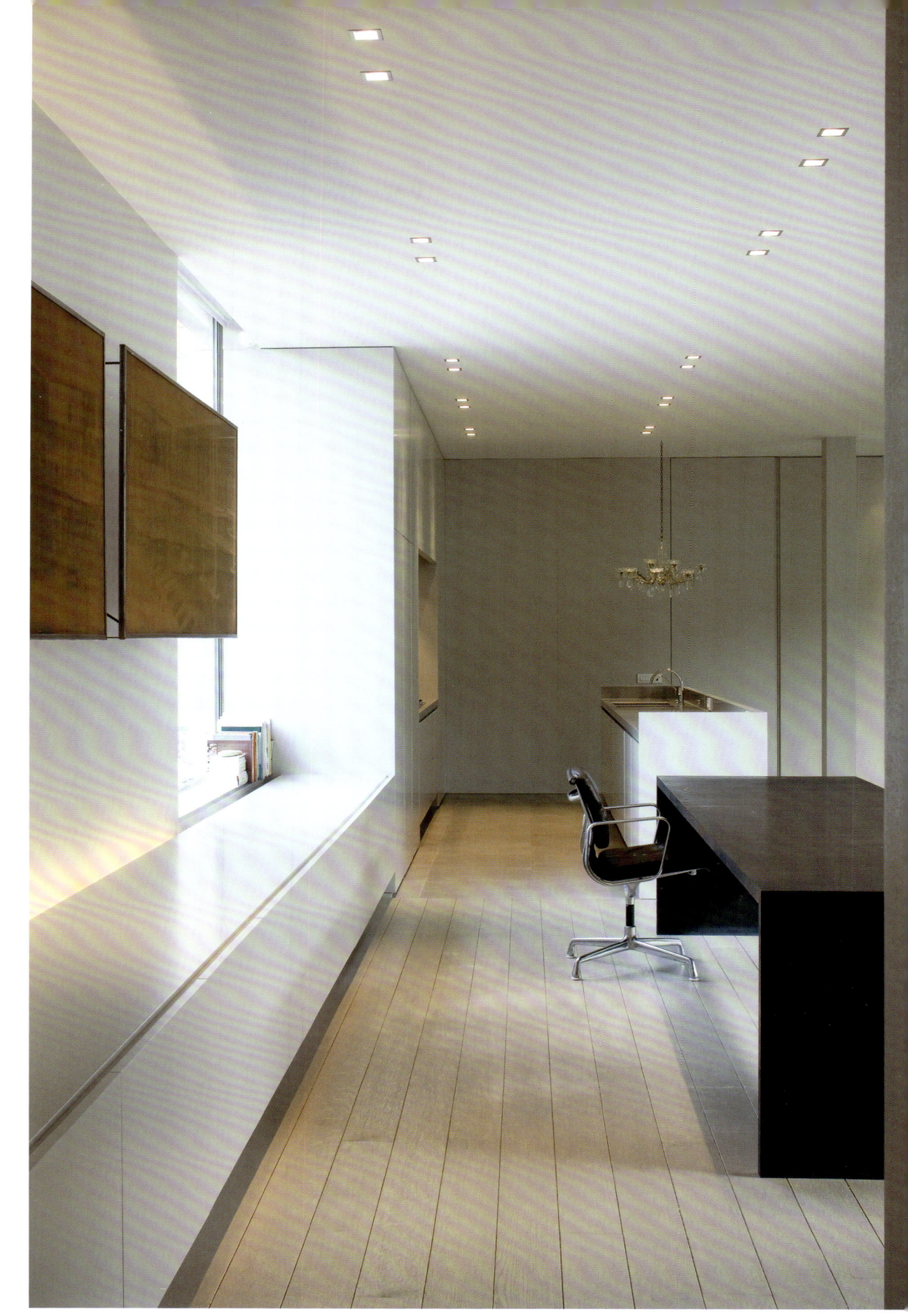

www.minus.be

www.wilfra.be

www.stephanielaporte.be
www.obumex.be

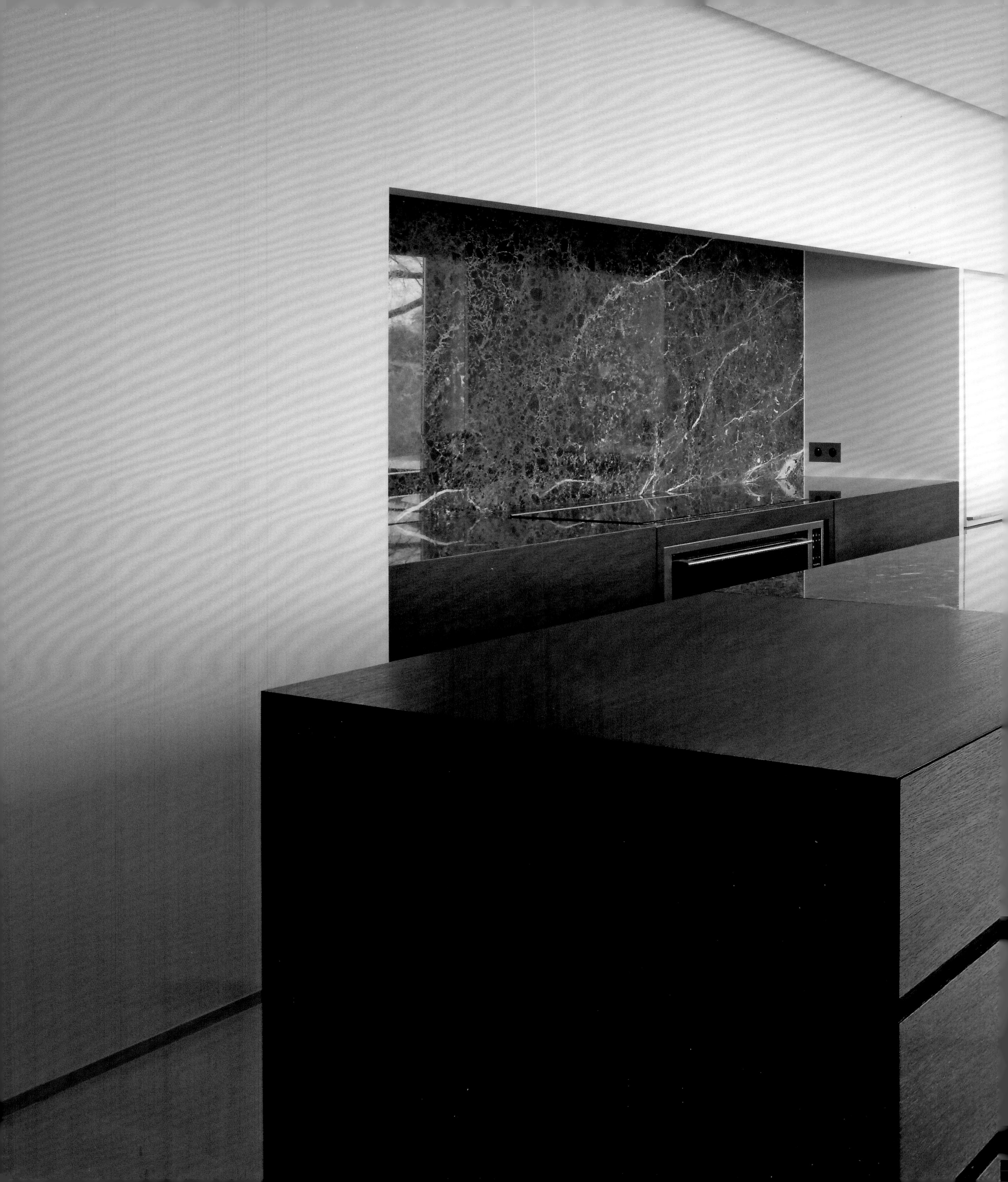

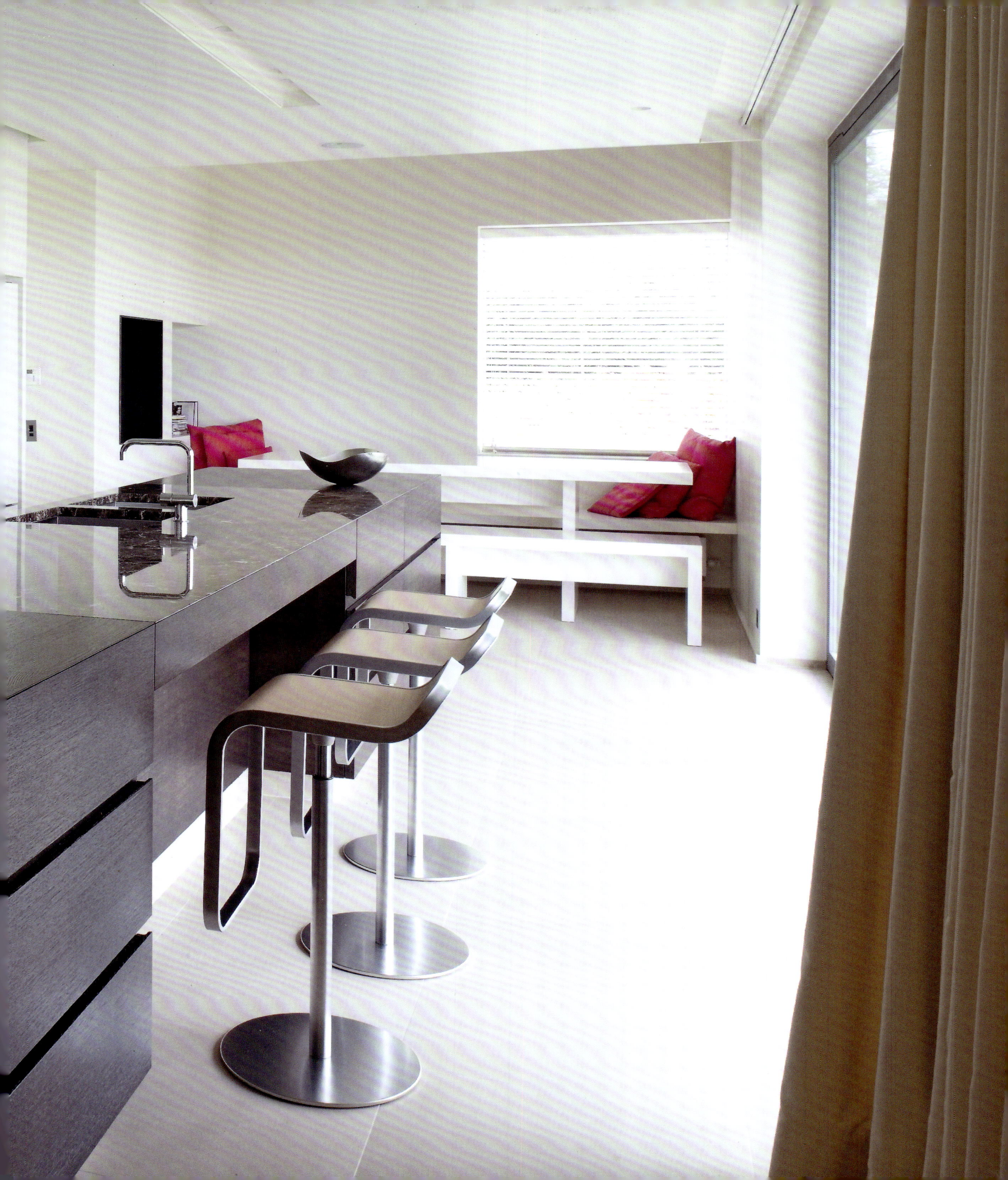

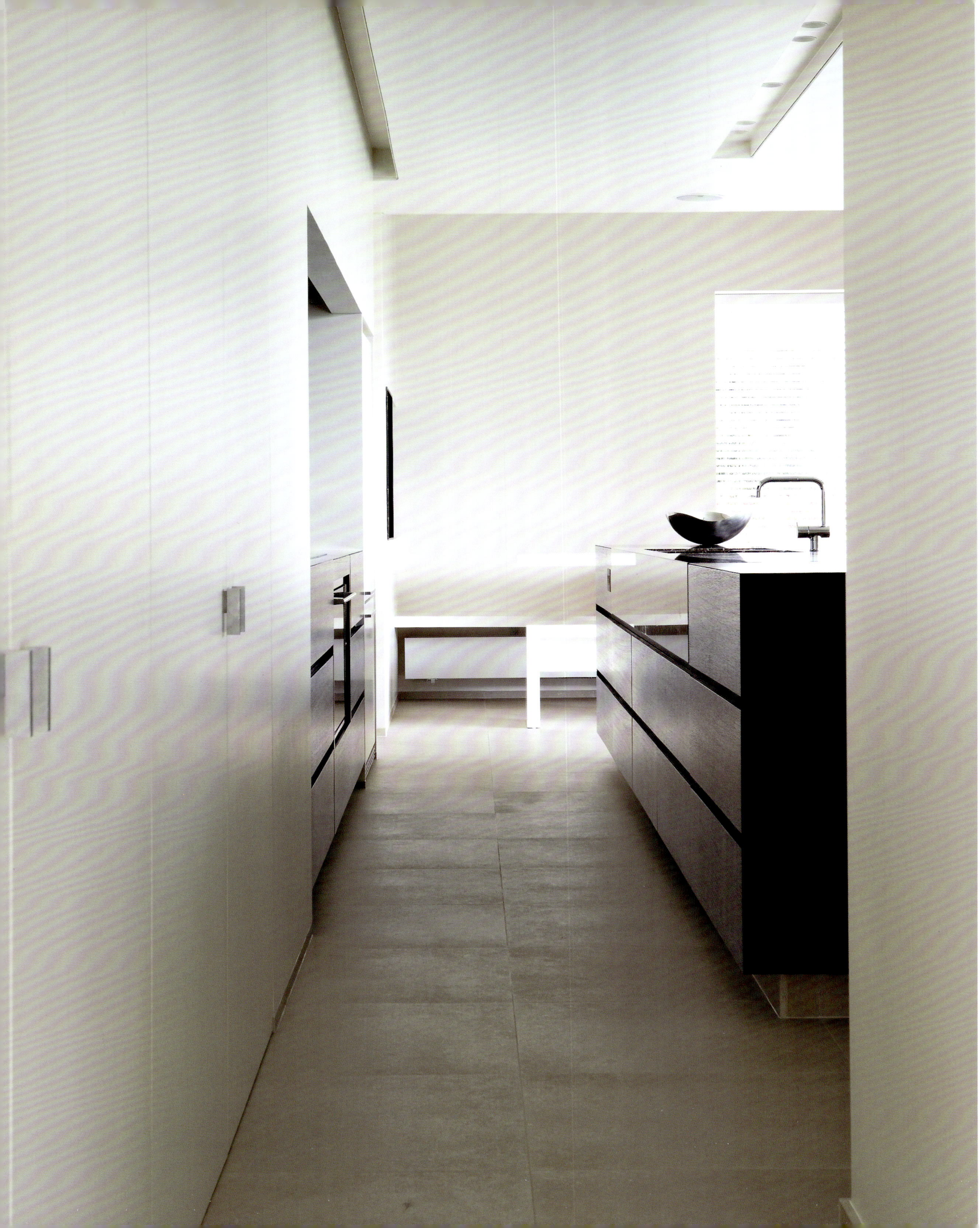

dwek.architectes@gmail.com

www.brionleclercq.com

← www.stephanielaporte.be
www.obumex.be

→ dwek.architectes@gmail.com

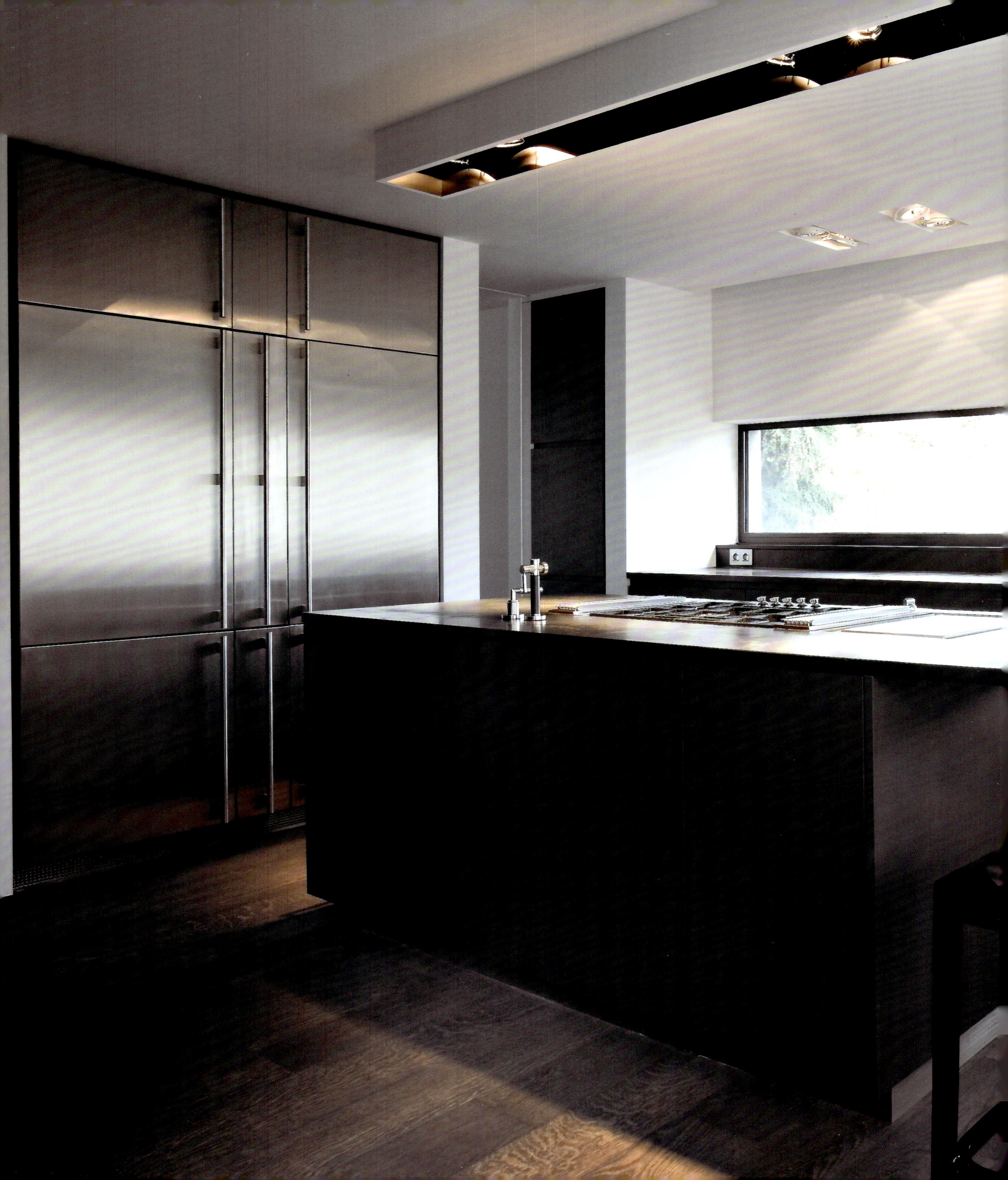

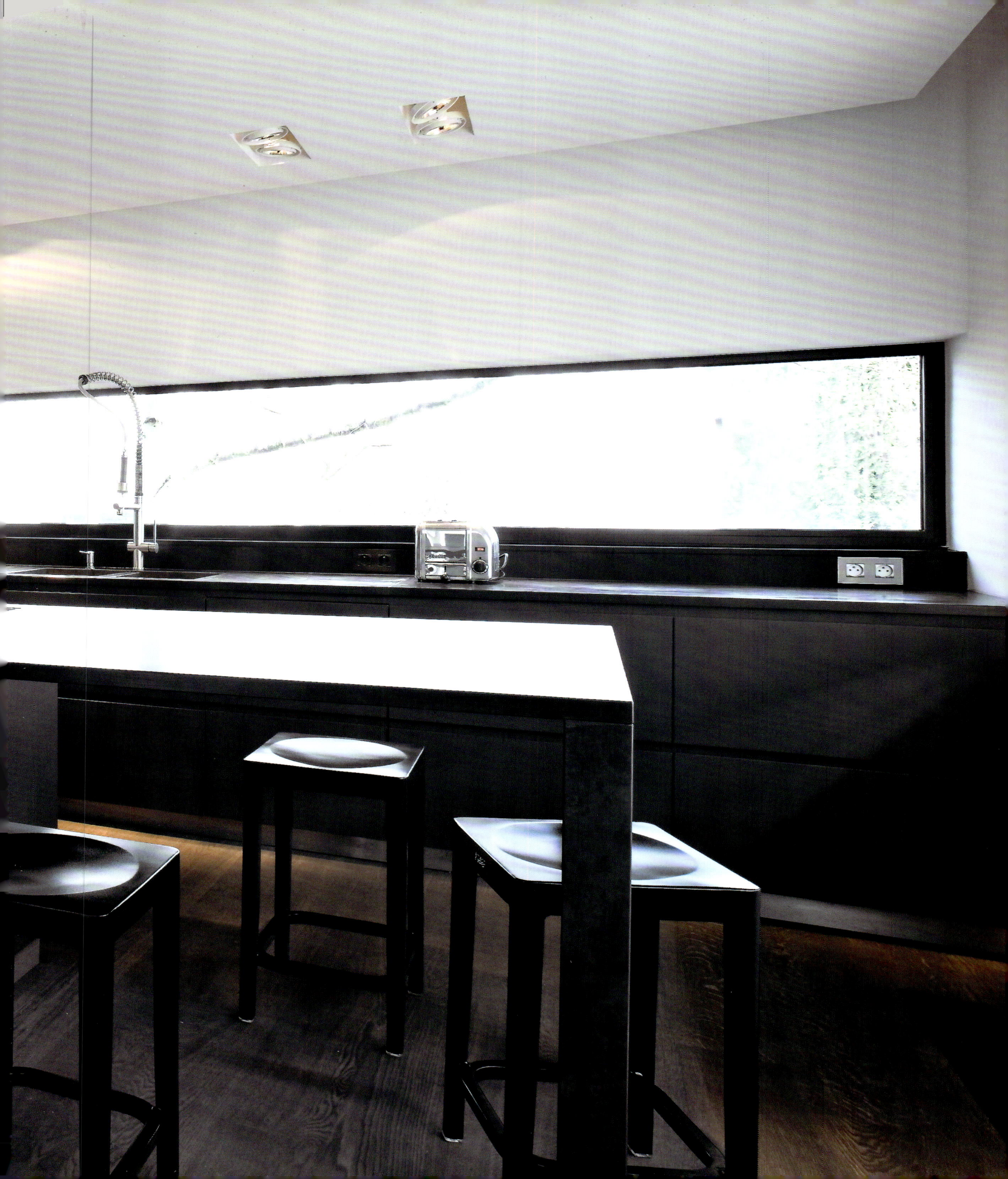

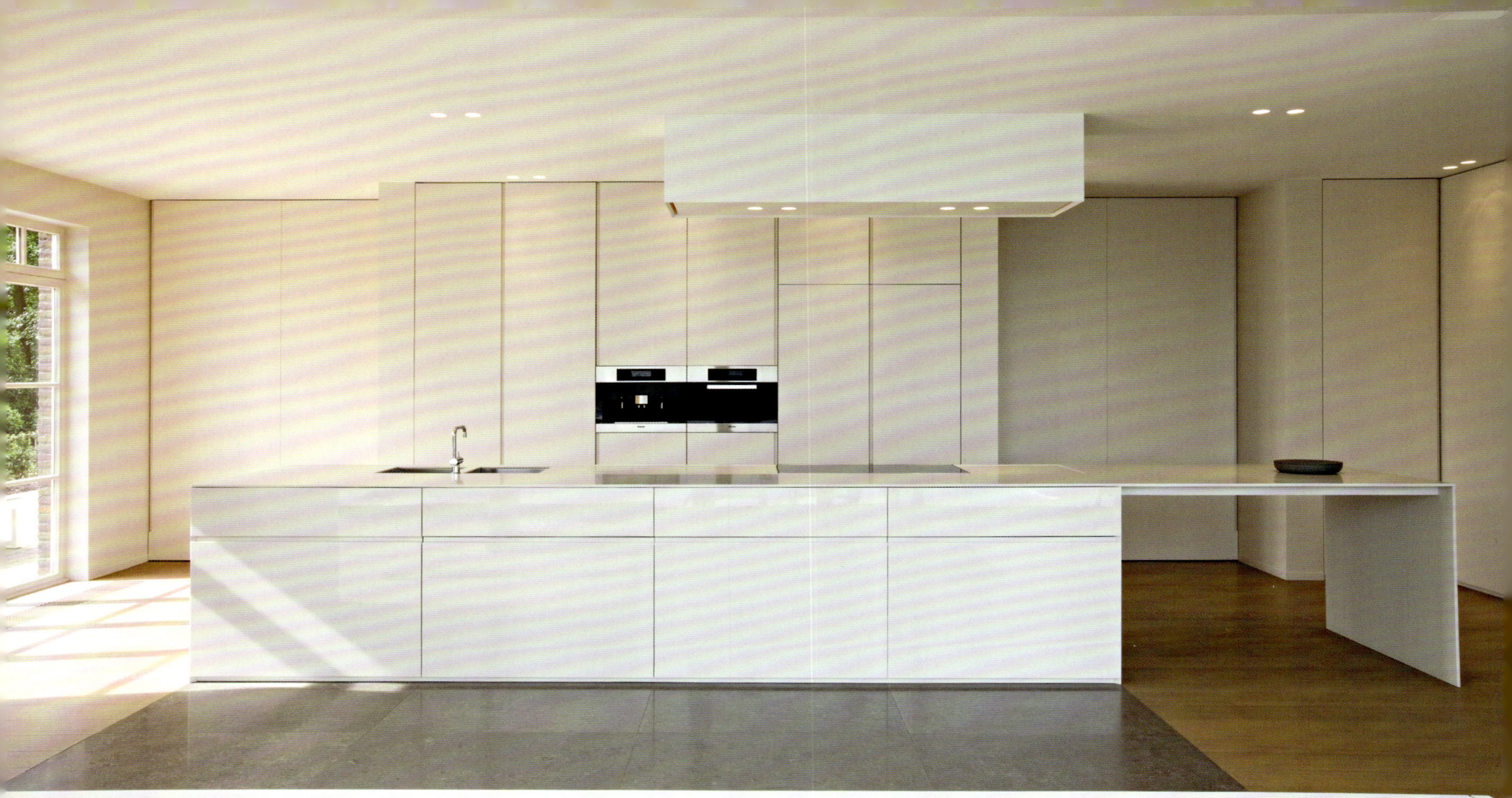

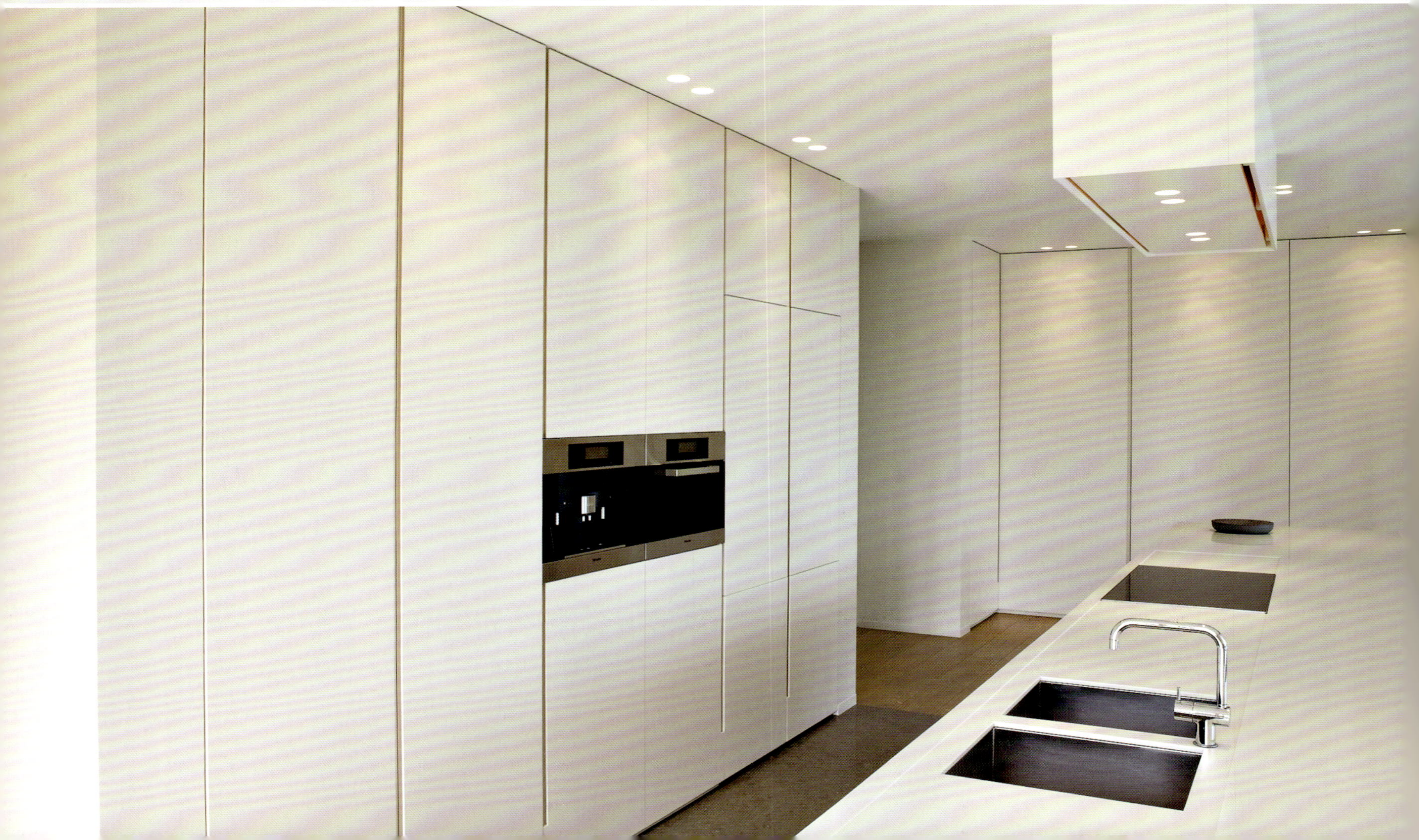

www.mackayandpartners.co.uk

← www.minus.be

www.hansverstuyftarchitecten.be

www.wilfra.be

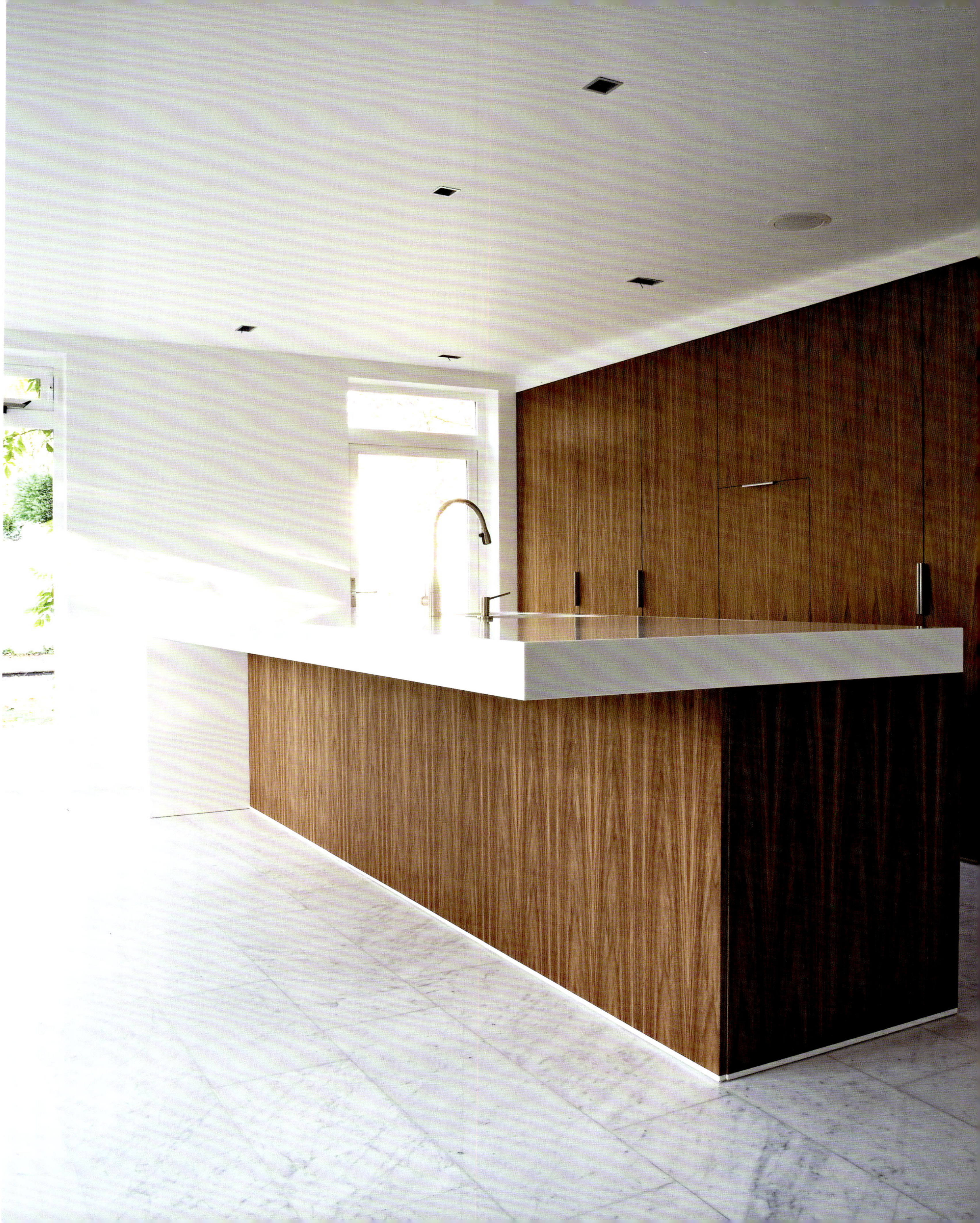

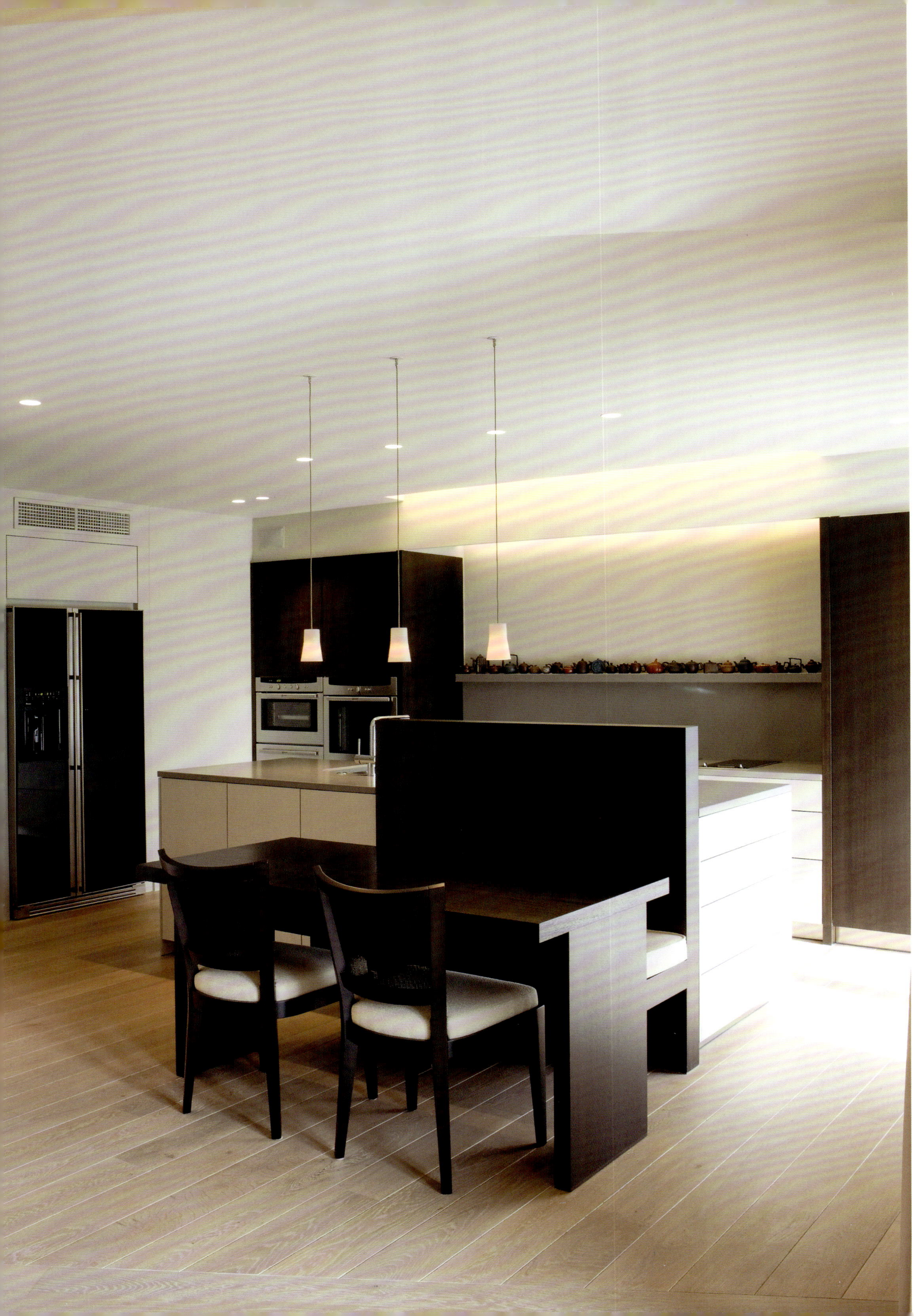

www.ebony-interiors.com

www.astralovesliving.com

www.ebony-interiors.com

marie@stadsbader-bernard.com

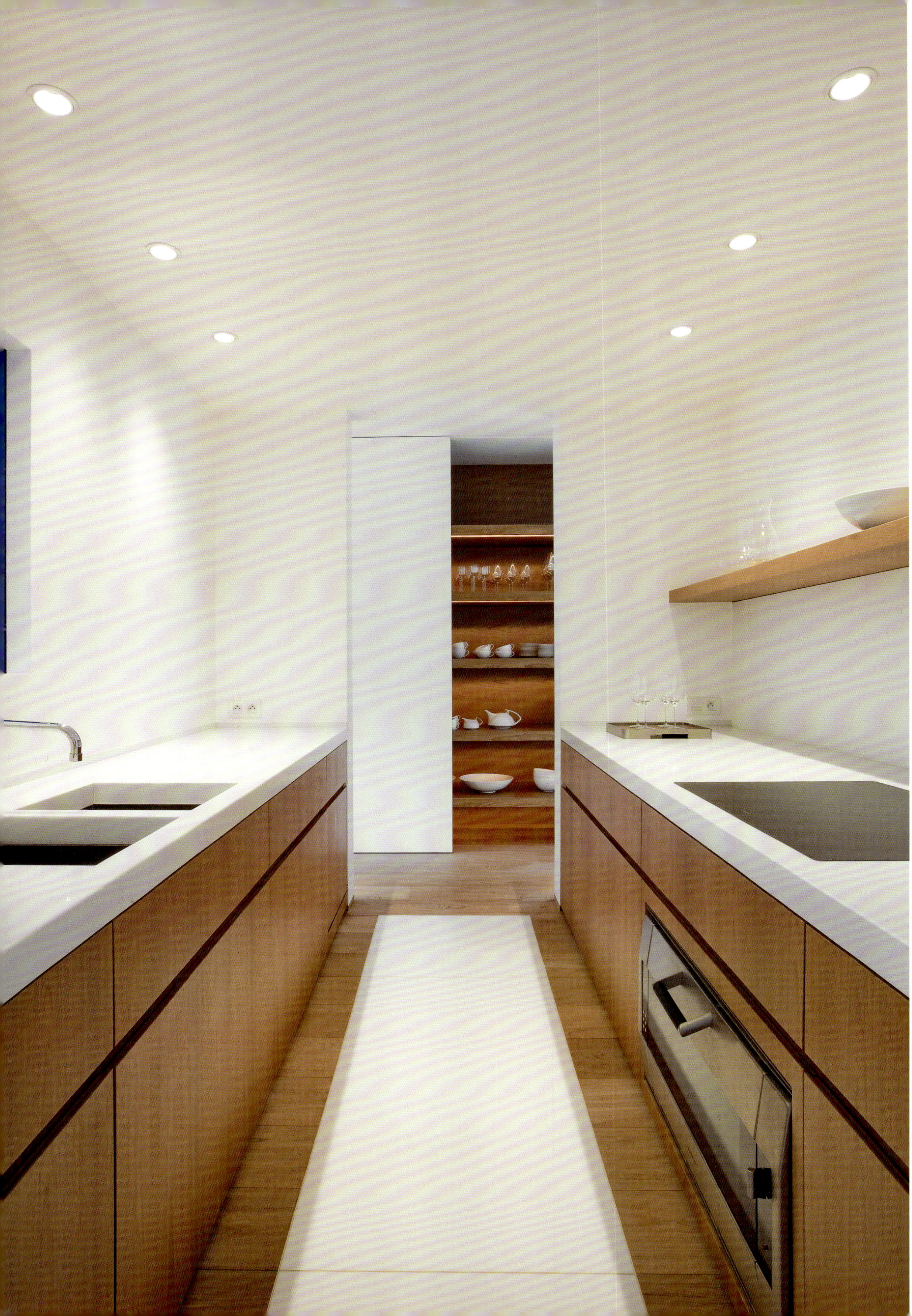

www.stratobelgium.com

← marie@stadsbader-bernard.com

annik.dierckx@telenet.be

annik.dierckx@telenet.be

www.casavero.be

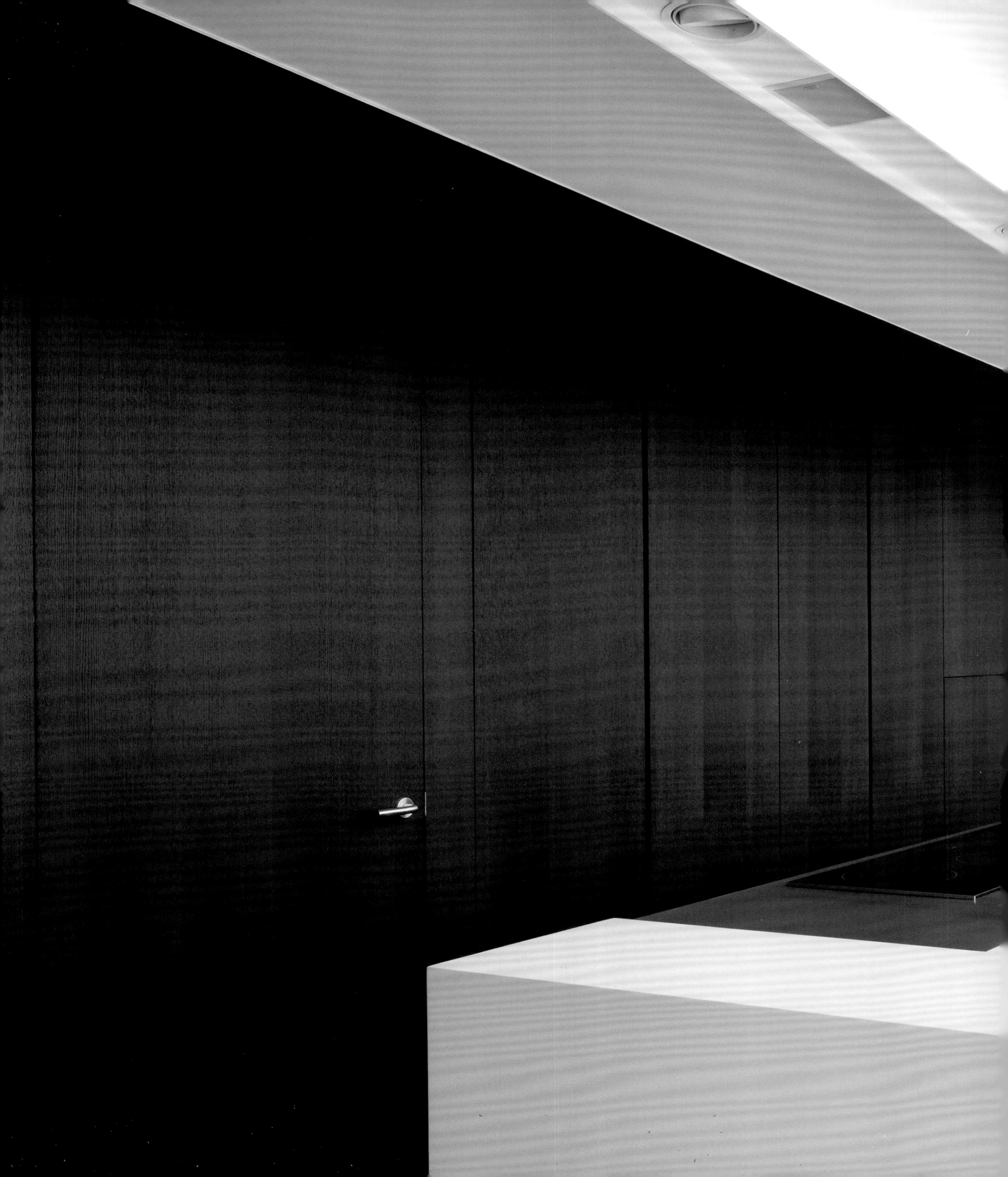

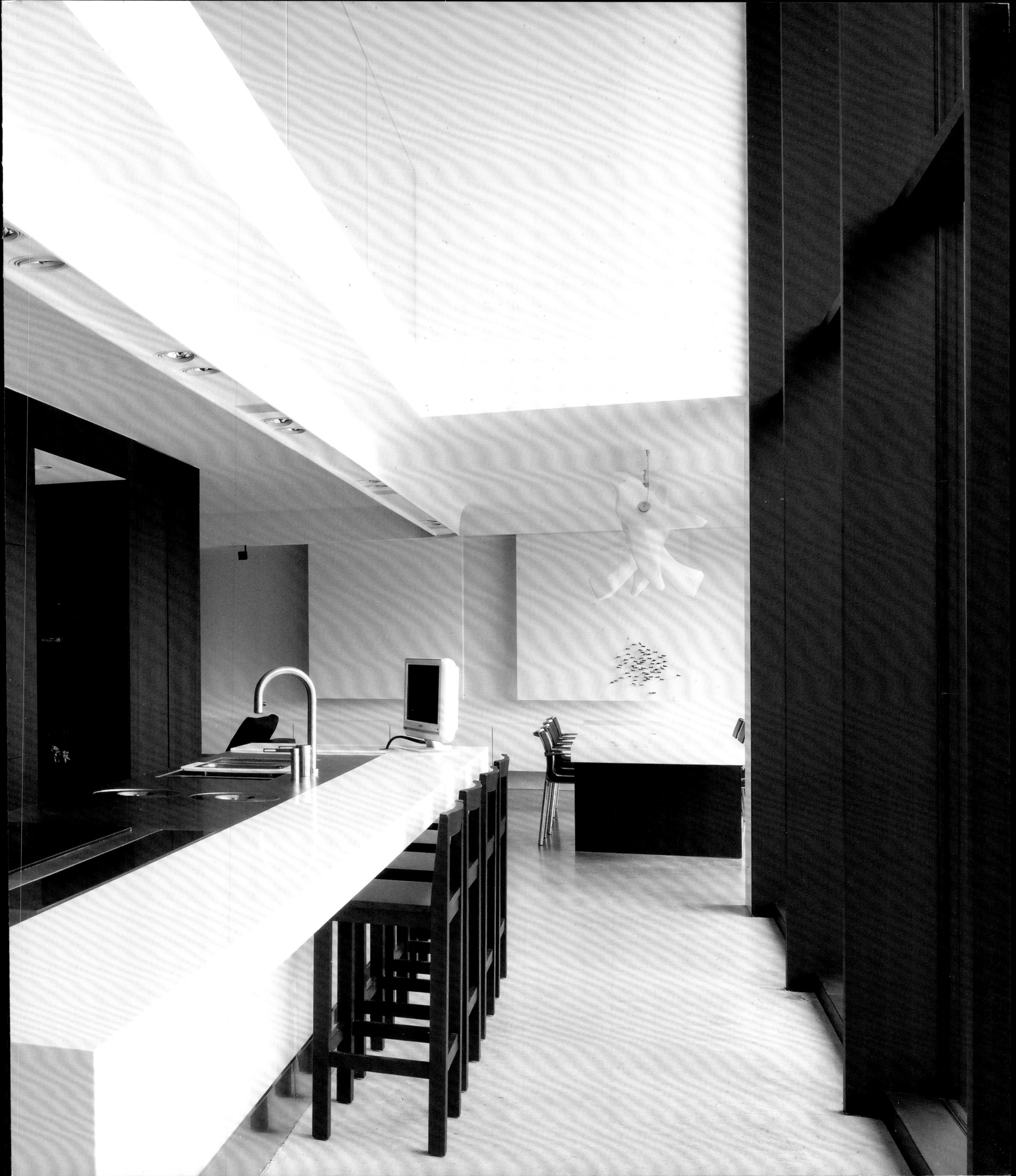

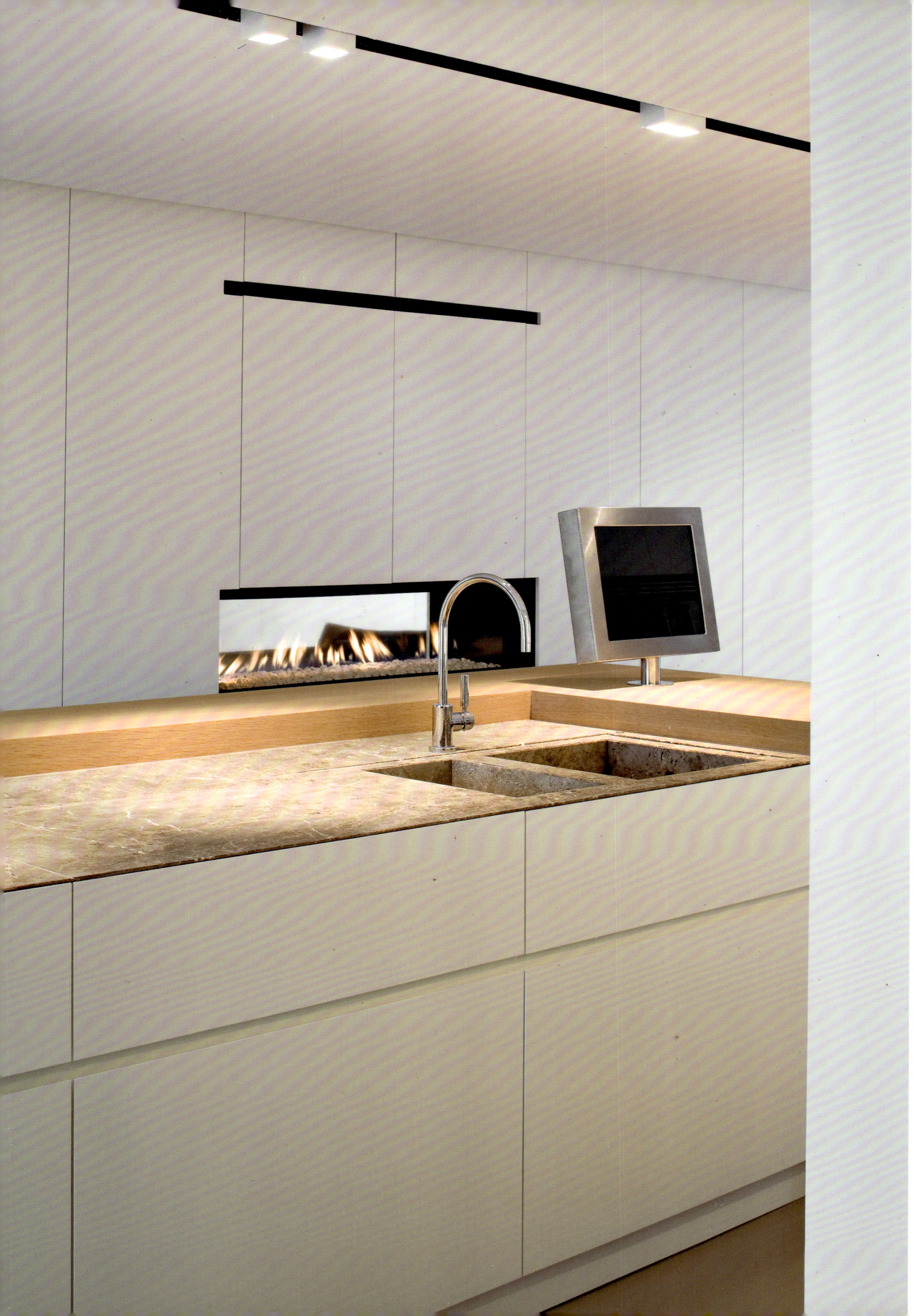

www.dtj-interiorarchitect.be

www.filipglorieux.be

www.nico-verheyden.be

www.brunovanbesien.be

www.simoeninterieur.be

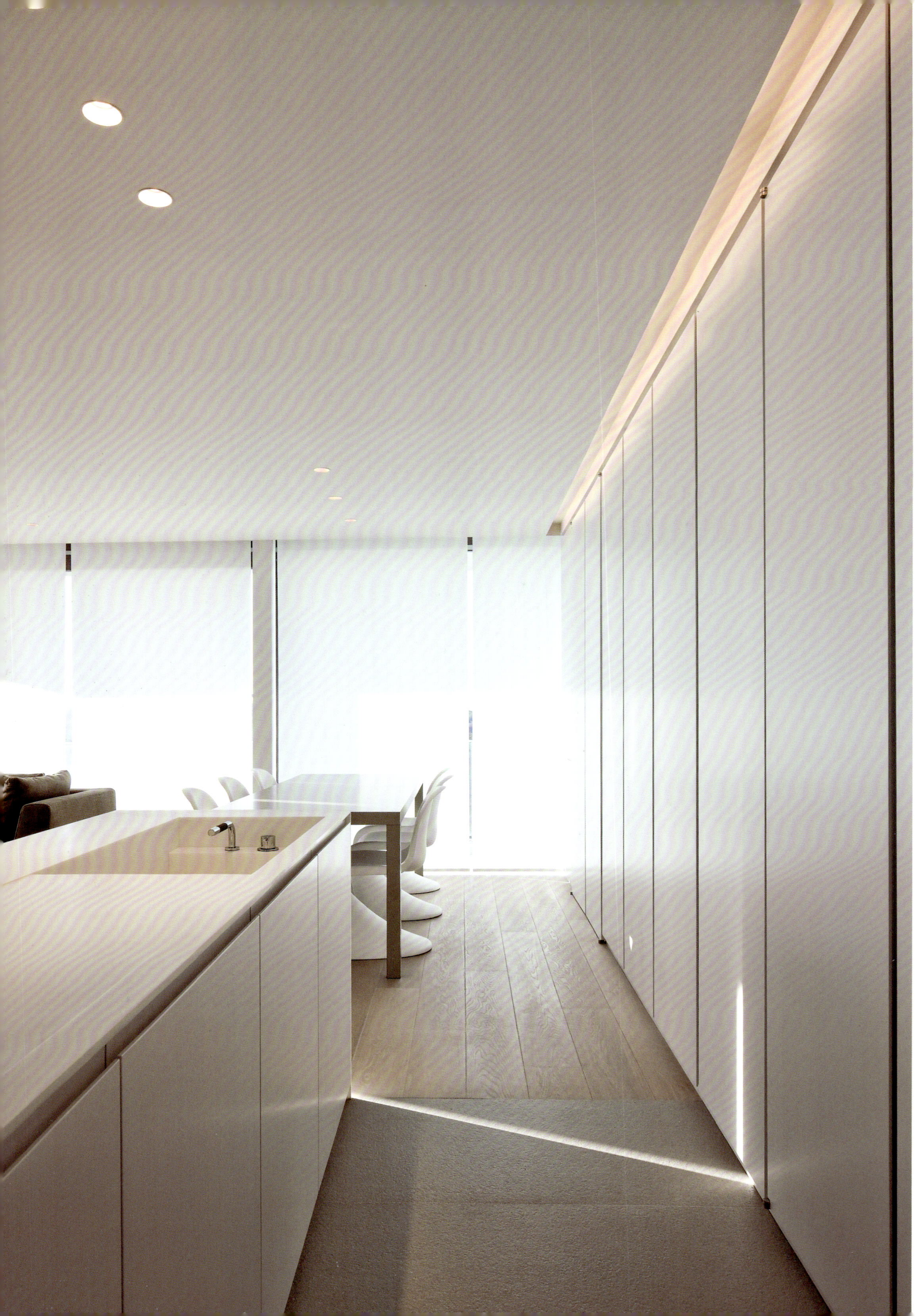

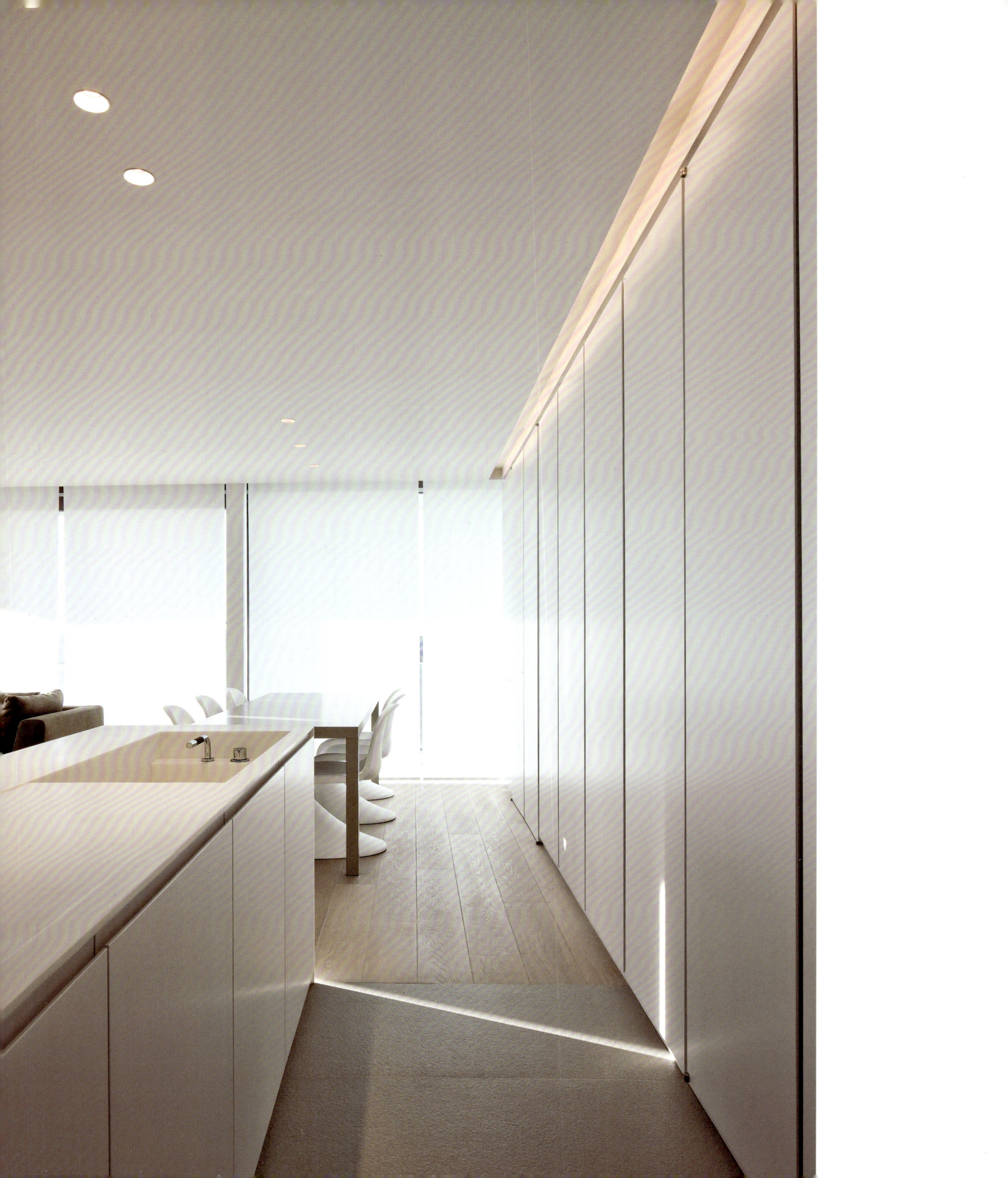

www.kultuz.be

← www.minus.be

BATHROOMS
SALLES DE BAINS
BADRUIMTES

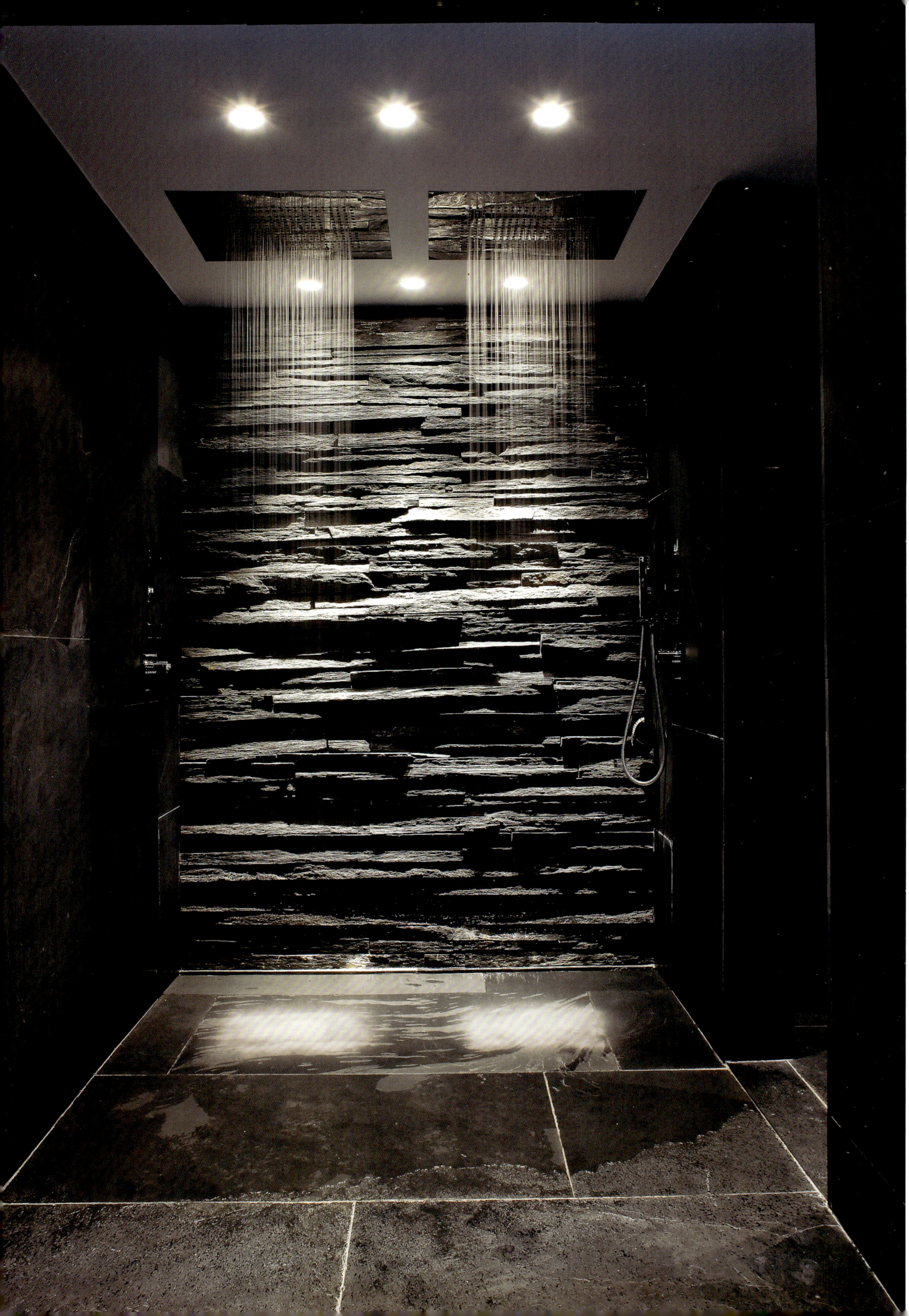

www.alexandershouses.com
www.fabathome.be

nathalie.vanreeth@skynet.be

www.ensembleetassocies.be

www.herbosch-vanreeth.be

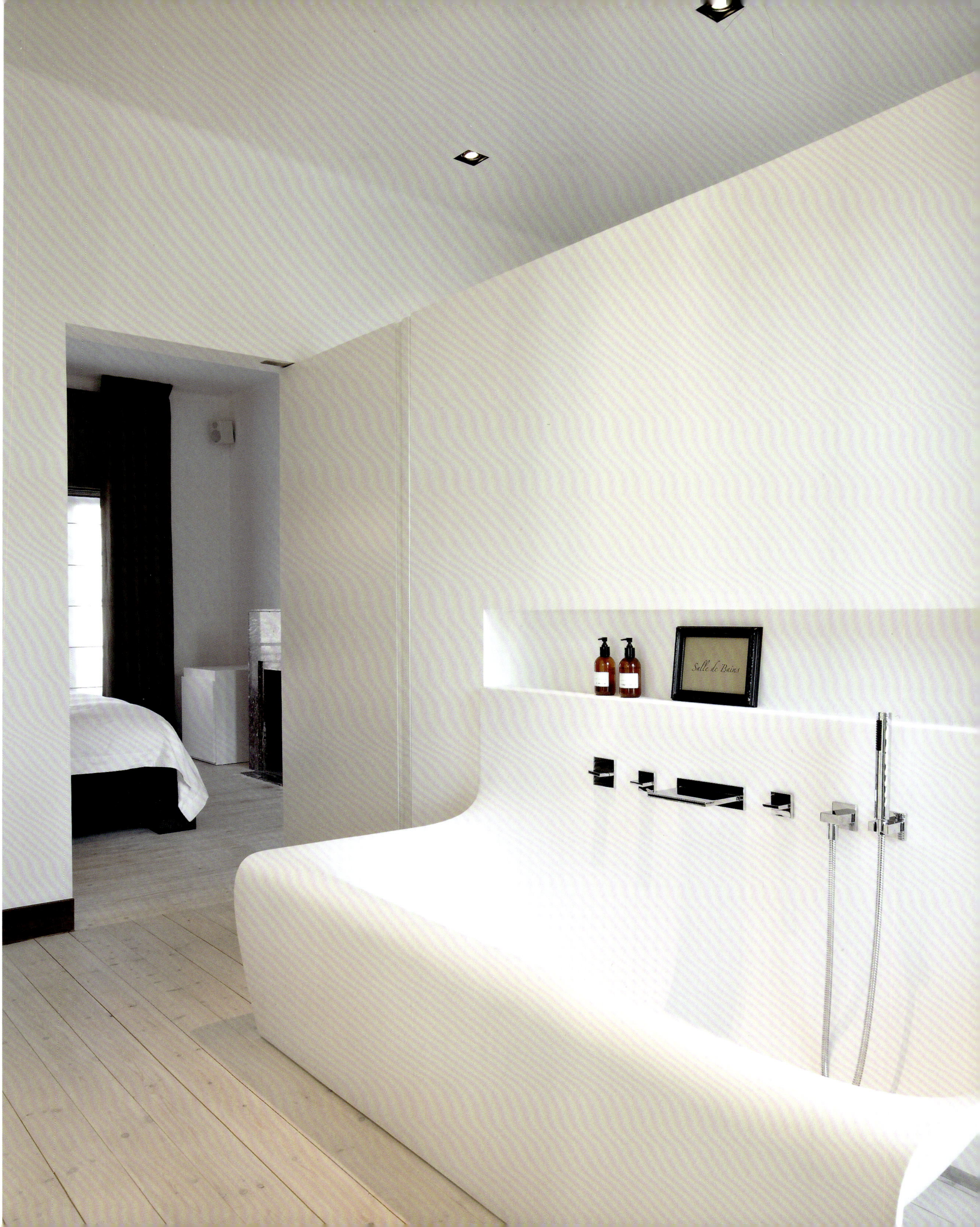
Salle de Bains

www.annederasse.be

www.ensembleetassocies.be

↑ →
www.olivierlempereur.com

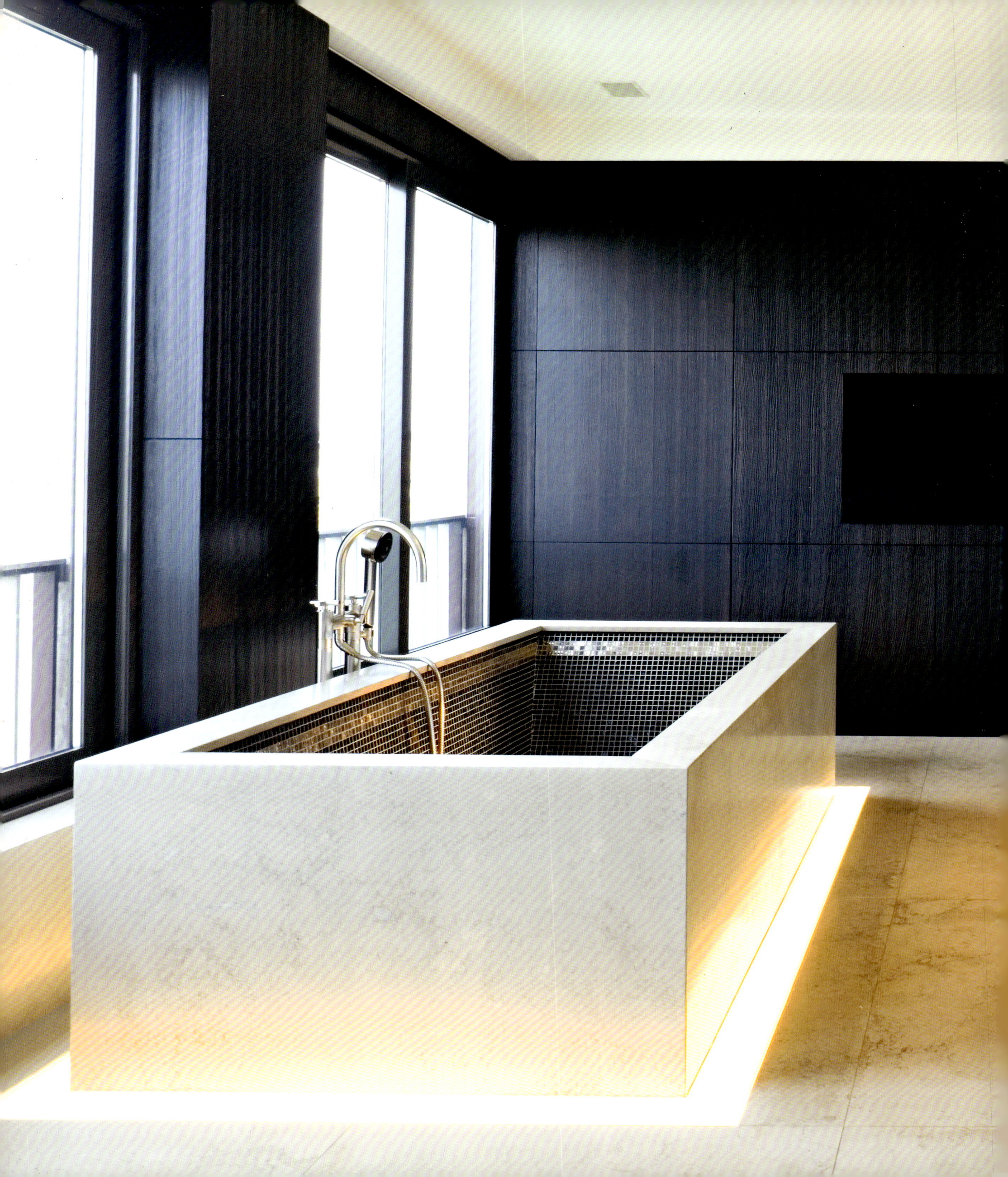

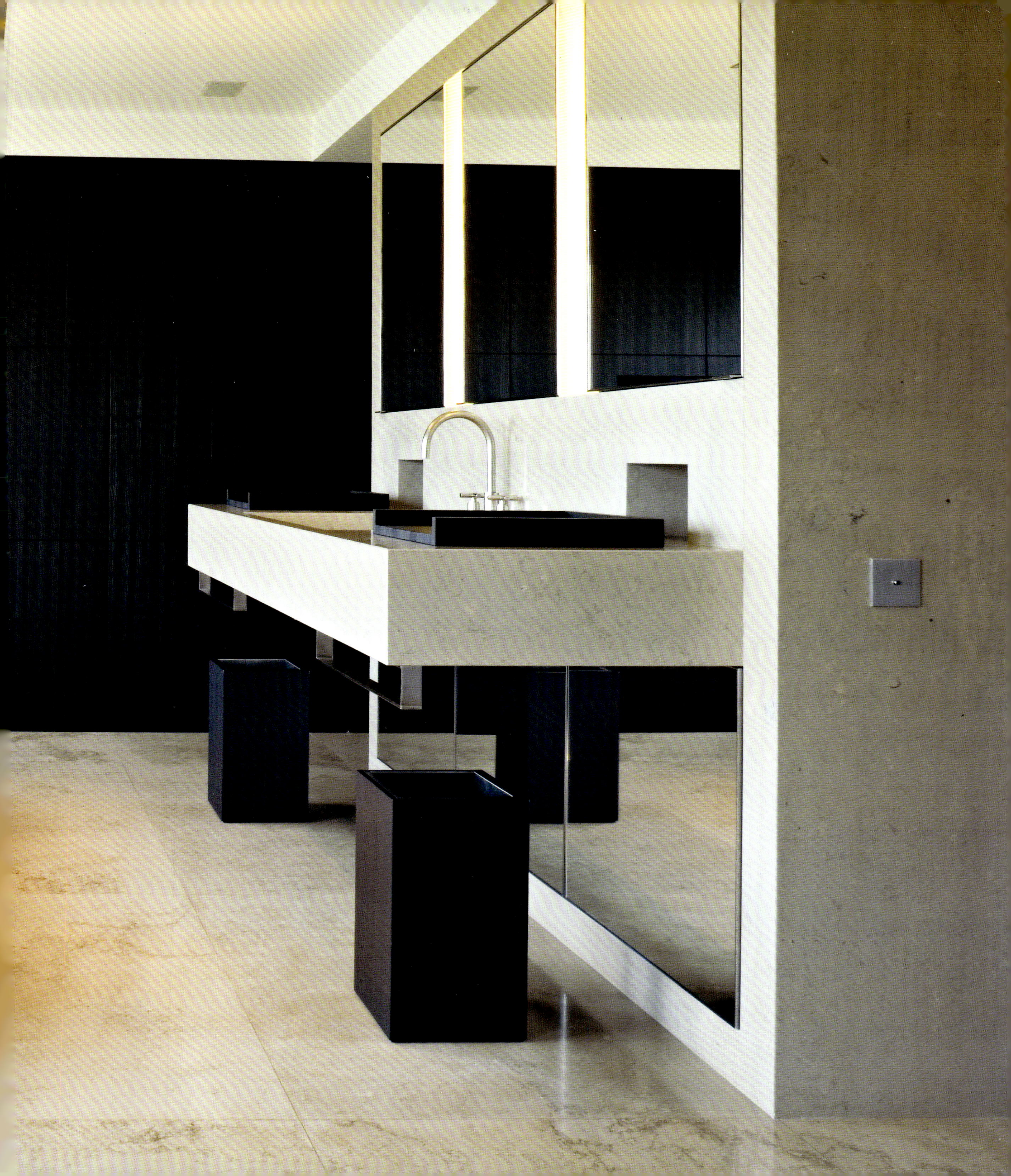

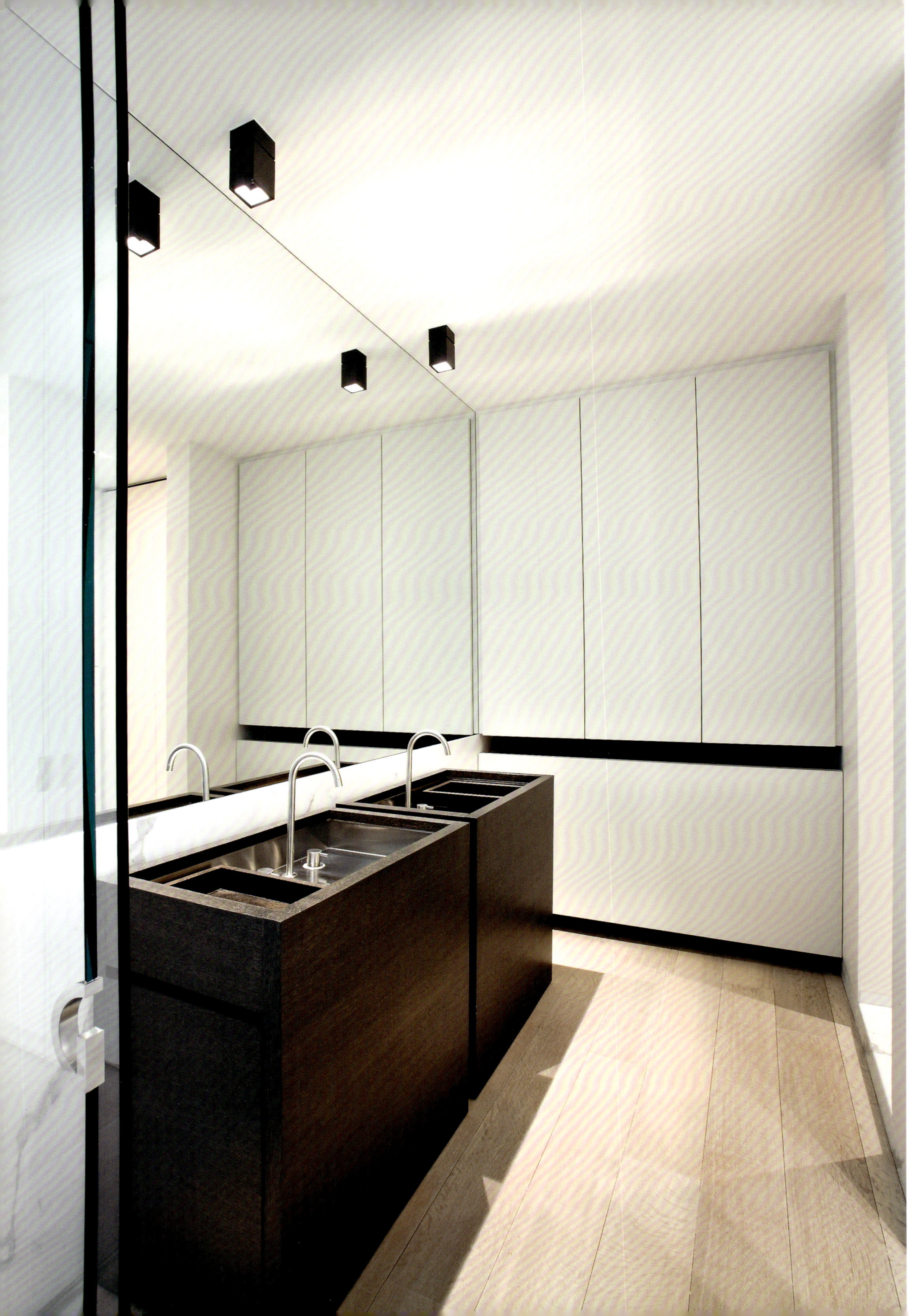

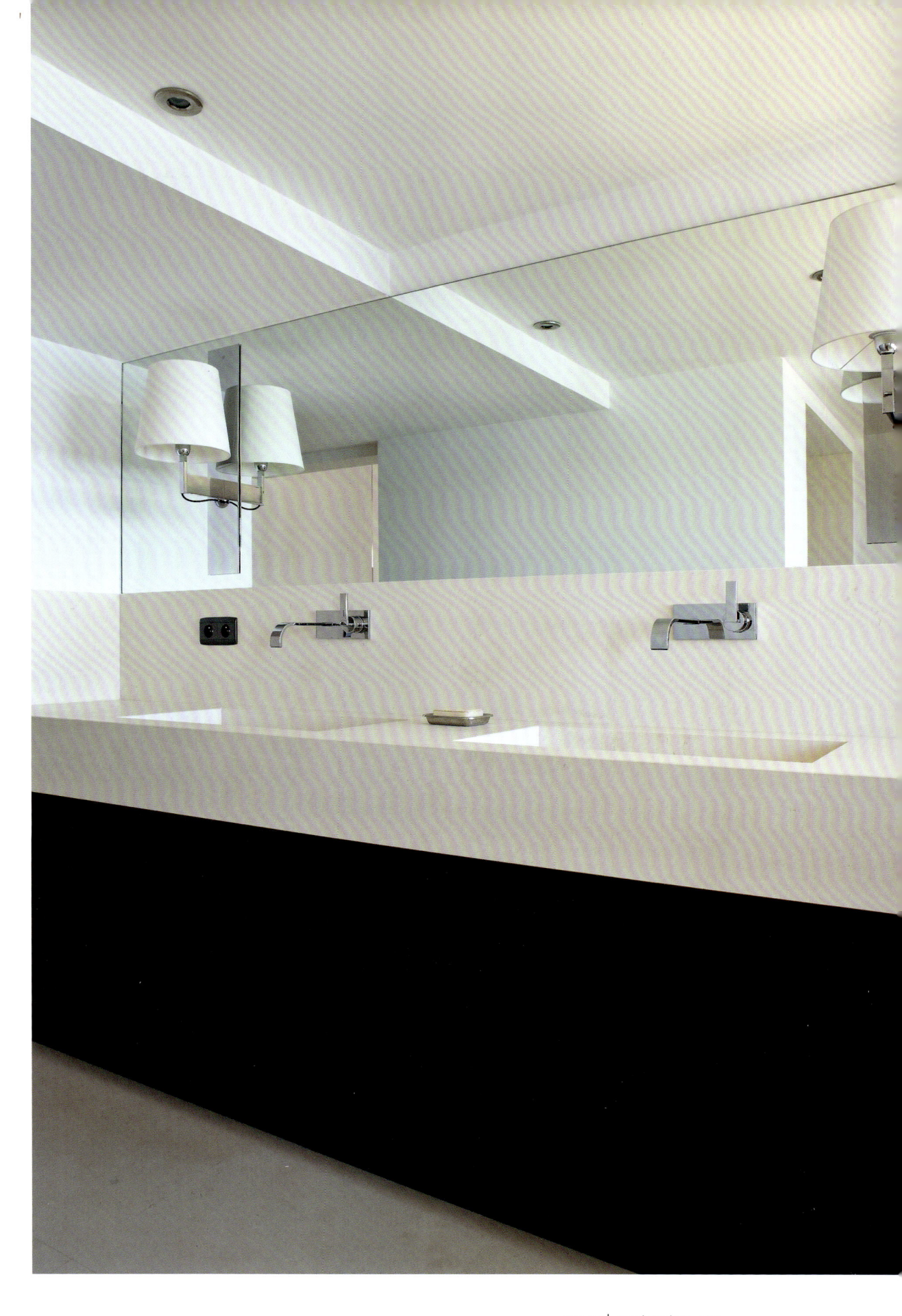

www.obumex.be
www.fabienvantomme.be

www.ebony-interiors.com

www.upptown.be

www.buro2.be

www.sarahlavoine.com

www.pascalvanderkelen.com

www.pascalvanderkelen.com

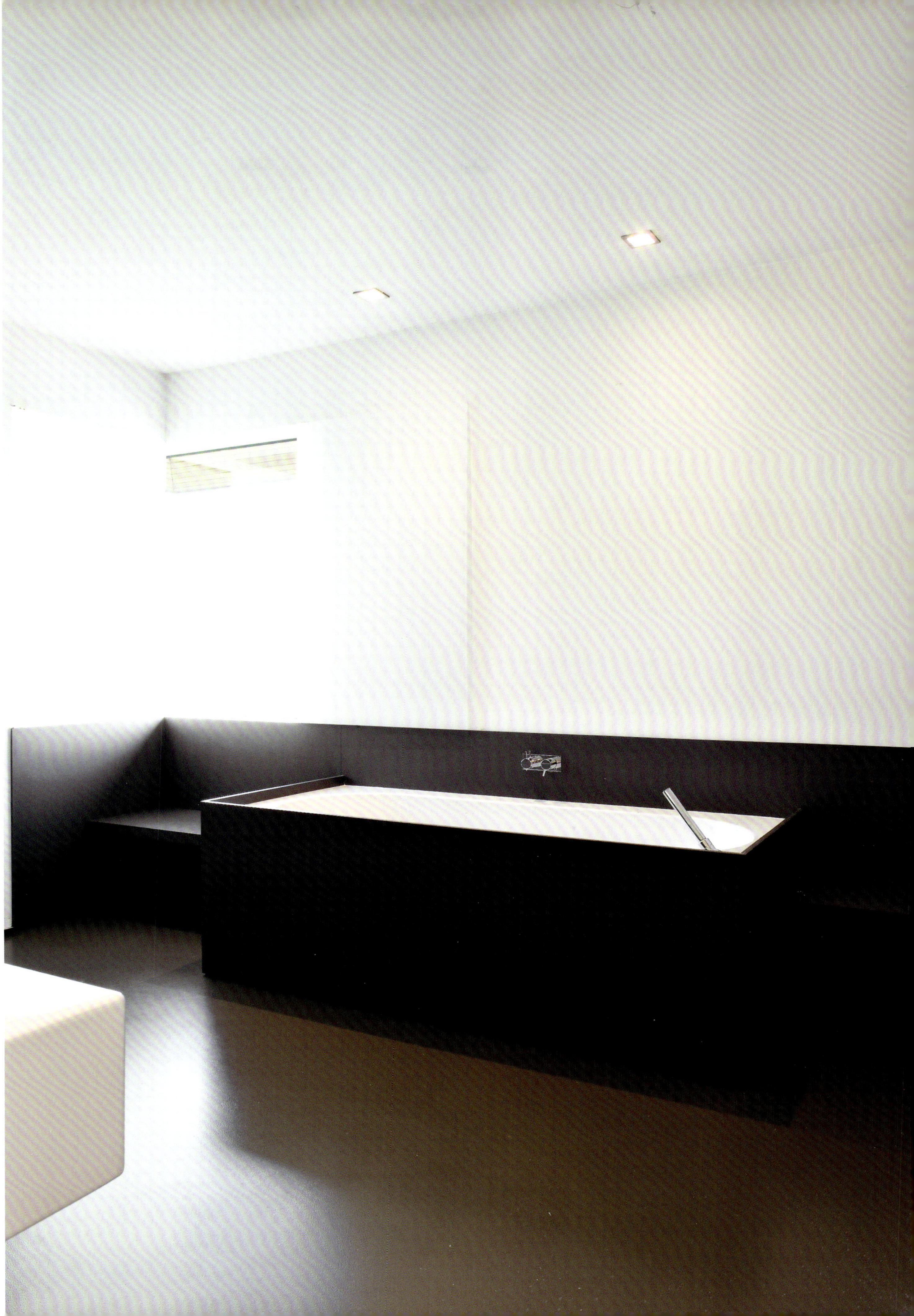

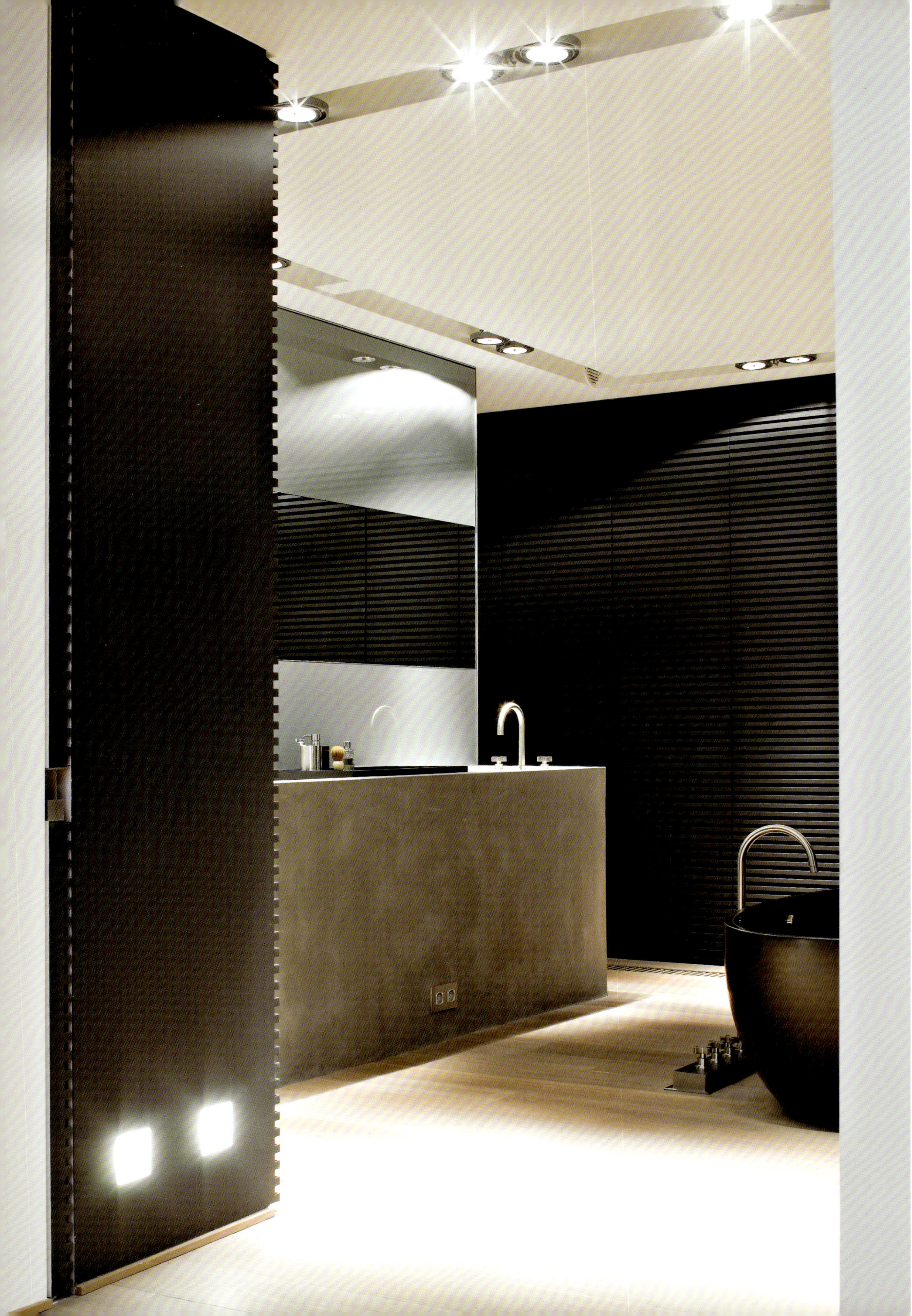

← ↑
dwek.architectes@gmail.com

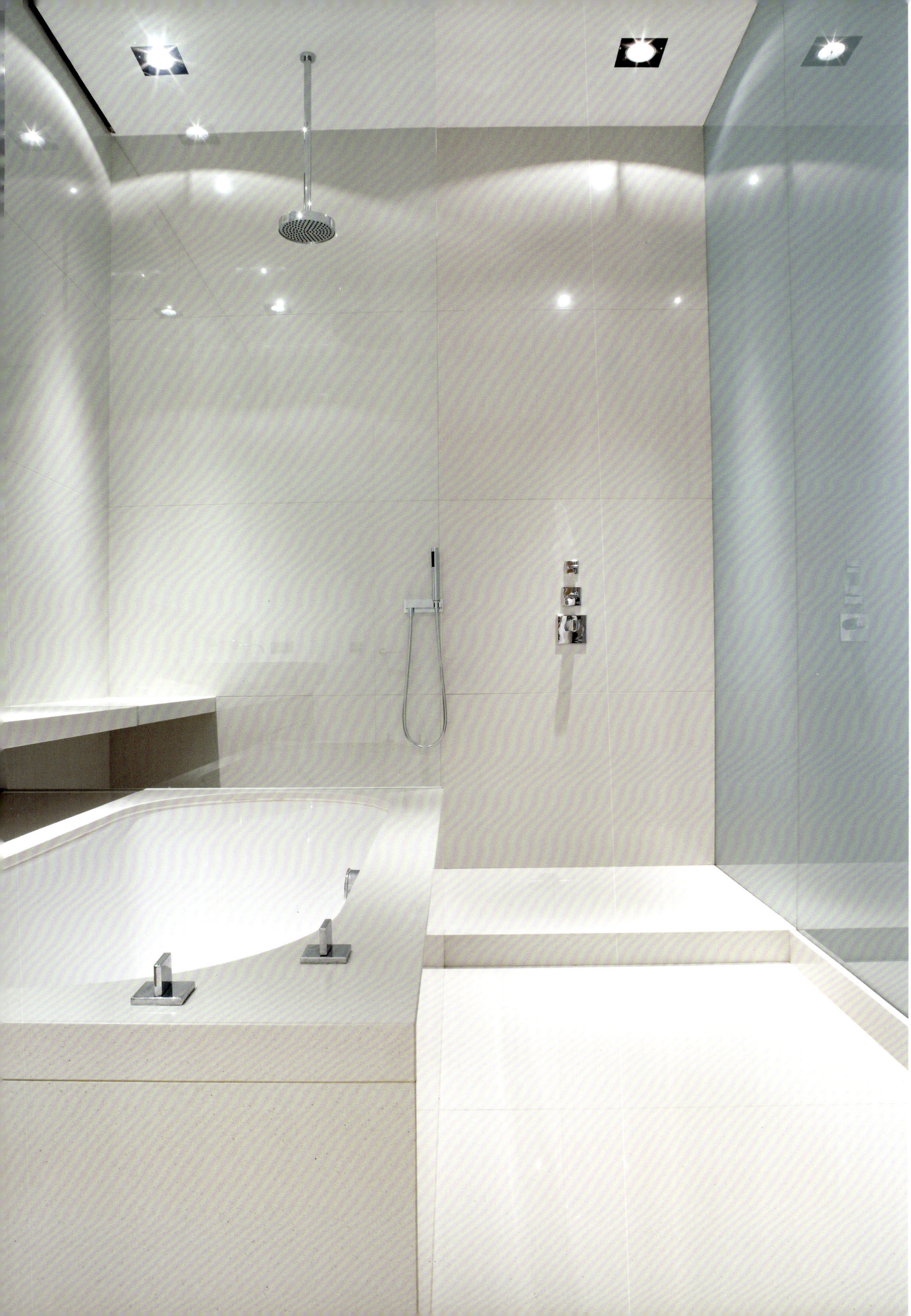

www.ensembleetassocies.be

www.brionleclercq.com

dwek.architectes@gmail.com

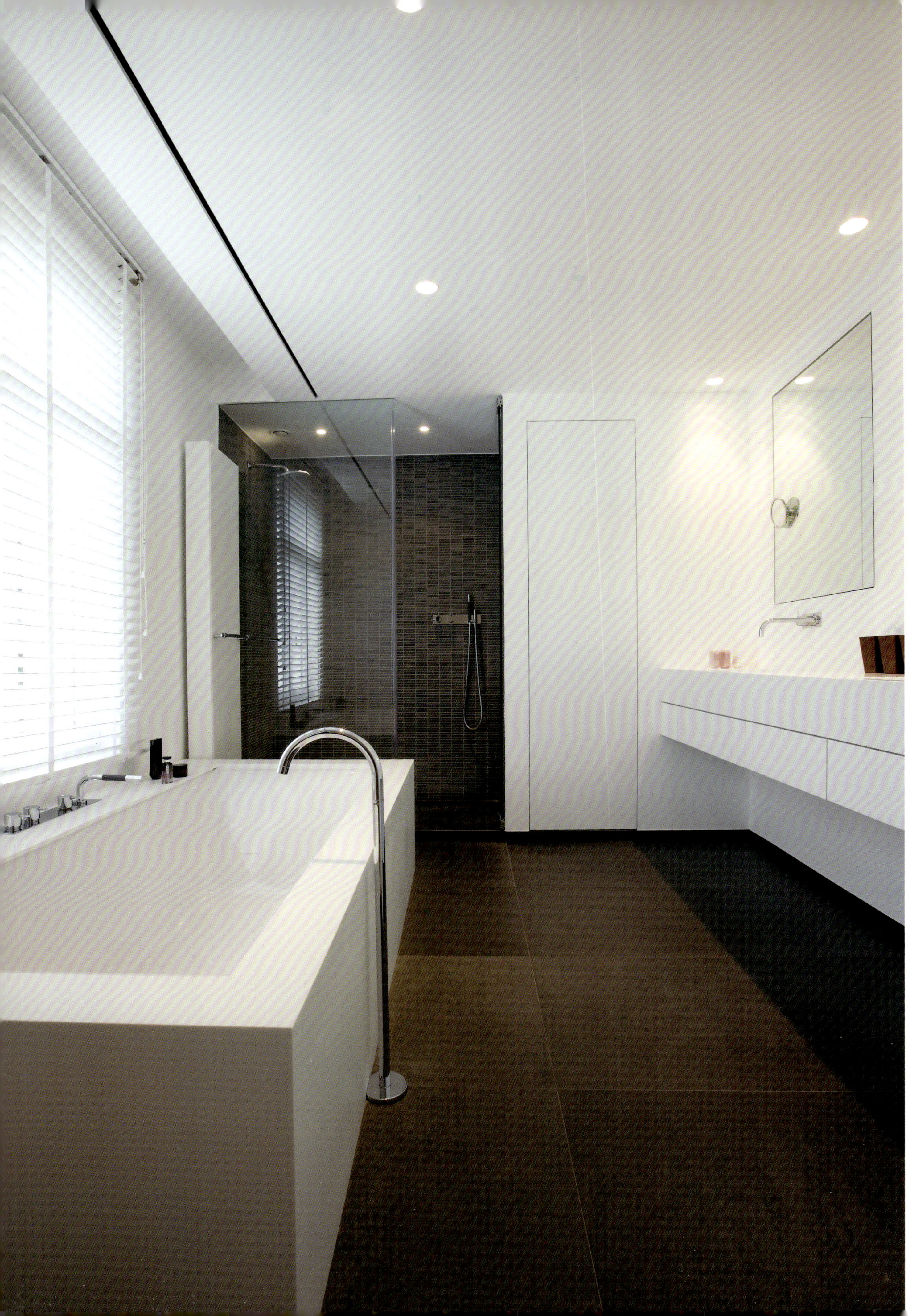

www.stephanielaporte.be

www.hansverstuyftarchitecten.be

301

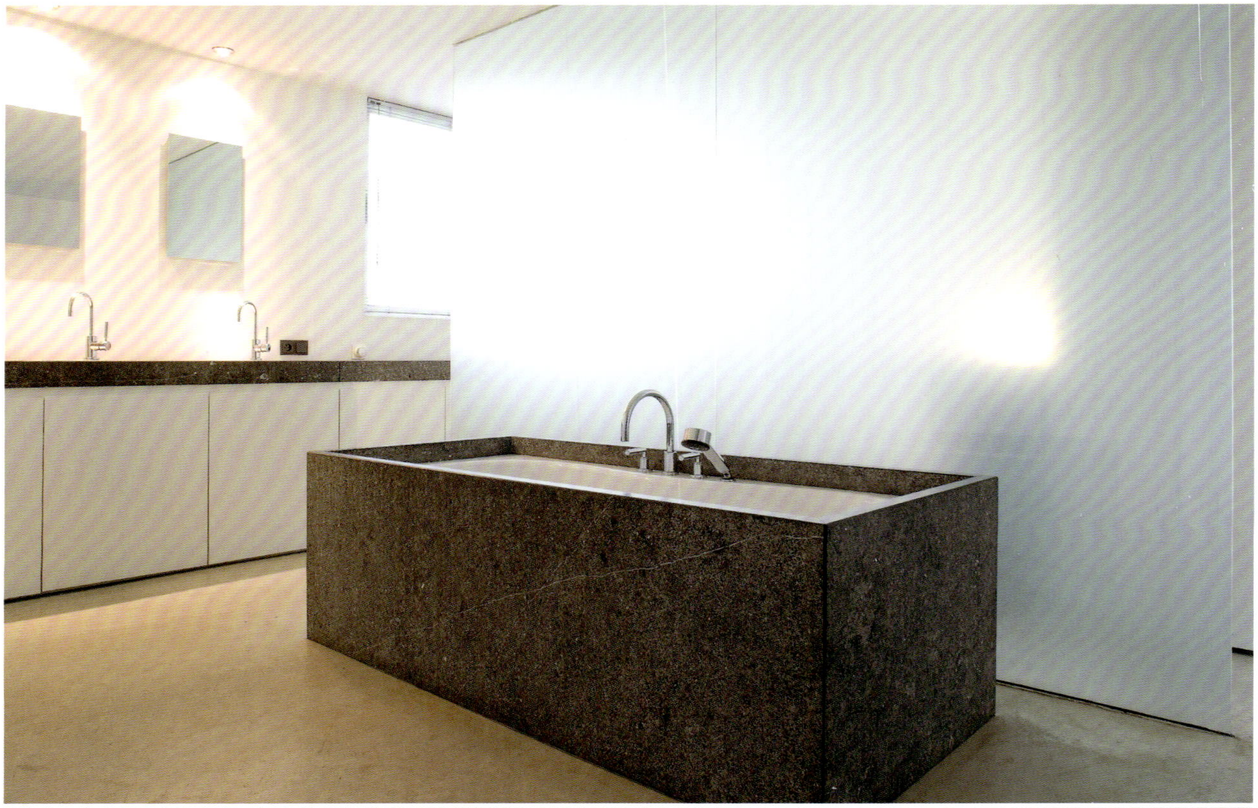

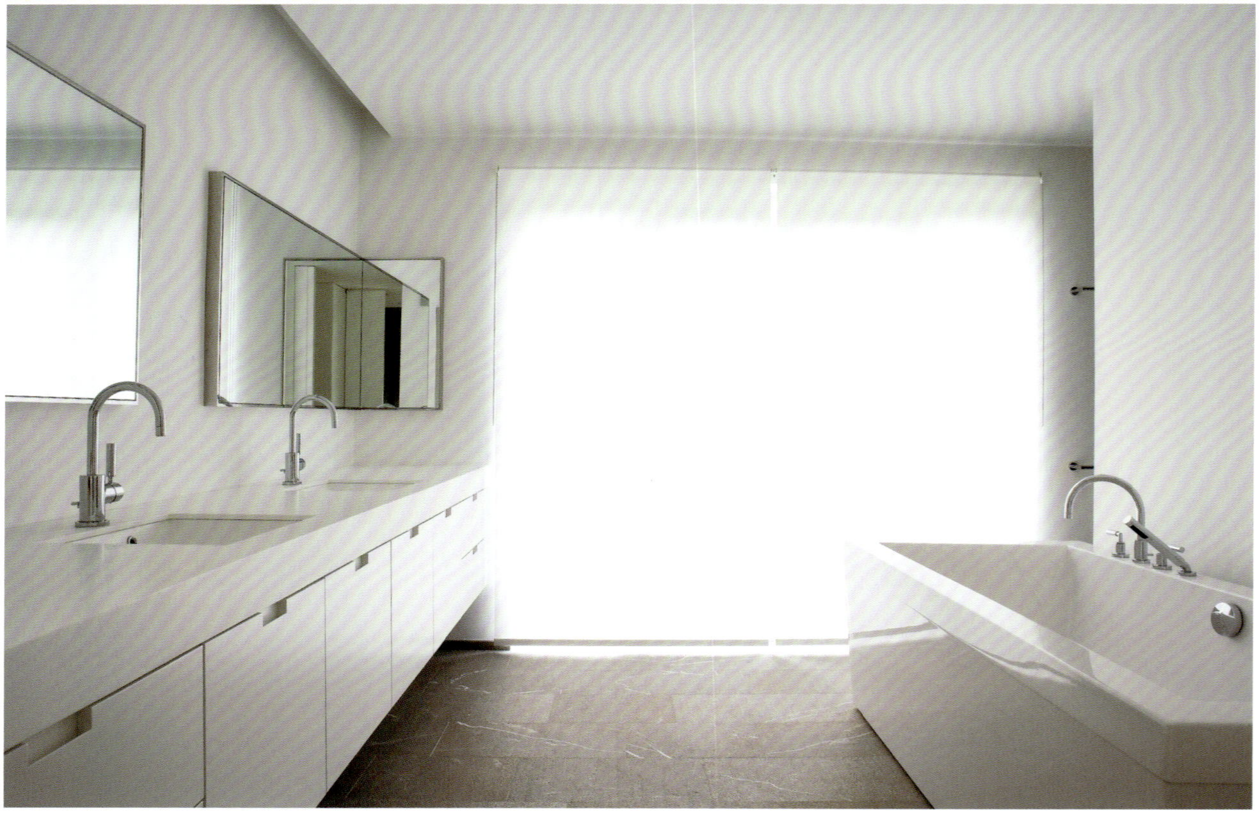

www.hansverstuyftarchitecten.be

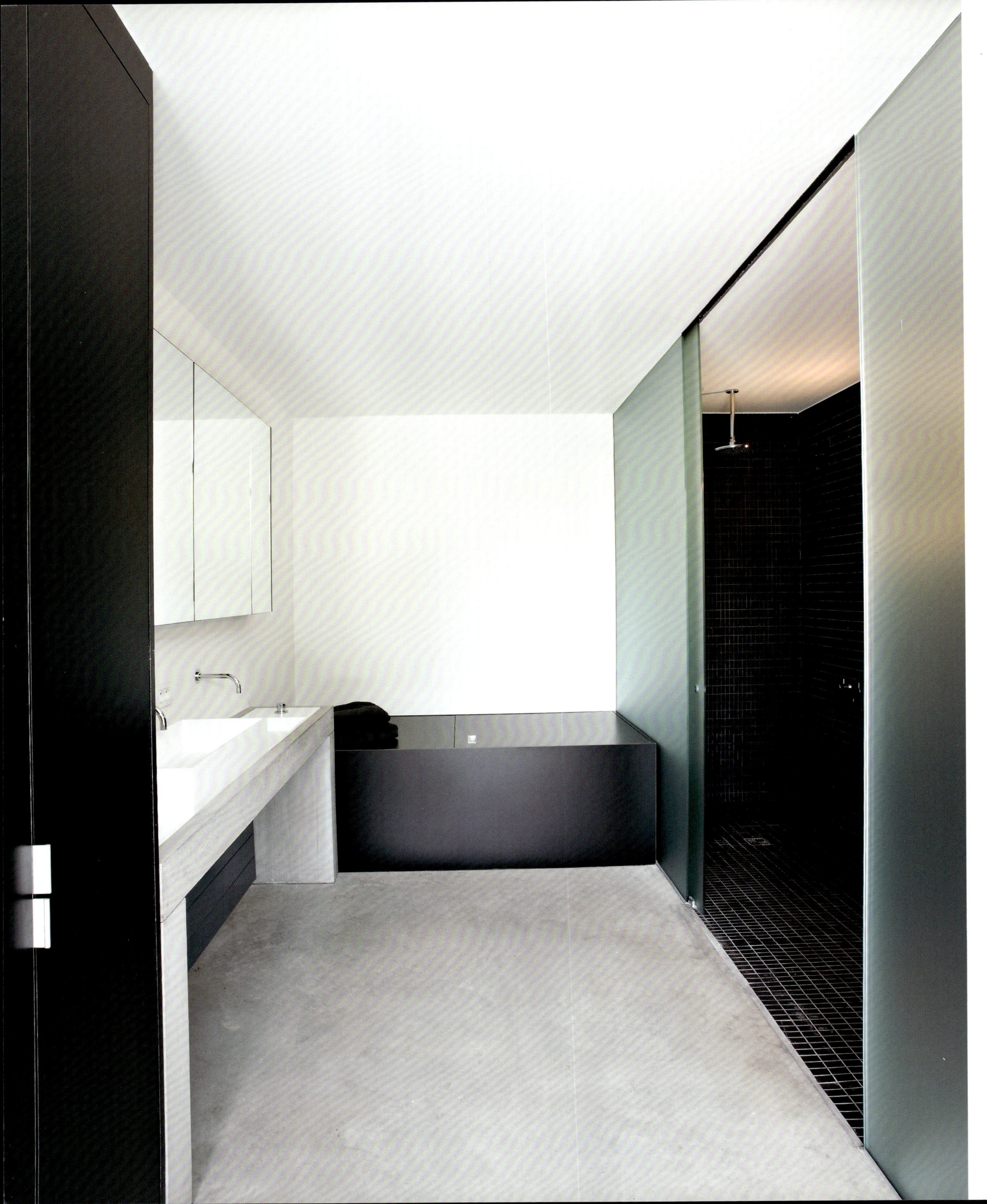

www.ensembleetassocies.be

www.pascalfrancois.be

dwek.architectes@gmail.com

www.gilletjm.com

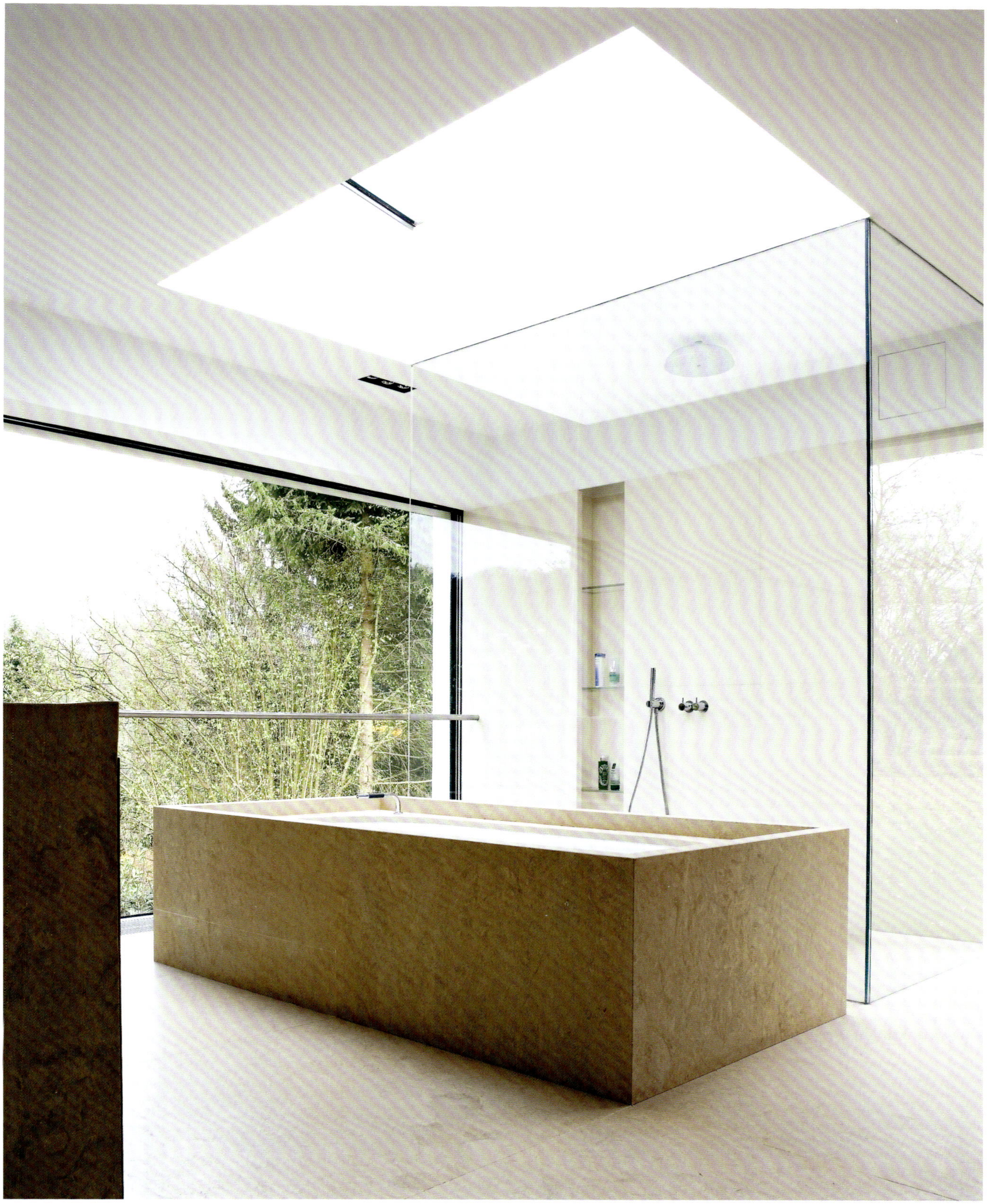

bert.vanbogaert@pandora.be
www.interieurdemaere.be

www.architectmuylaert.be
www.aerts-blower.be
www.pas-partoe.be
www.kultuz.be

www.daanvantroyen.be
www.aerts-blower.be

www.courtens.be

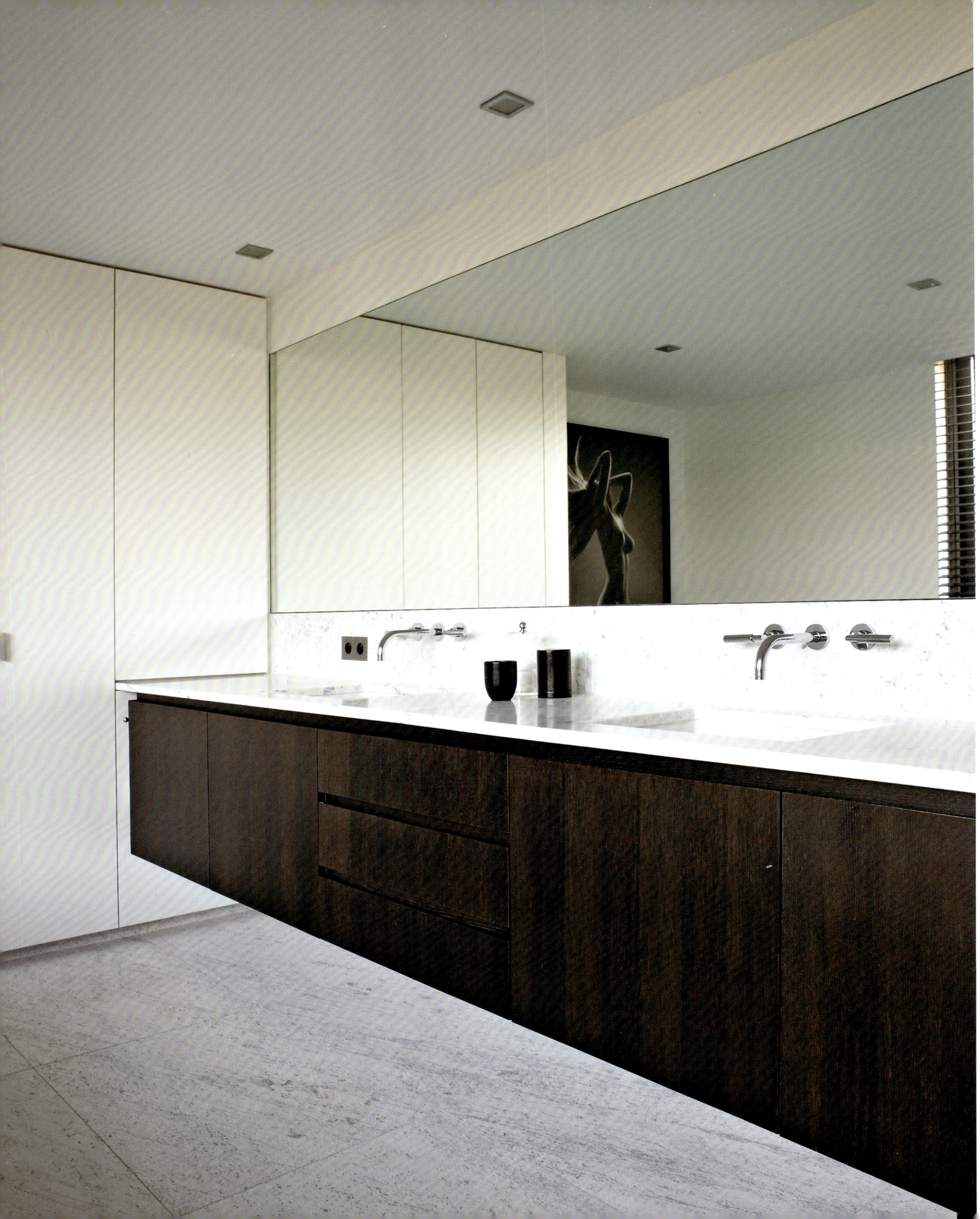

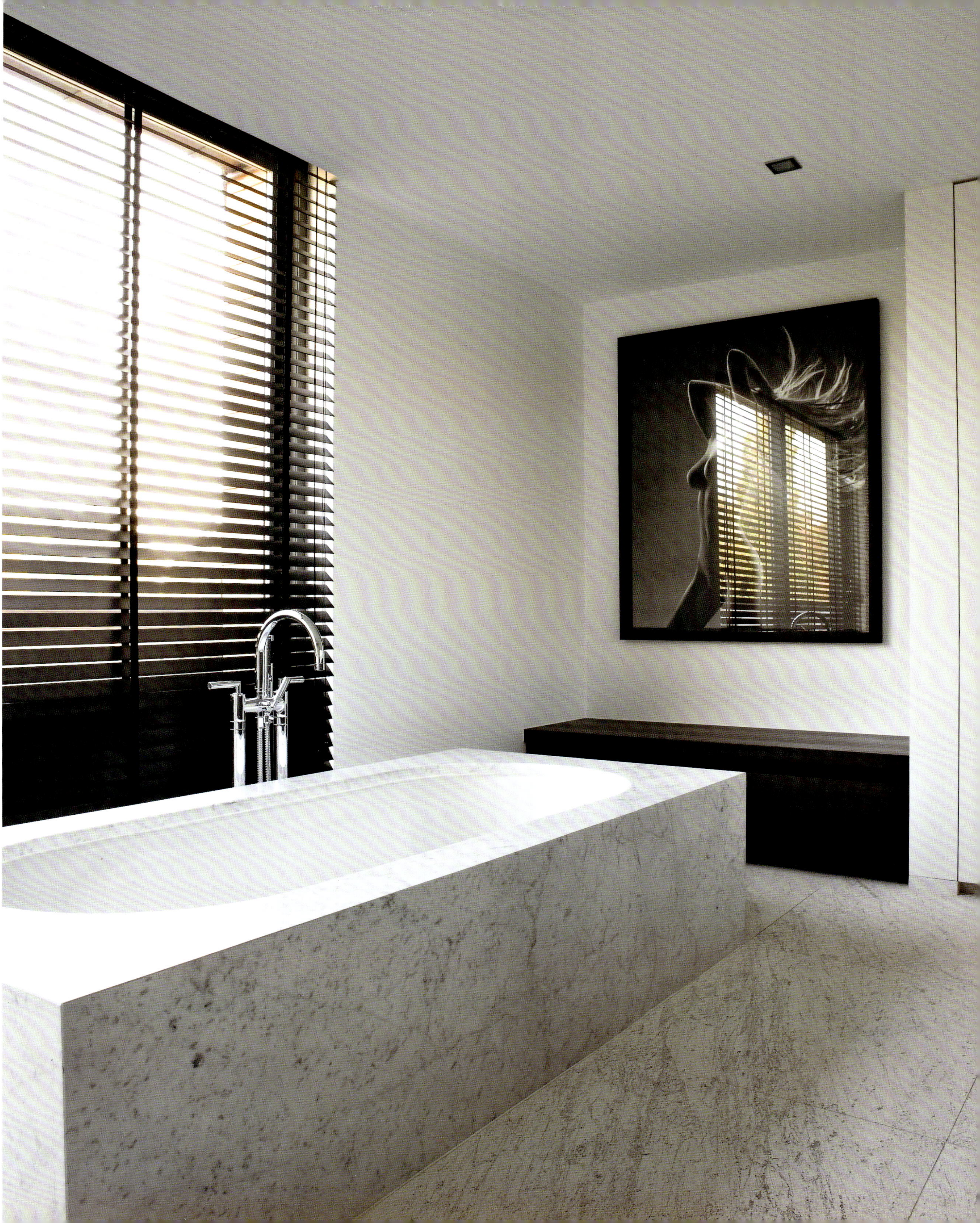

www.stonecompany.be
www.jenalkema.com

www.pas-partoe.be

www.alexandershouses.com
www.fabathome.be

www.ebony-interiors.com

www.pascalvanderkelen.com

www.filipdeslee.com

nathalie.vanreeth@skynet.be

www.dtj-interiorarchitect.be

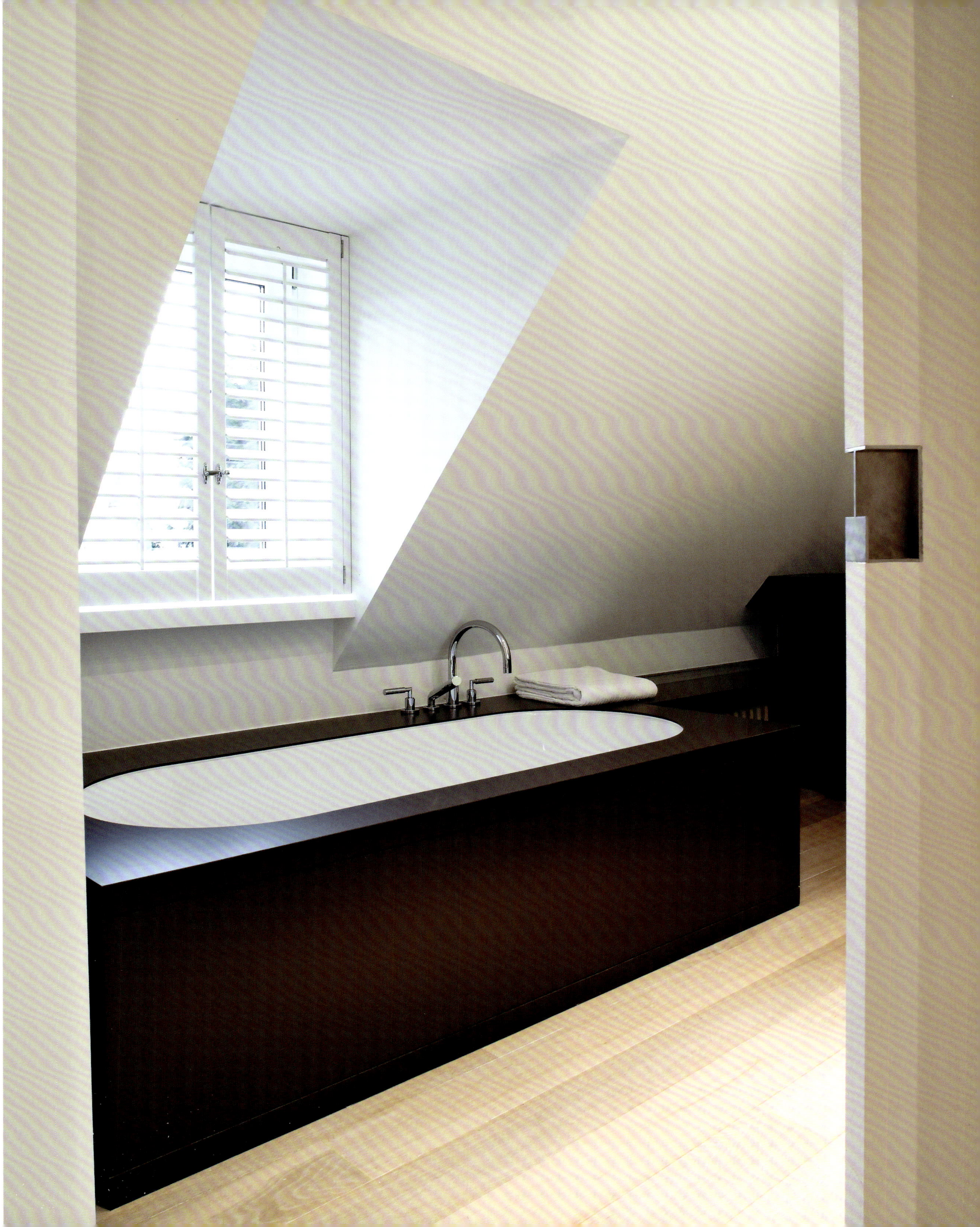

www.ensembleetassocies.be

www.vanransbeeck.be

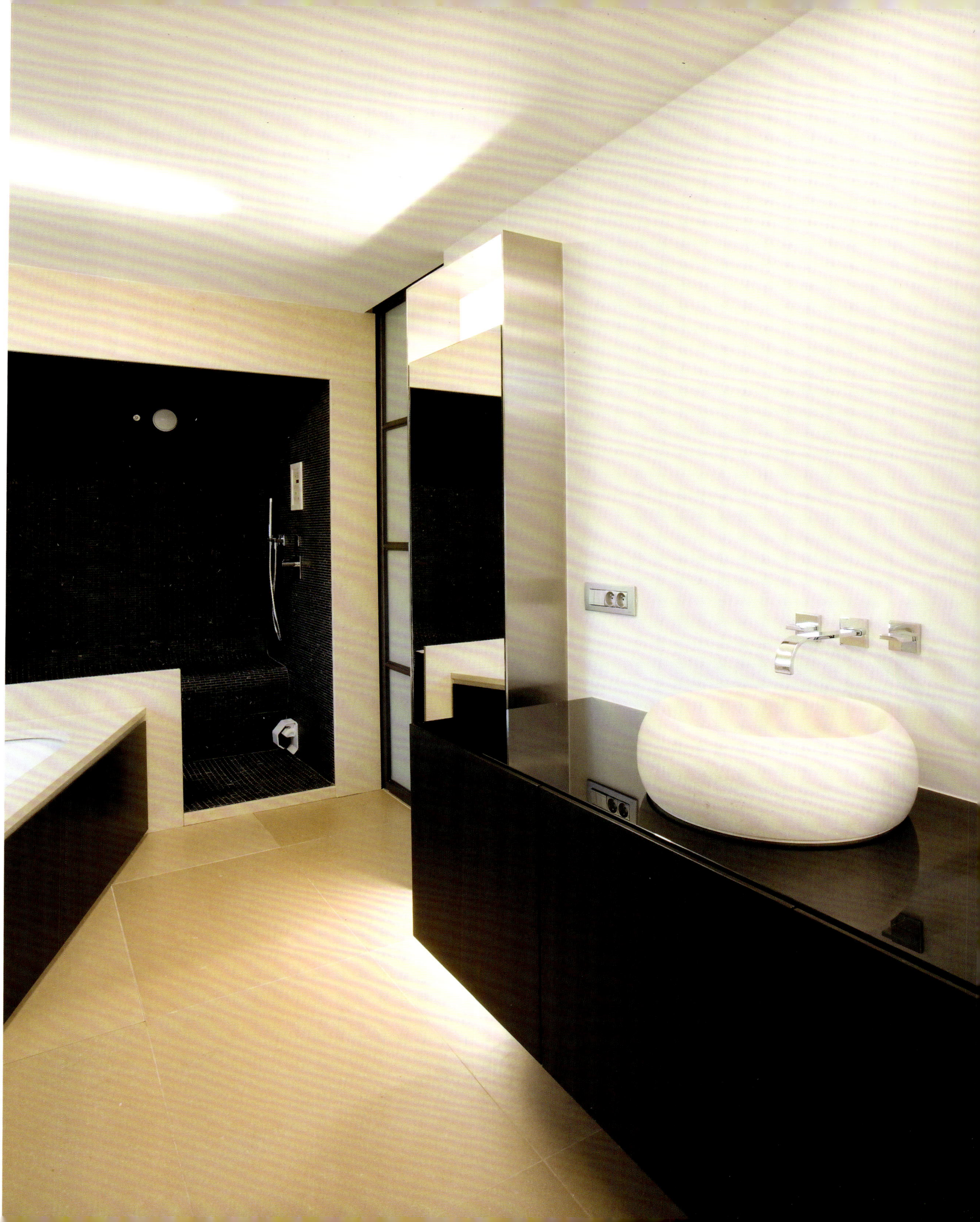

www.buro2.be

www.herbosch-vanreeth.be

www.doorzon.be
www.stonecompany.be

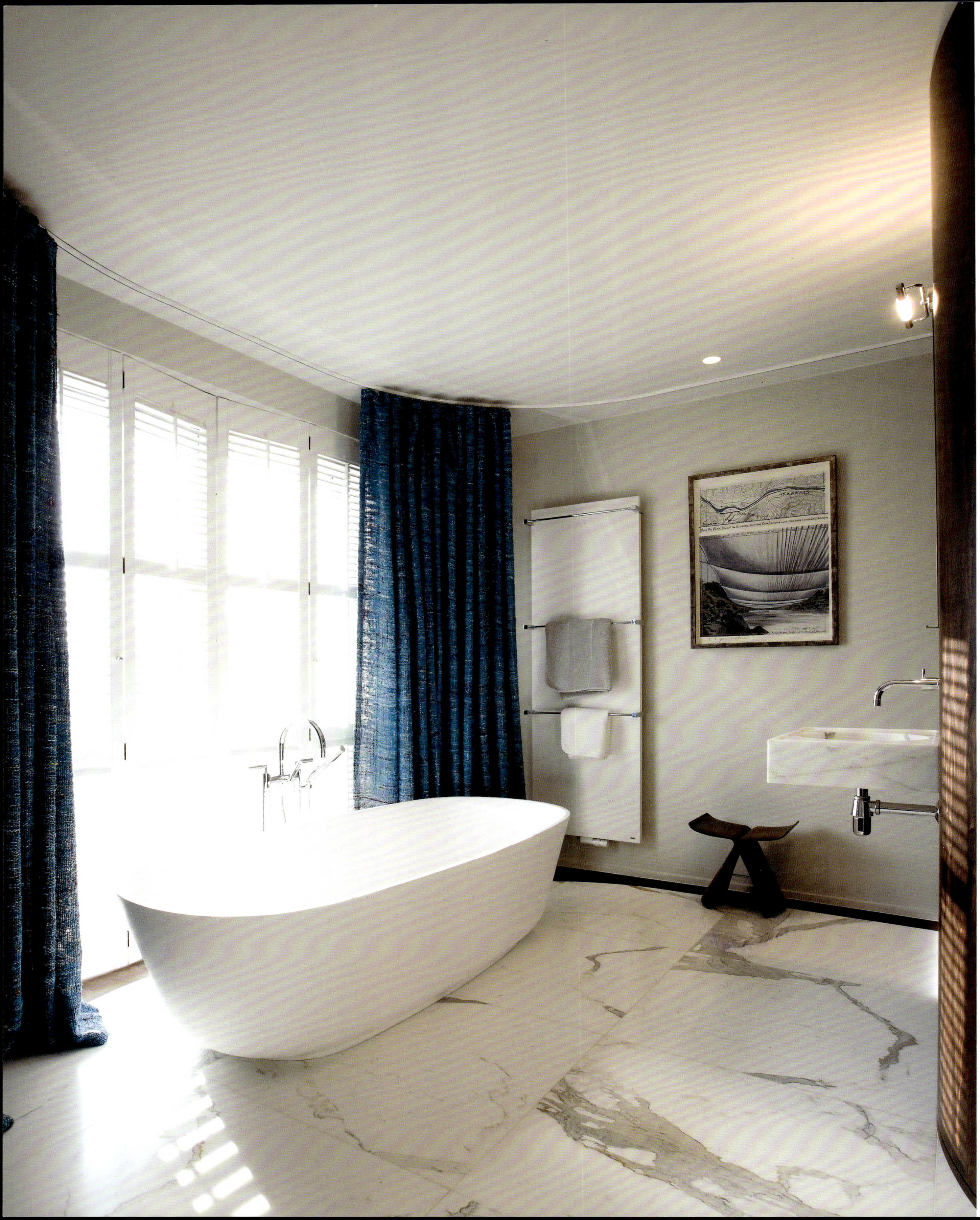

www.hansverstuyftarchitecten.be

www.doorzon.be
www.stonecompany.be

www.simoni.be
www.stonecompany.be

www.ensembleetassocies.be

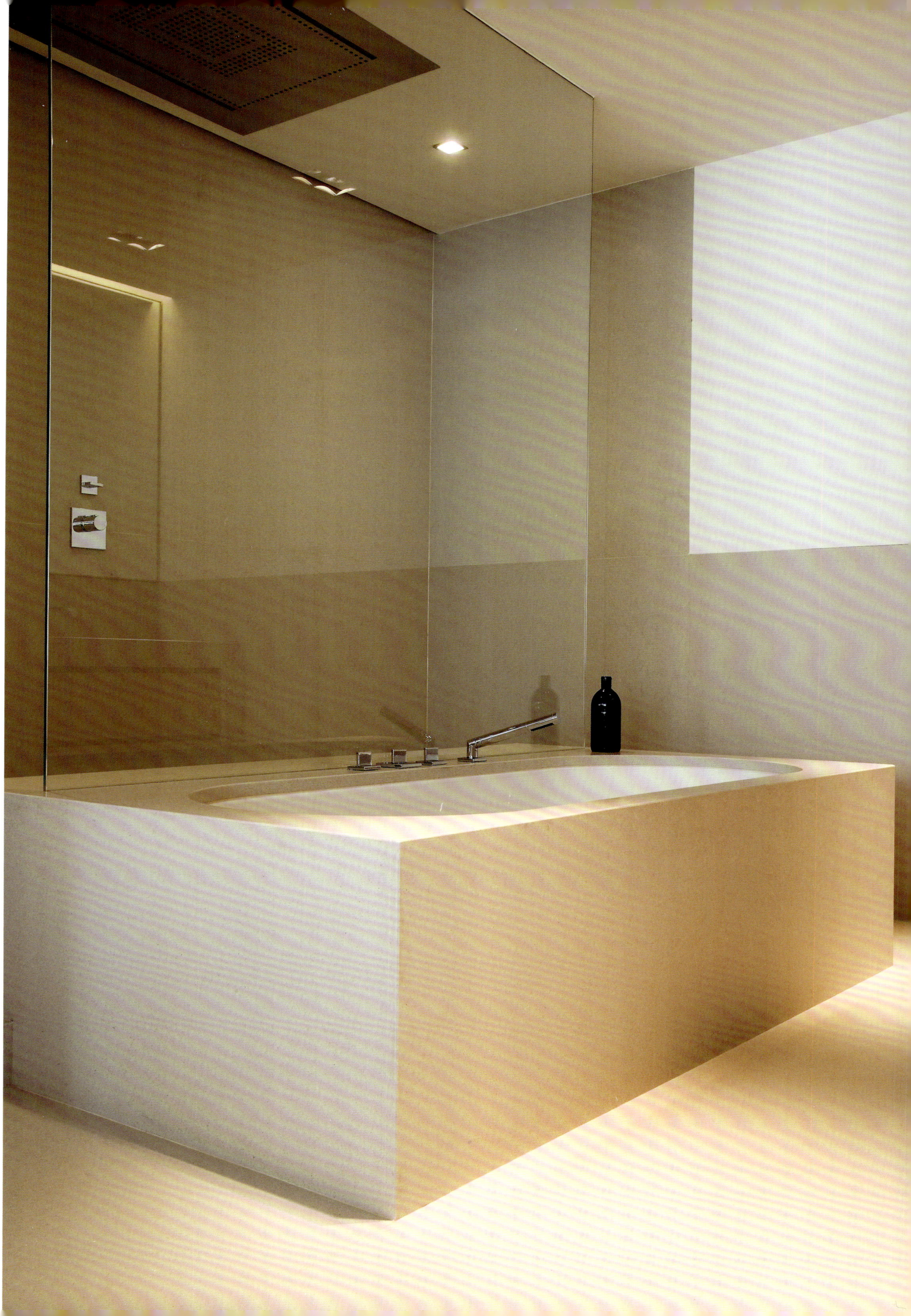

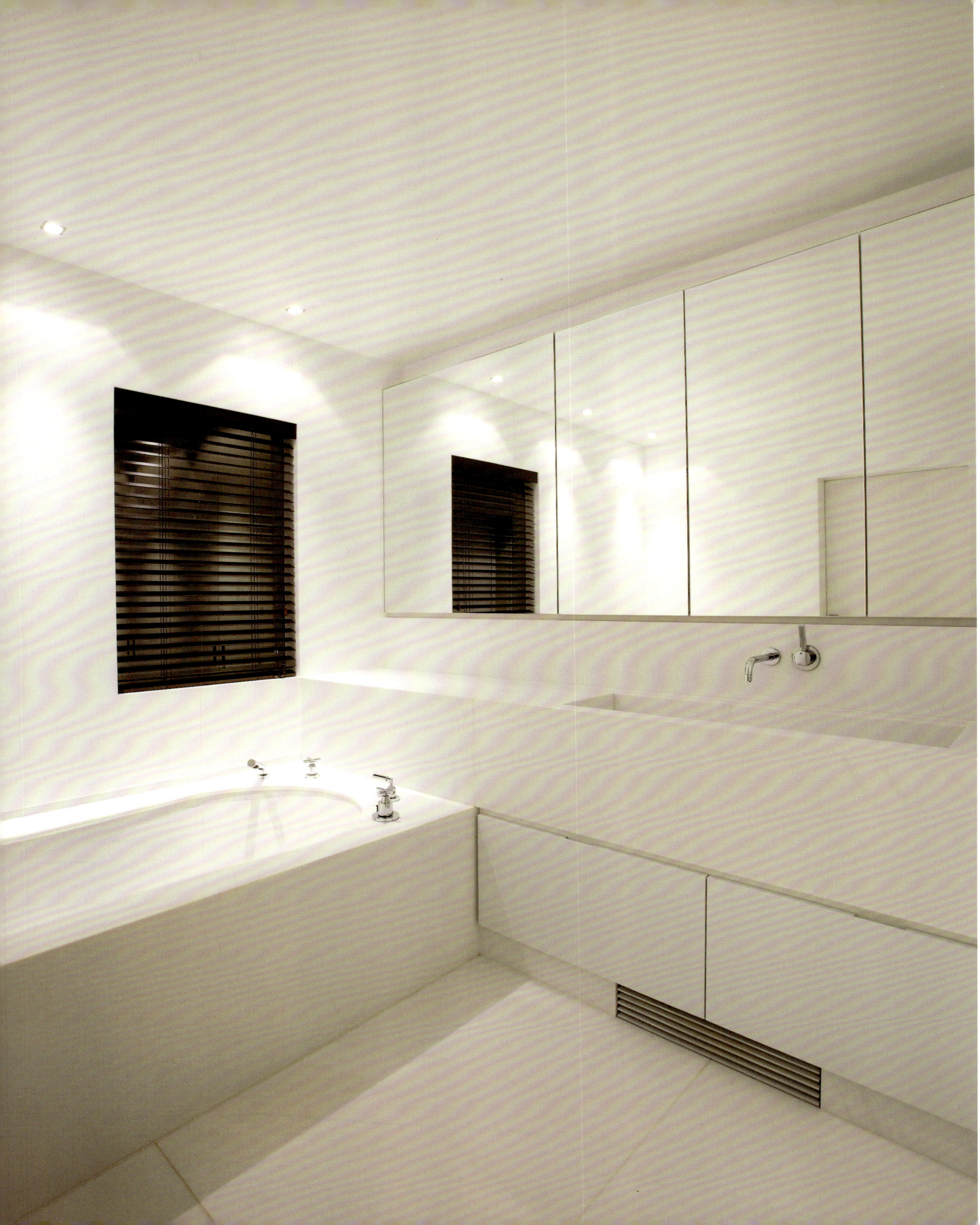

www.cypeys.com

www.devaere-nv.be
www.stonecompany.be

www.obumex.be

www.instore.be

www.instore.be

nathalie.vanreeth@skynet.be

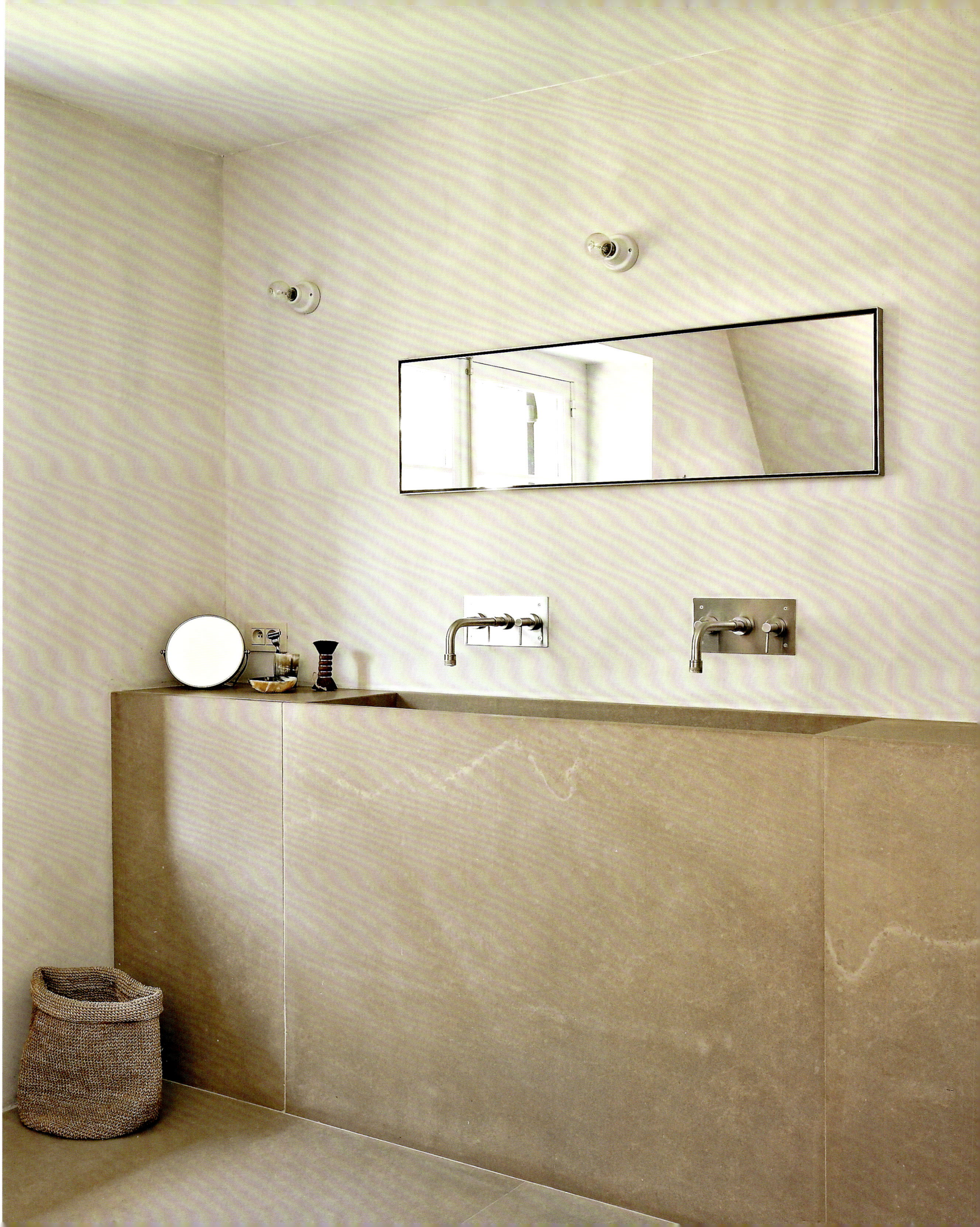

www.stonecompany.be

www.culot.be
www.benoitbladt.be

www.aksent-gent.be

www.stonecompany.be

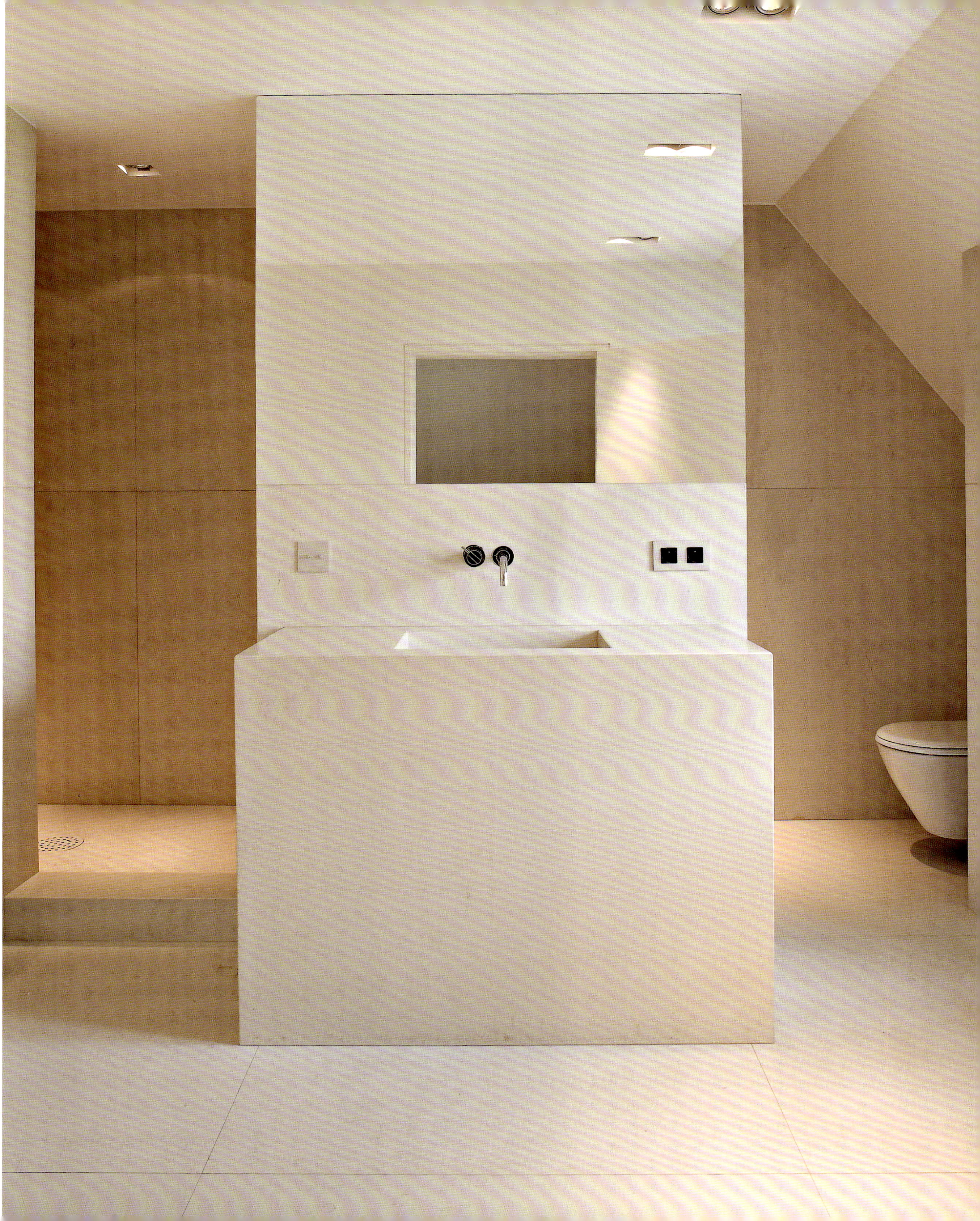

www.geukensdevil.com

www.buro2.be

www.dauby.be
www.rijs.be

www.pascalvanderkelen.com

www.minus.be

www.kultuz.be

www.sphereconcepts.be
www.woonstijlvillabouw.be

www.minus.be

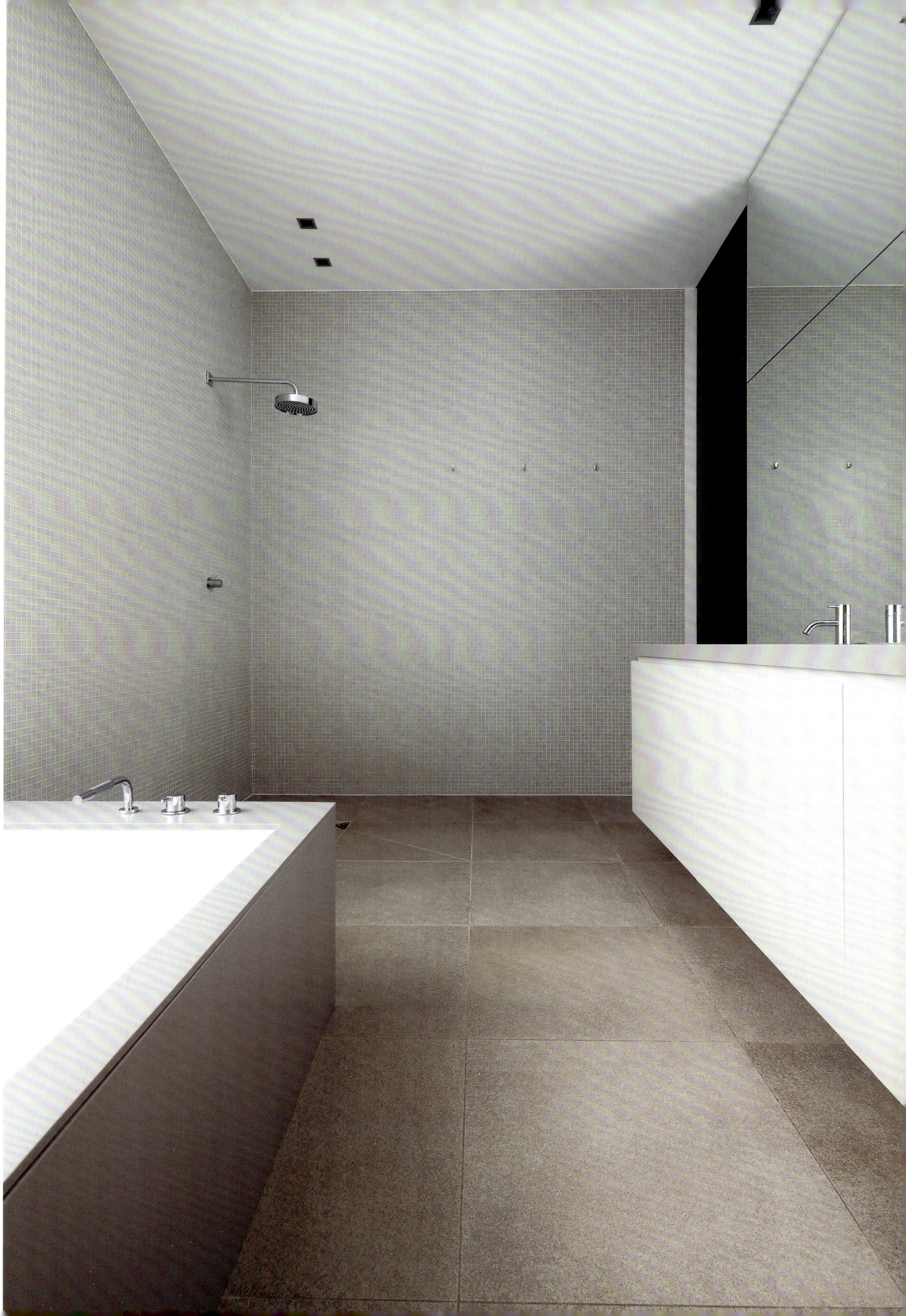

www.hansverstuyftarchitecten.be

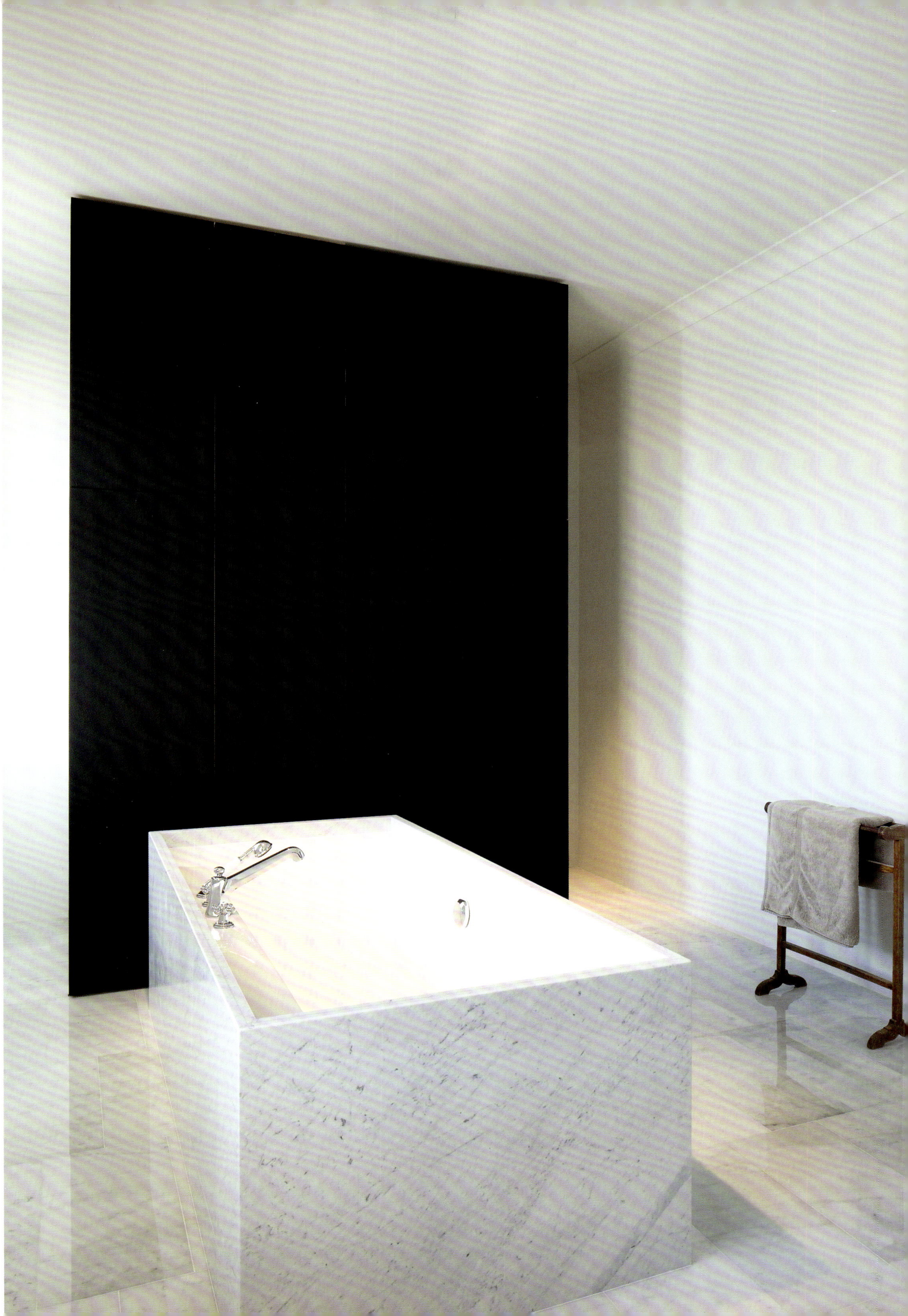

www.astralovesliving.be

marie@stadsbader-bernard.com

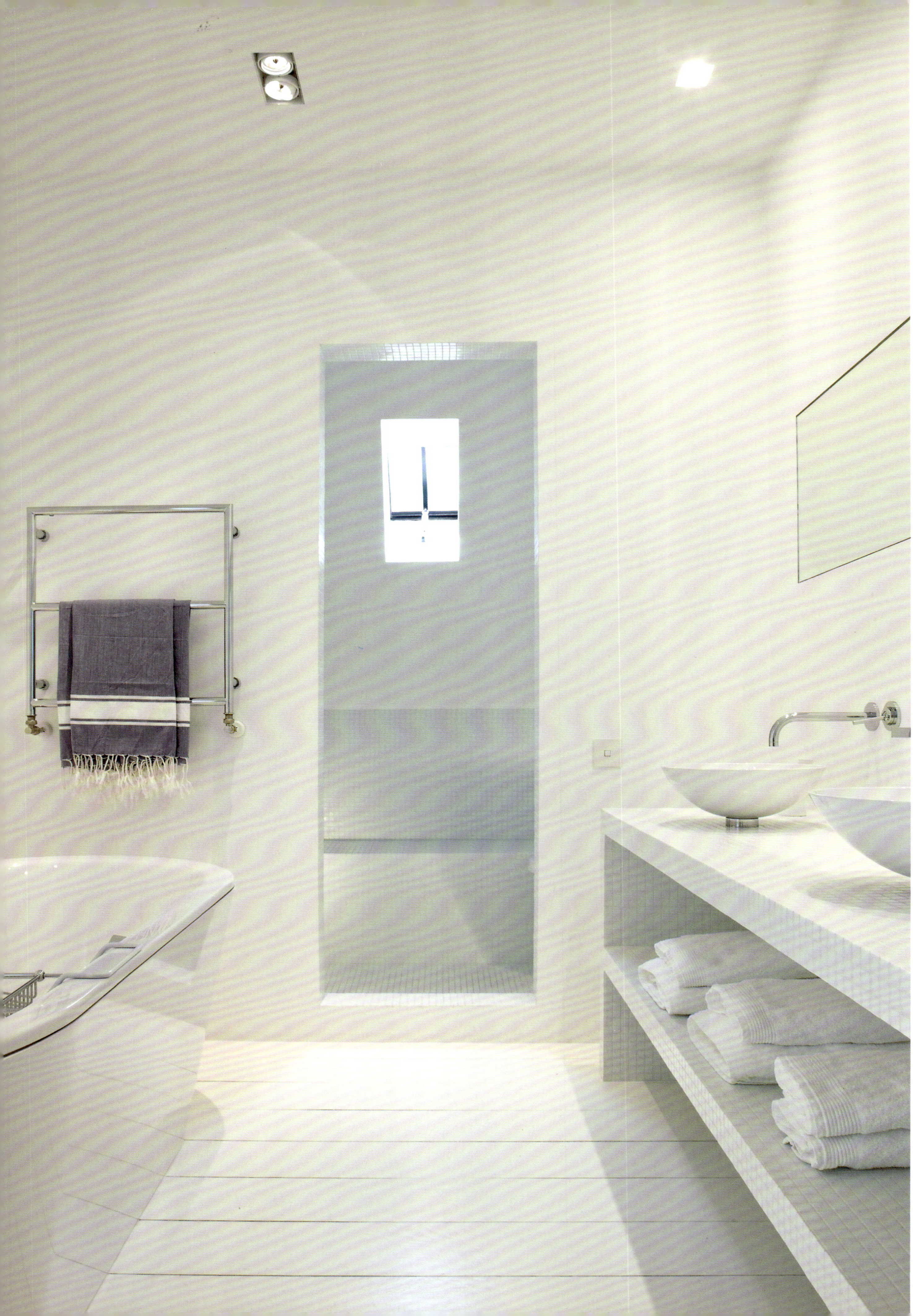

www.minus.be

←
marie@stadsbader-bernard.com

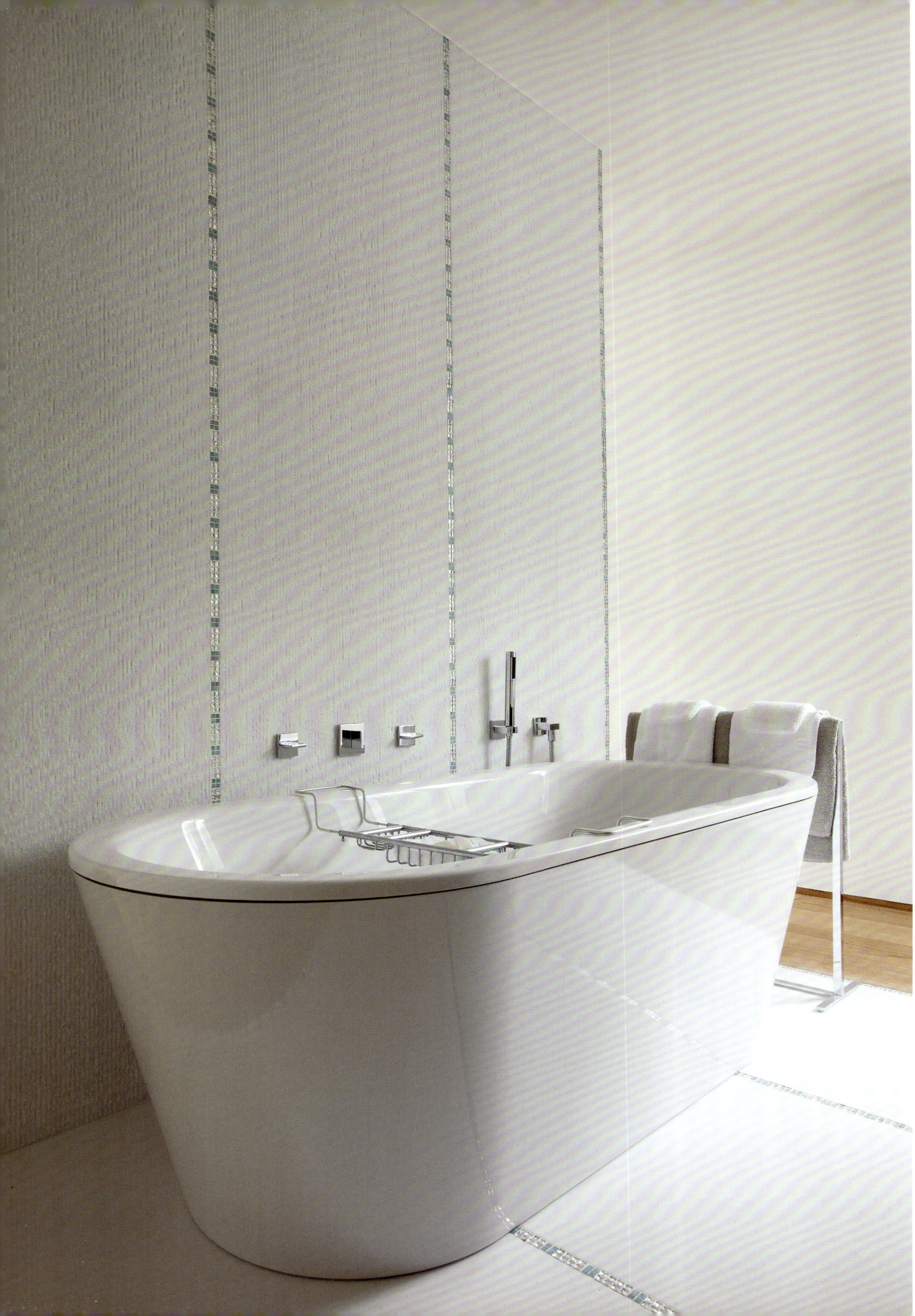

www.brionleclercq.com

marie@stadsbader-bernard.com

← marie@stadsbader-bernard.com

→ annik.dierckx@telenet.be

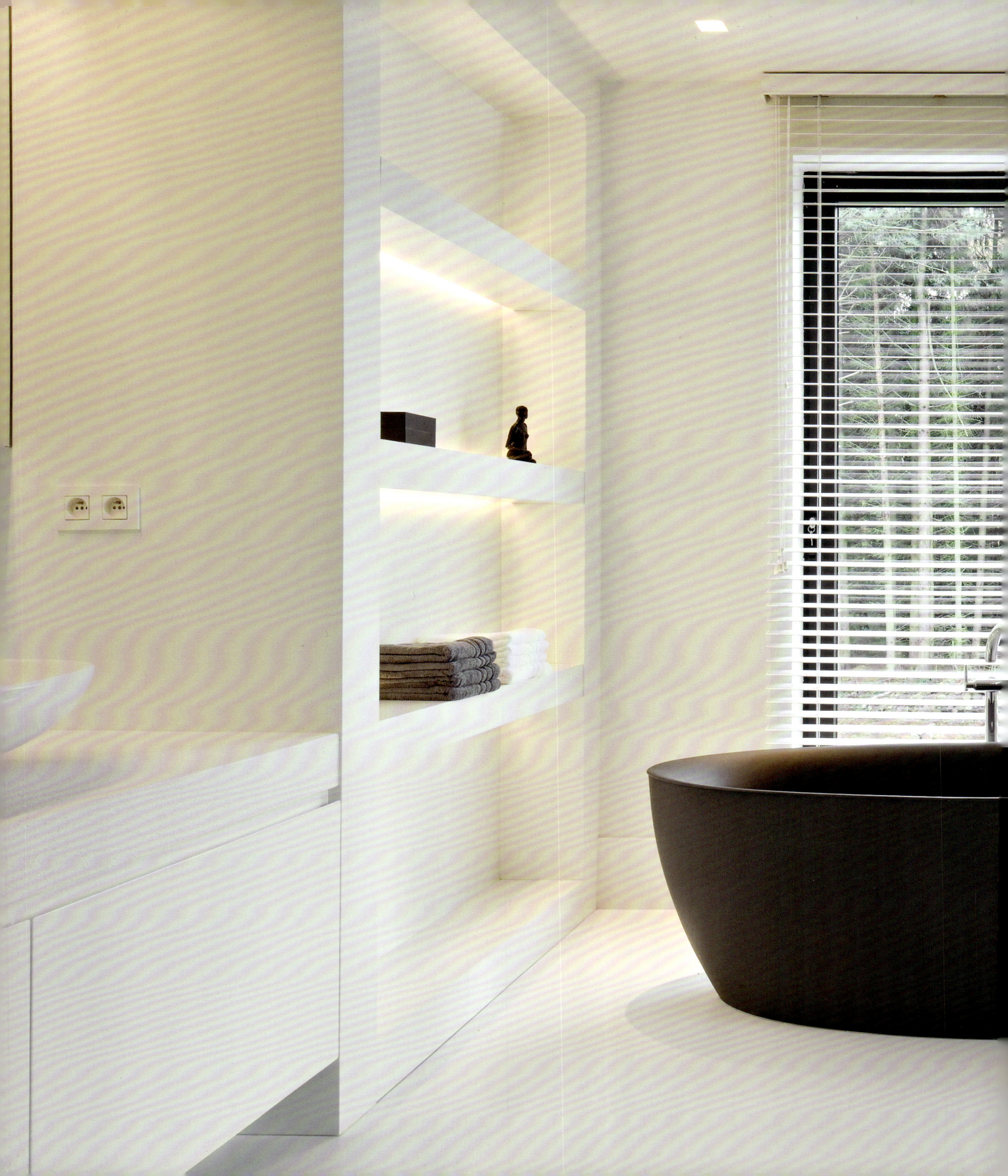

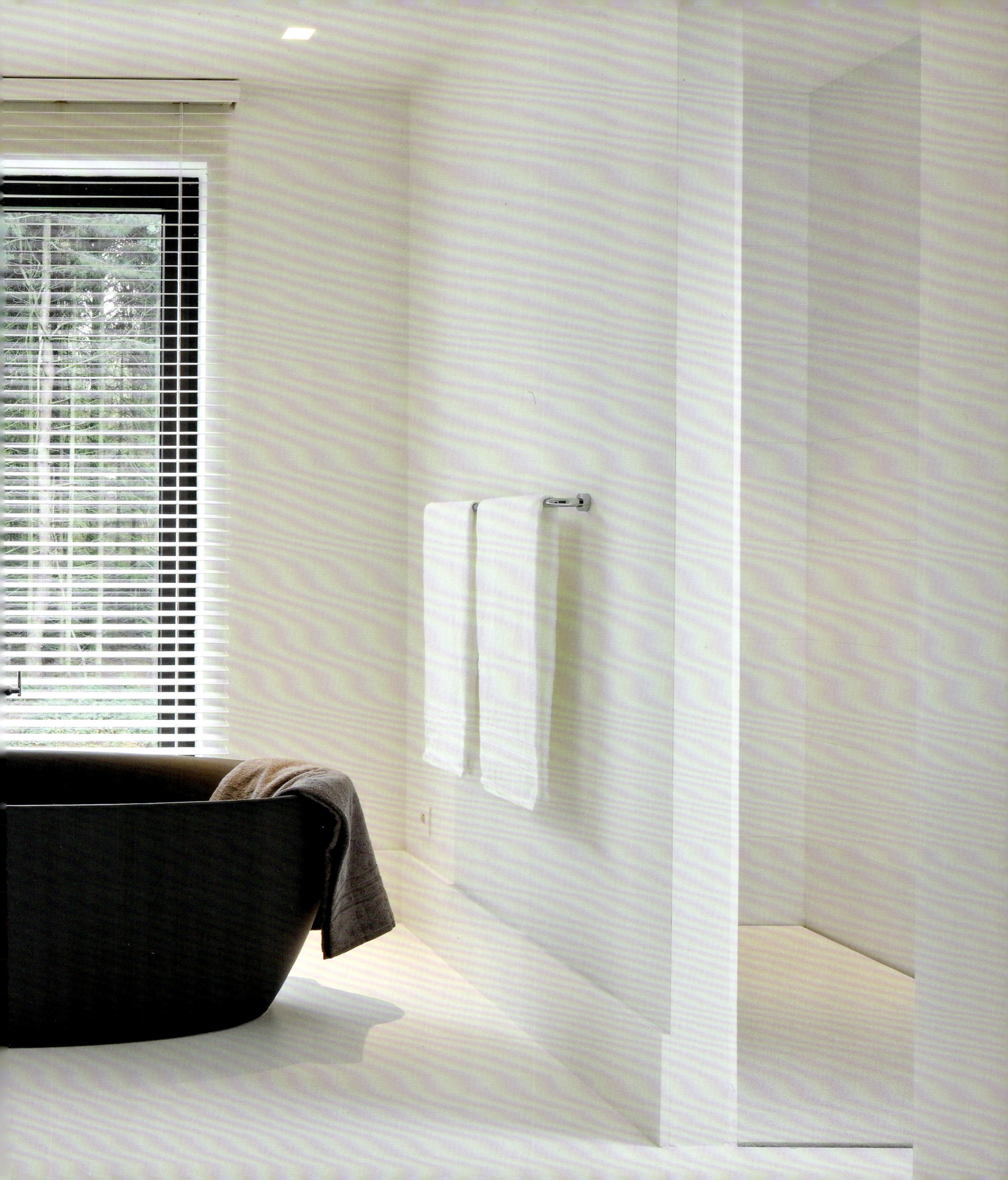

annik.dierckx@telenet.be

www.casavero.be

www.filipglorieux.be

www.dtj-interiorarchitect.be

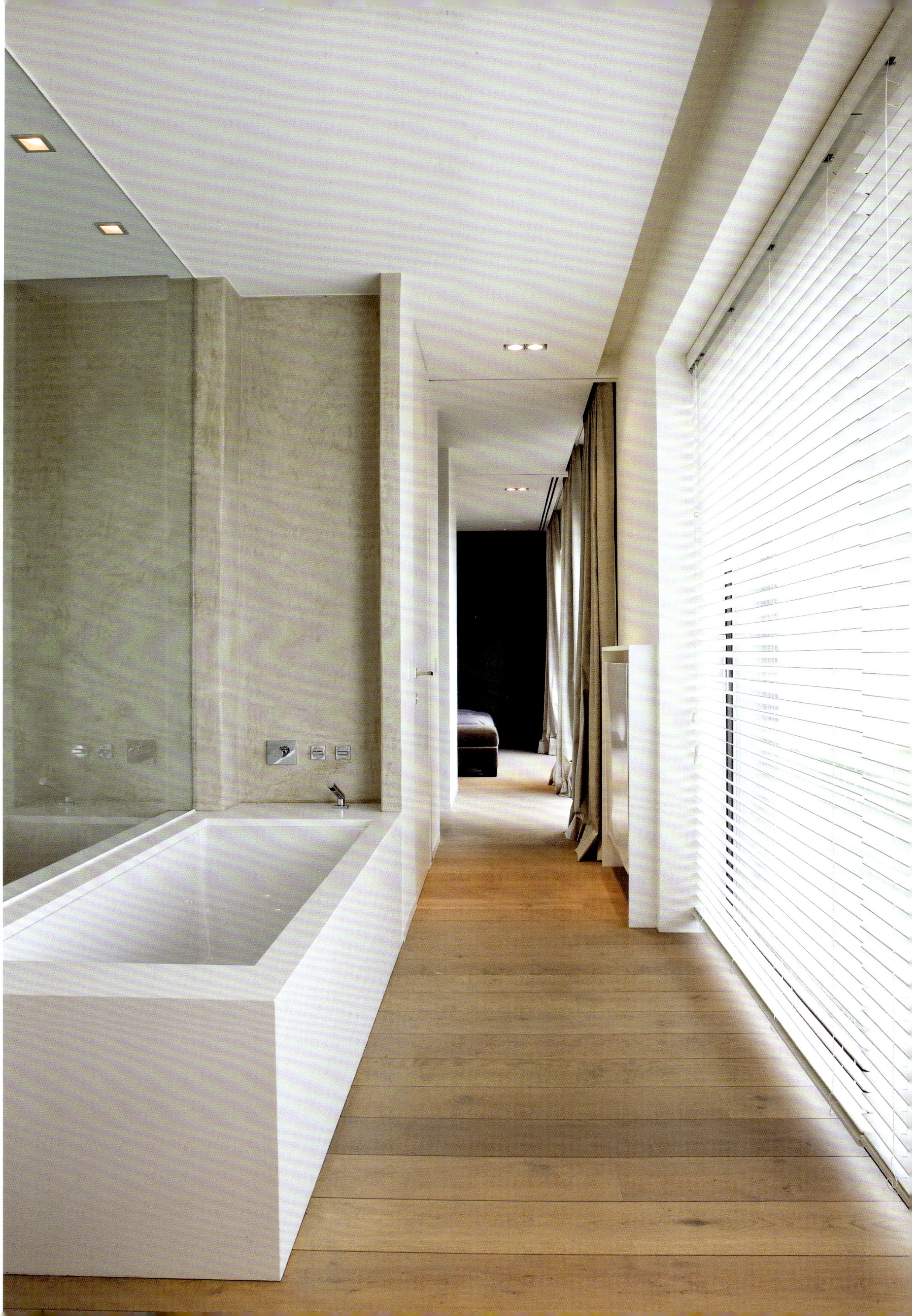

www.hansverstuyftarchitecten.be

www.minus.be

marie@stadsbader-bernard.com

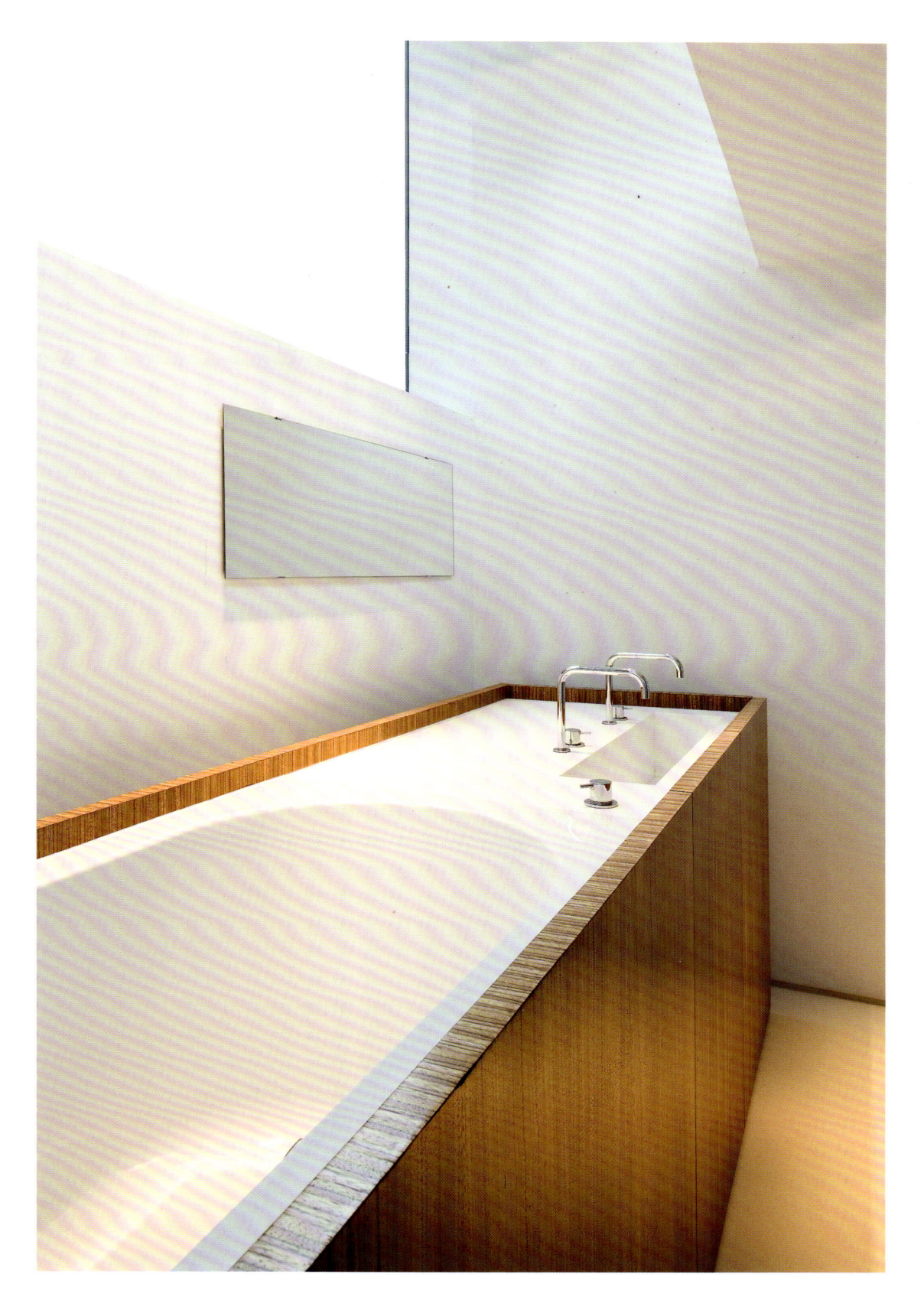

www.brunovanbesien.be

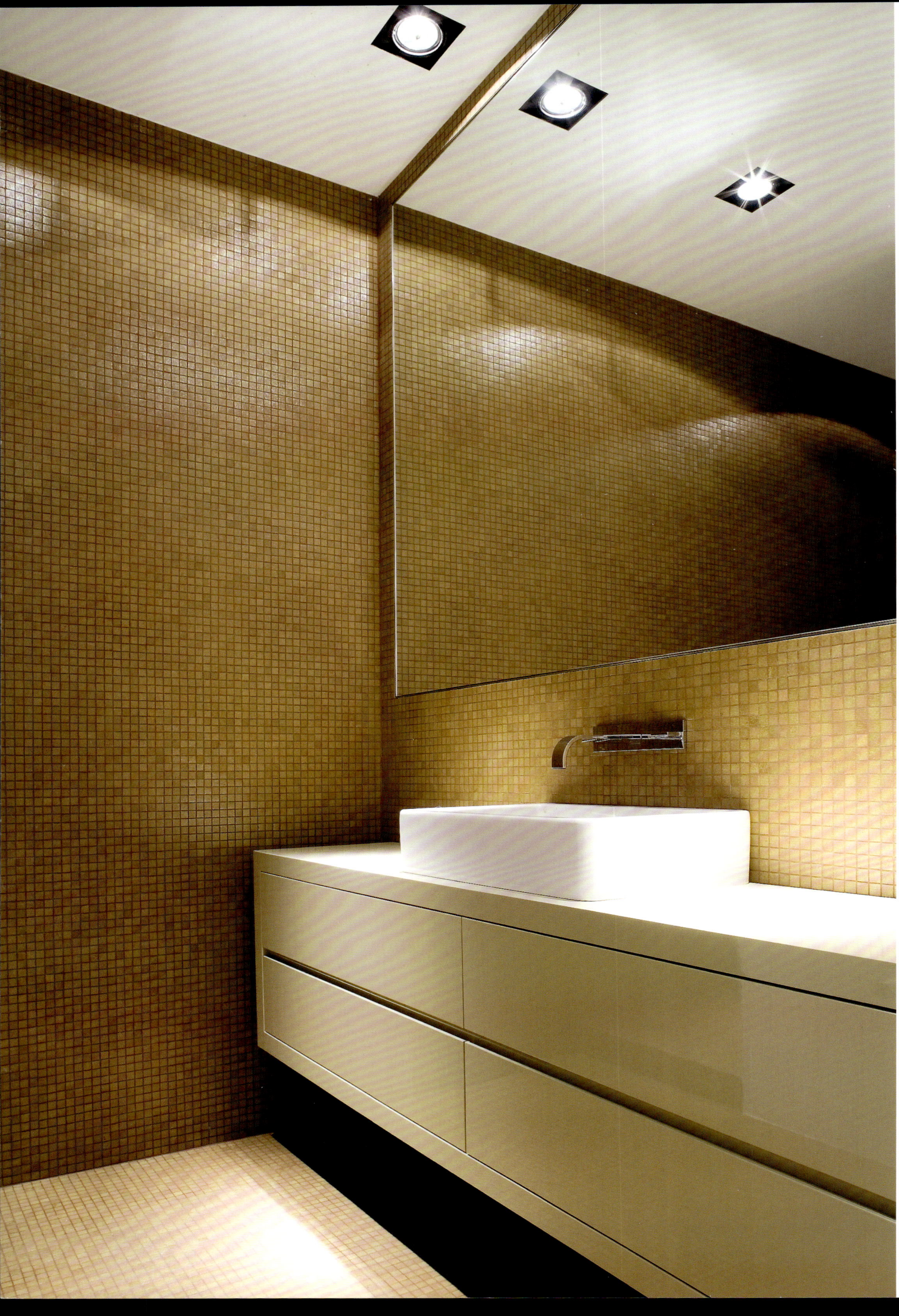

nathalie.vanreeth@skynet.be

← www.ensembleetassocies.be

BEDROOMS
CHAMBRES À COUCHER
SLAAPKAMERS

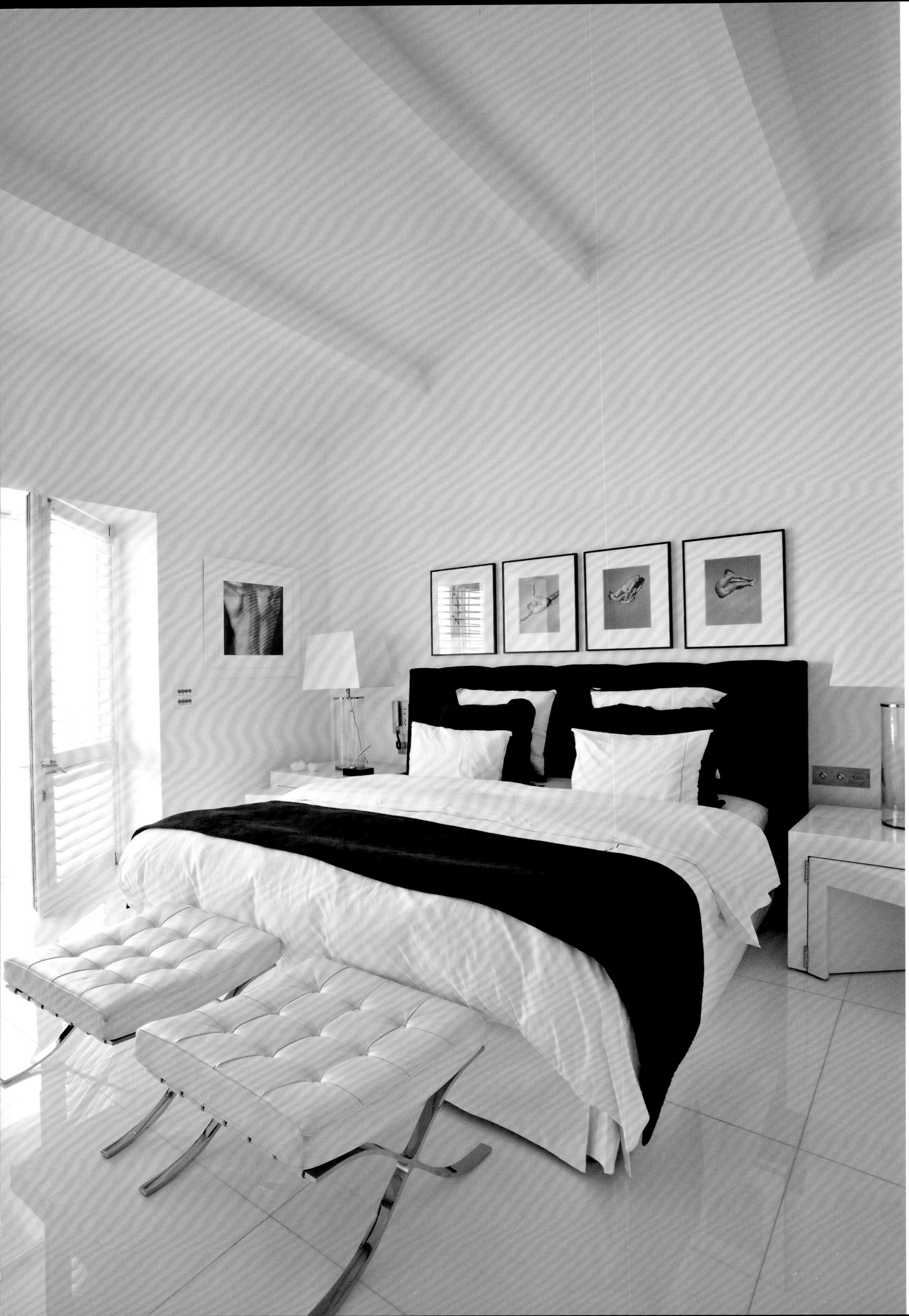

www.alexandershouses.com
www.erpicum.org
www.fabathome.be

www.stephanielaporte.be

www.esthergutmer.be

nathalie.vanreeth@skynet.be

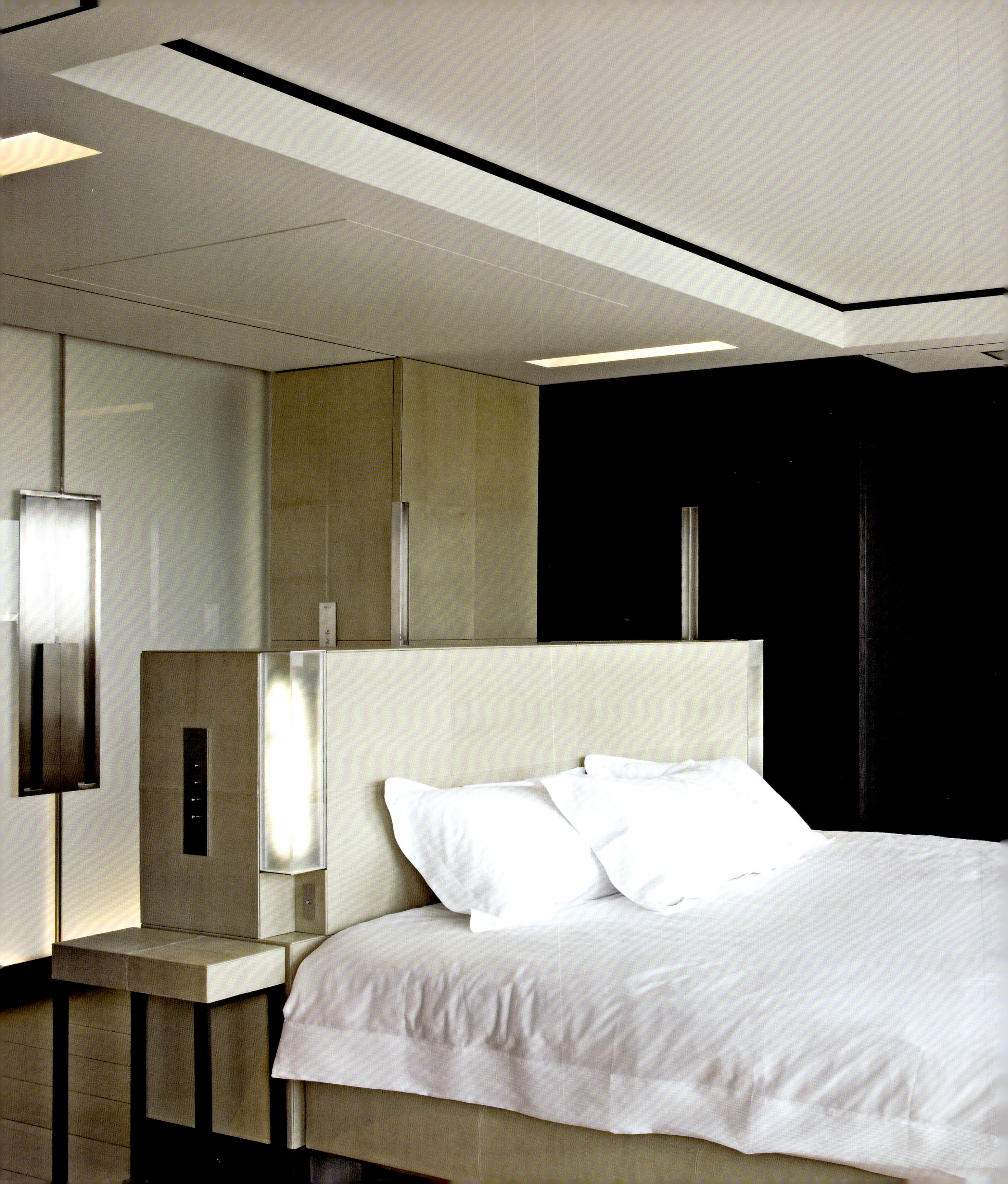

www.olivierlempereur.com

www.obumex.be
www.fabienvantomme.be

www.upptown.be

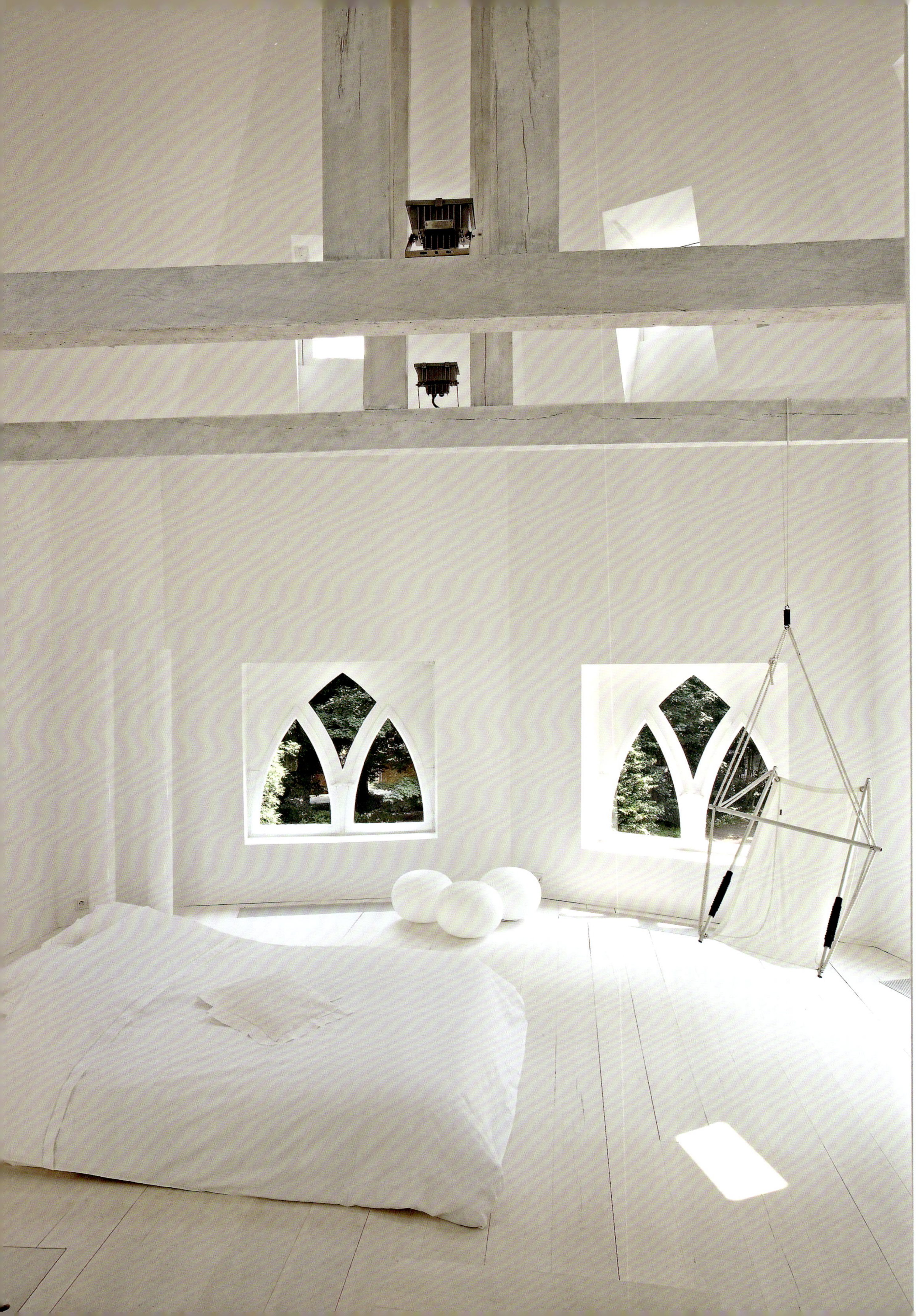

marie@stadsbader-bernard.com

www.buro2.be

www.alexandershouses.com
www.erpicum.org
www.fabathome.be

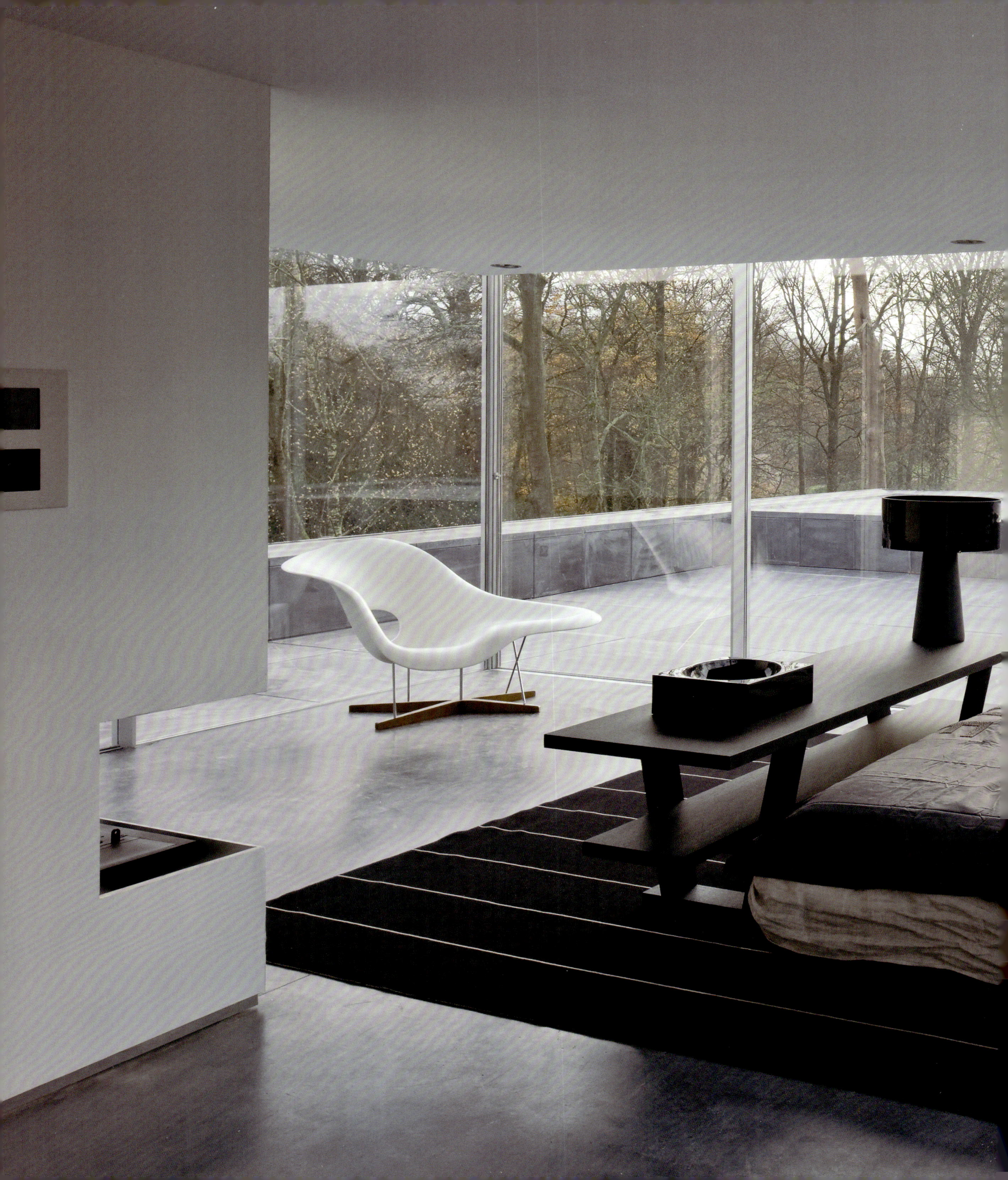

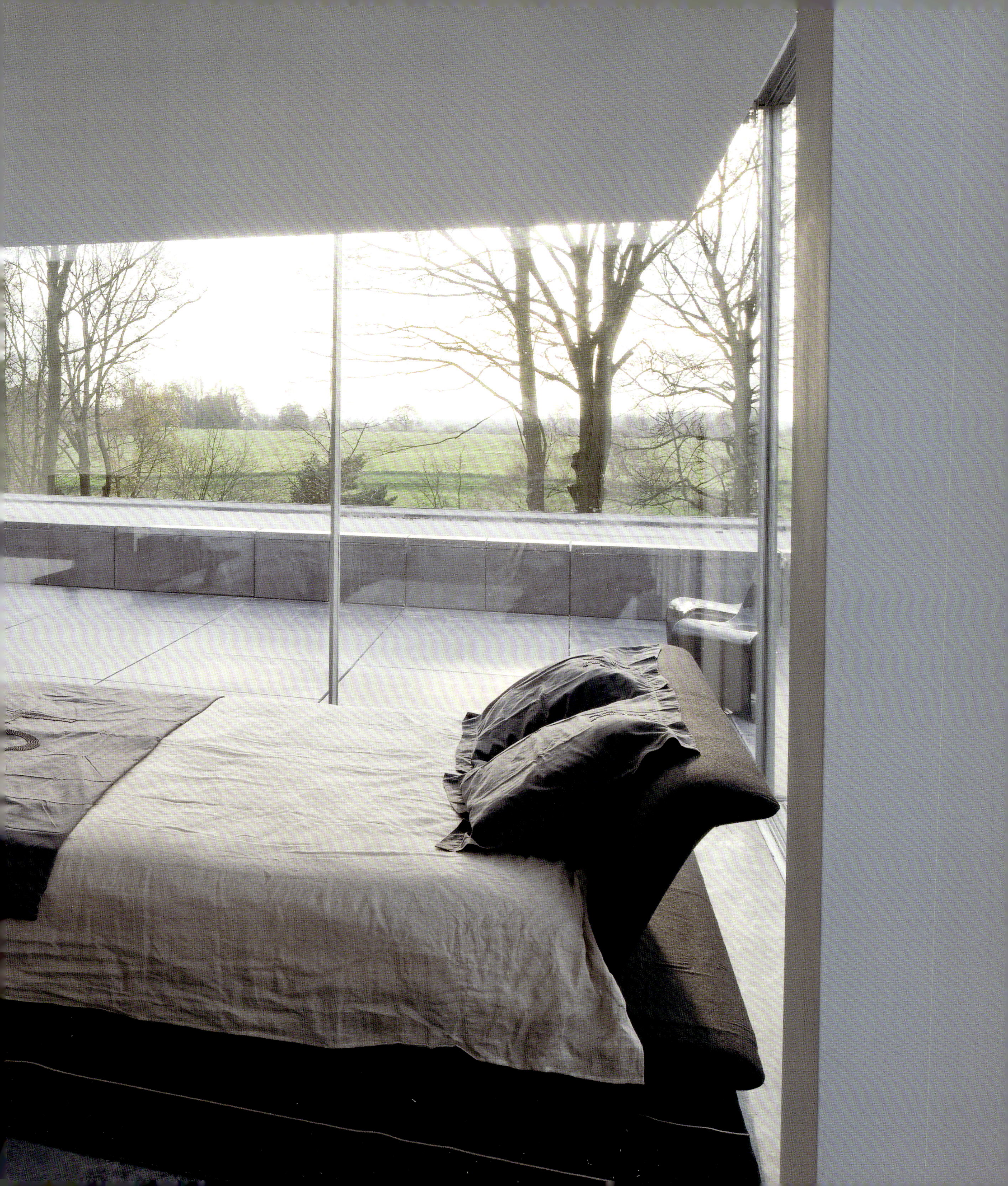

www.devaere-nv.be

www.alexandershouses.com
www.fabathome.be

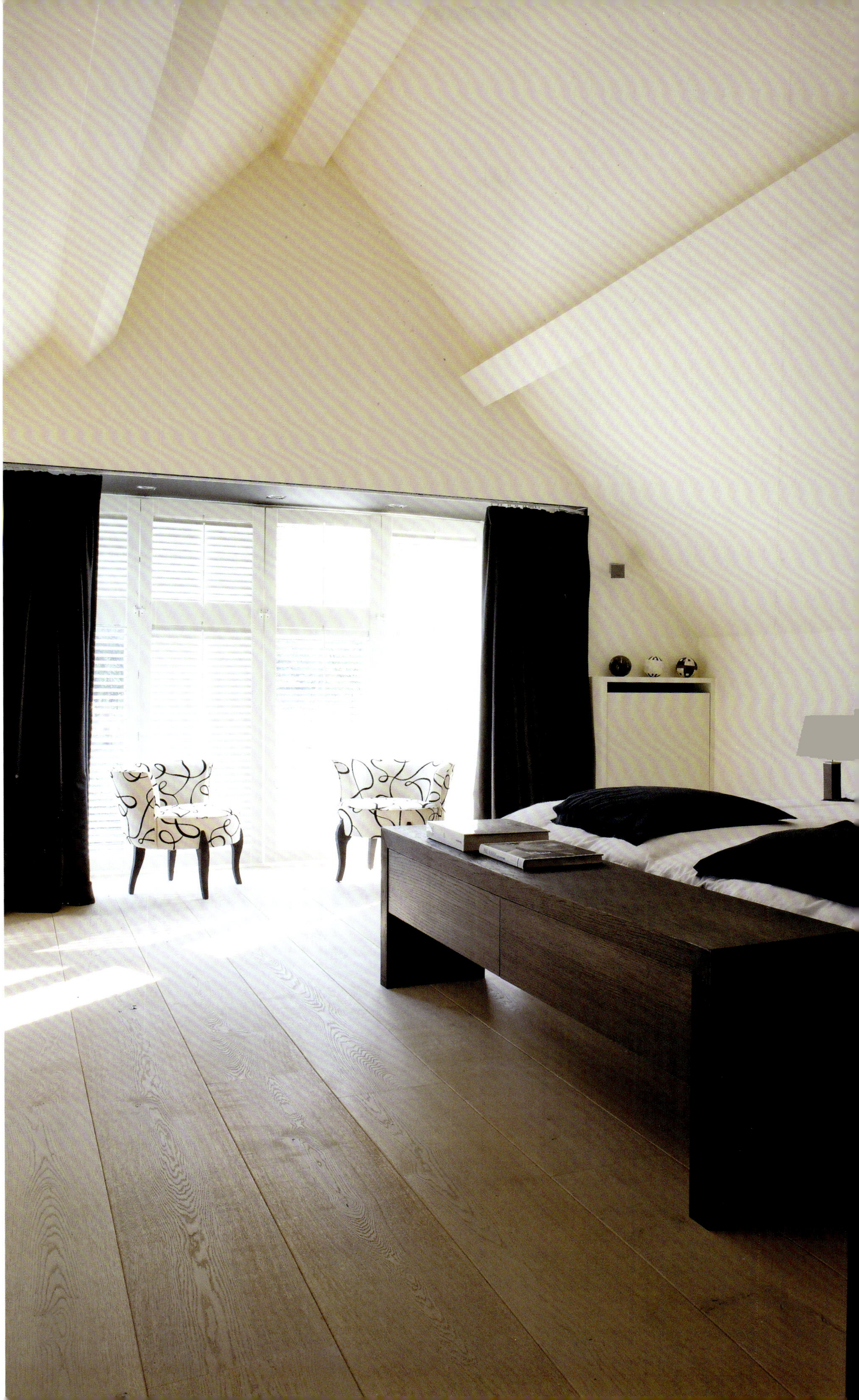

info@dejaegere-interiors.be

www.raoul-cavadias.com

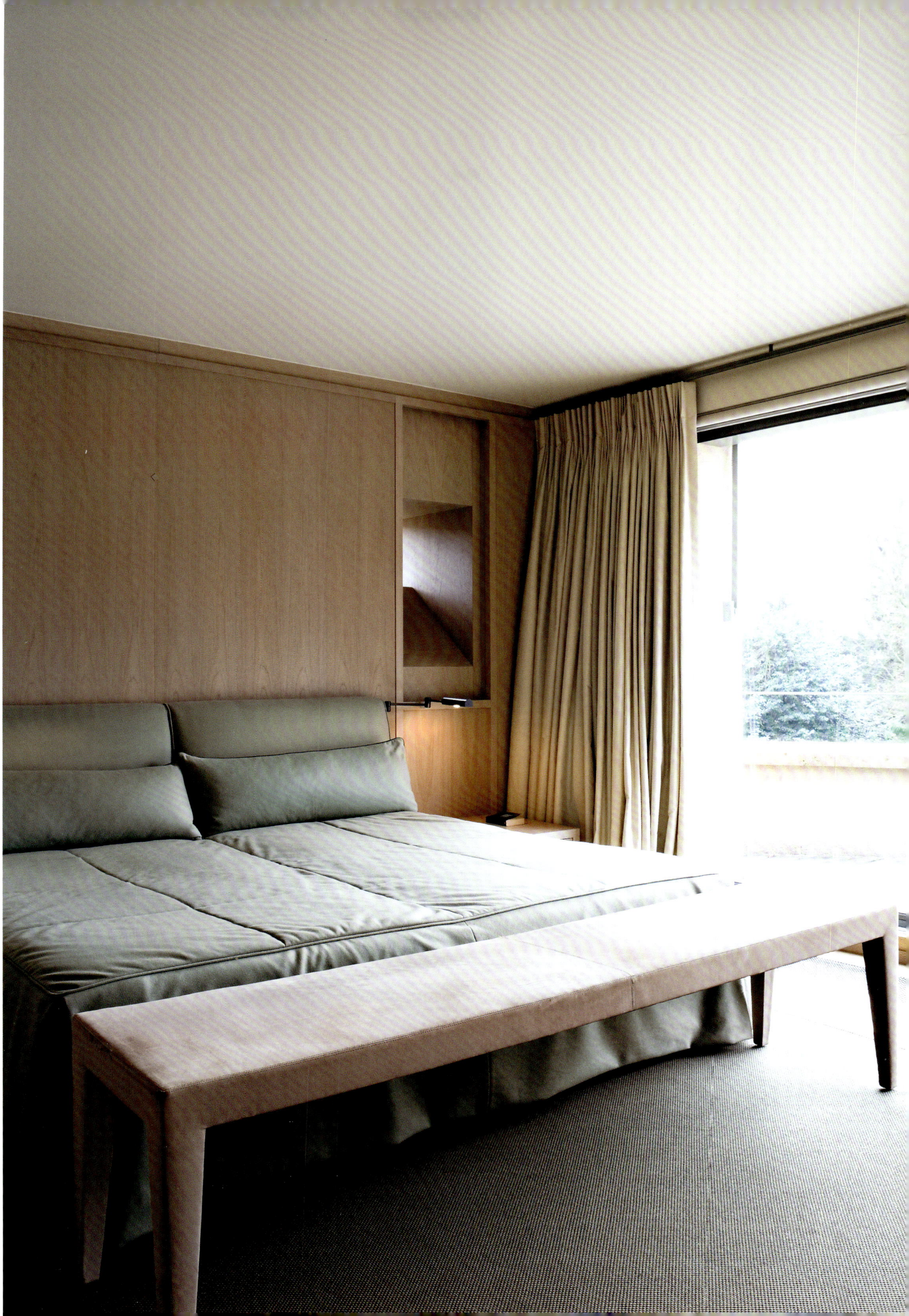

ib@interd-concept.com

www.francisluypaert.be

www.pas-partoe.be

www.ethelvandaele.be

www.stephaneboens.be

www.ensembleetassocies.be

www.simoeninterieur.be

www.obumex.be

www.guypietersgallery.com
www.christian-liaigre.fr

nathalie.vanreeth@skynet.be

www.simoeninterieur.be

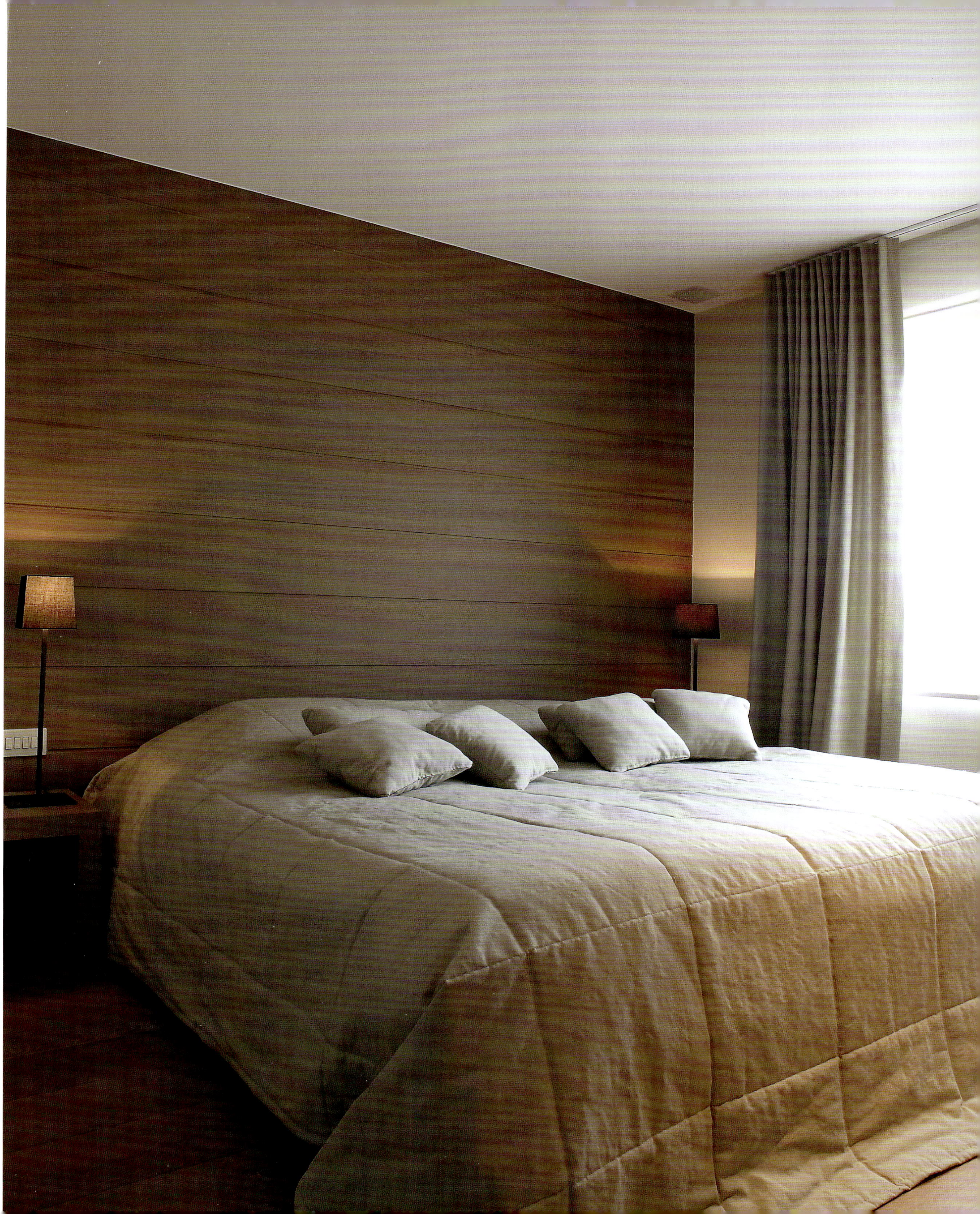

ib@interd-concept.com

www.rrinterieur.be

www.slapenenzo.be

www.rrinterieur.be
www.nathaliedeboel.be

www.slapenenzo.be

www.collection-privee.com

www.cypeys.com

www.ebony-interiors.com

www.mackayandpartners.co.uk

www.ebony-interiors.com

www.pas-partoe.be

www.guypietersgallery.com
www.christian-liaigre.fr

annik.dierckx@telenet.be

wwwww.casavero.be

www.cypeys.com

www.dtj-interiorarchitect.be

www.cartertyberghein.com

www.cartertyberghein.com

SPACES FOR RELAXATION
ESPACES DE DÉTENTE
ONTSPANNINGSRUIMTES

www.stephanielaporte.be
www.duboiscontrol.be

www.olivierlempereur.com

www.instore.be

www.stonecompany.be

Aldo Marcone

www.stephanielaporte.be

www.schellen.be

bert.vanbogaert@pandora.be
www.interieurdemaere.be

www.aksent-gent.be

www.alexandershouses.com
www.fabathome.be

www.aksent-gent.be

www.alexandershouses.com
www.fabathome.be

www.alexandershouses.com
www.fabathome.be

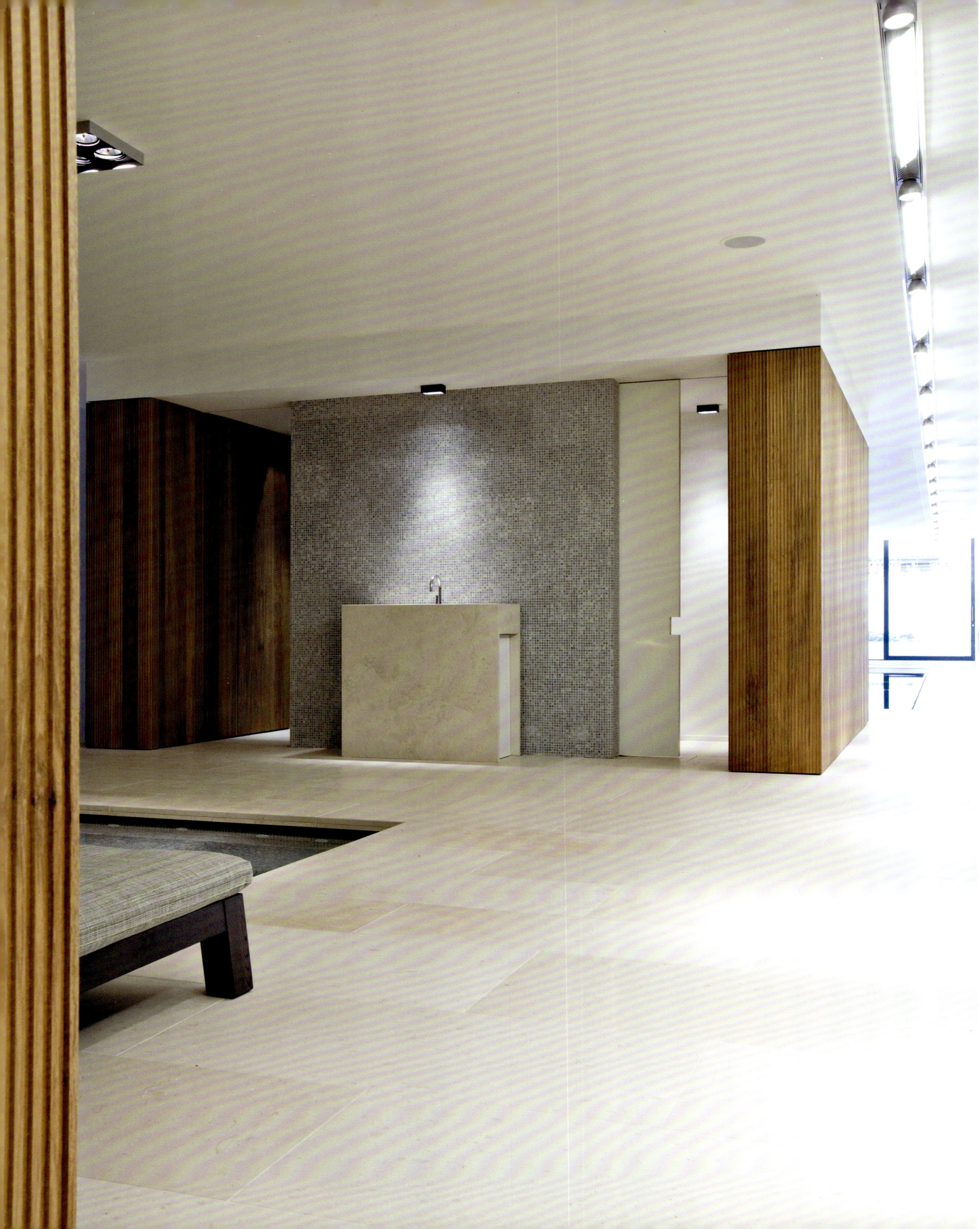

← ↓ →
www.aksent-gent.be

www.devostegelbedrijf.be

www.courtens.be

www.pascalvanderkelen.com

www.upptown.be

SPACES FOR WORK
ESPACES DE TRAVAIL
WERKRUIMTES

nathalie.vanreeth@skynet.be
www.christian-liaigre.fr

www.alexandershouses.com
www.erpicum.org
www.fabathome.be
www.instore.be

www.obumex.be
www.fabienvantomme.be

www.minus.be

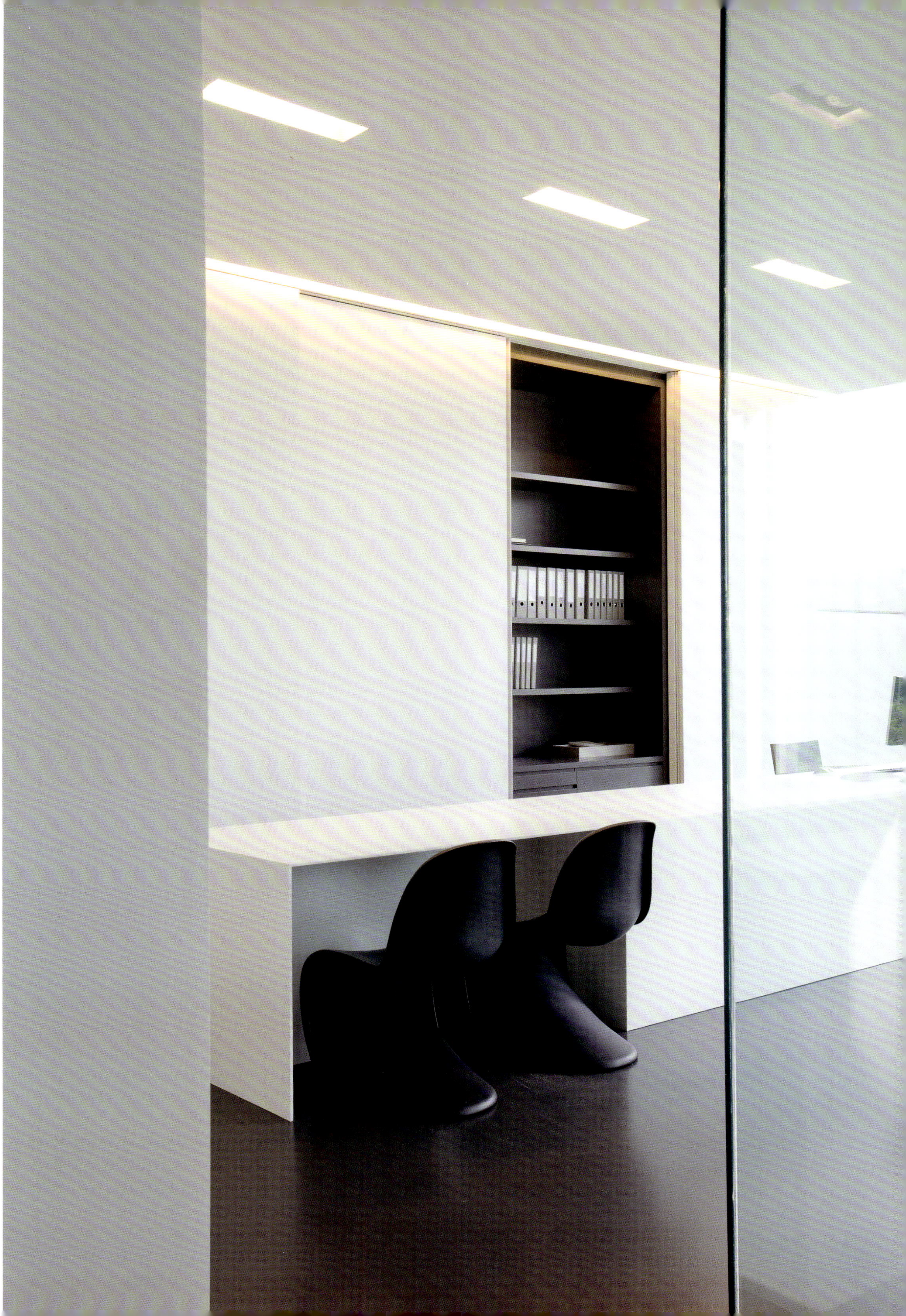

nathalie.vanreeth@skynet.be

dwek.architectes@gmail.com

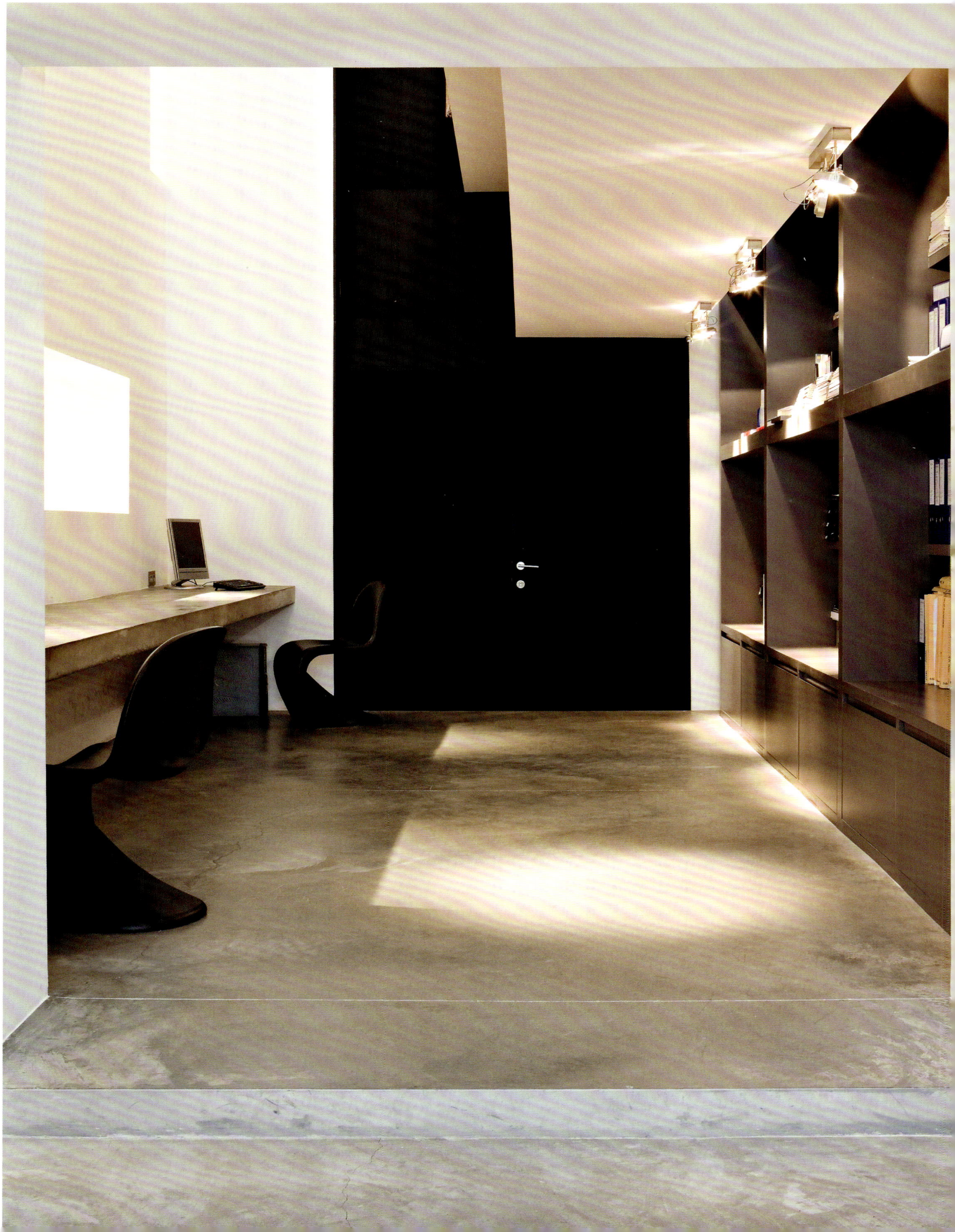

www.alexandershouses.com
www.erpicum.org
www.fabathome.be
www.instore.be

www.cypeys.com

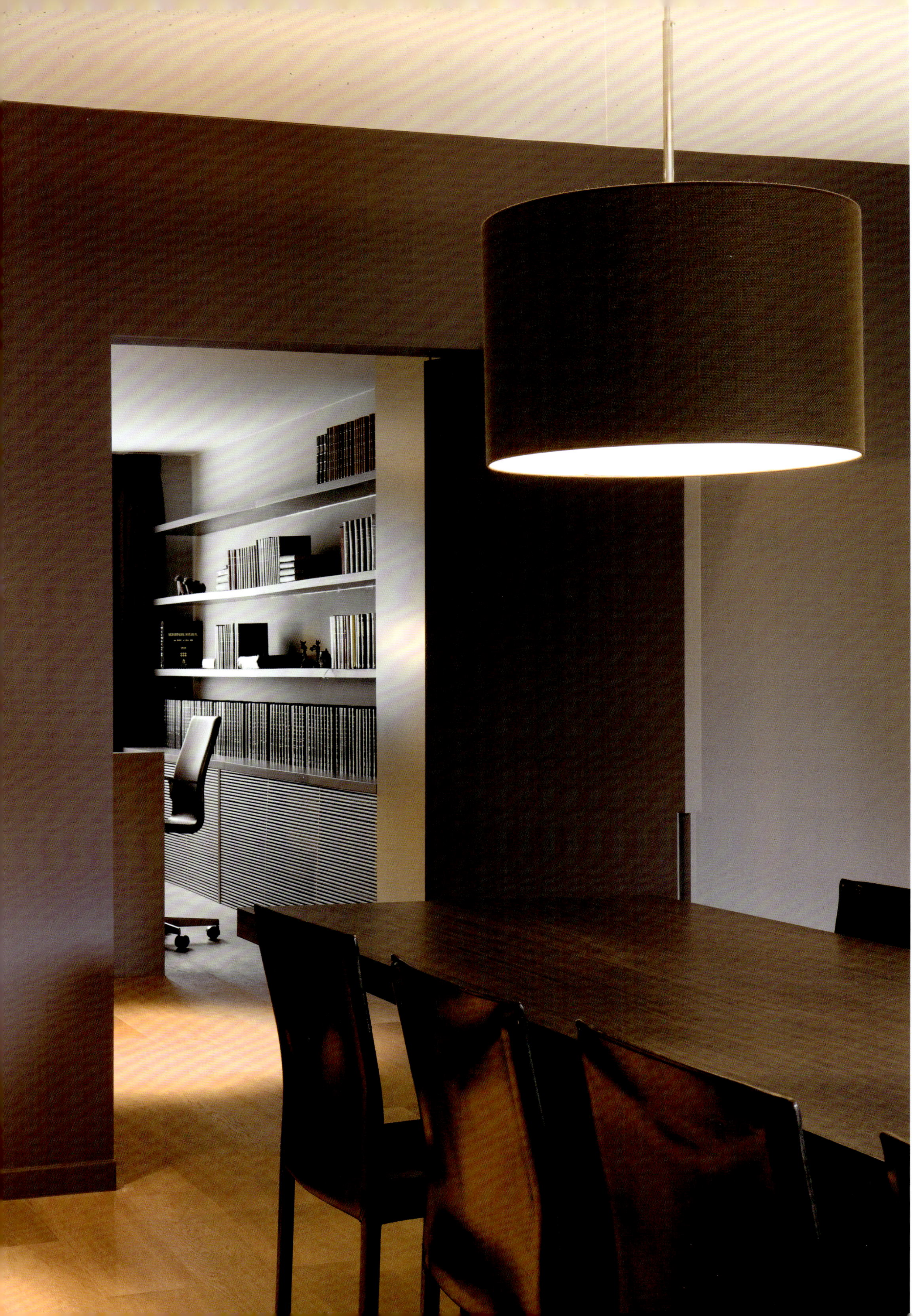

www.minus.be

www.raoul-cavadias.com

431

www.dols.nl

www.minus.be

432

www.minus.be

www.rrinterieur.be

POSSIBLY MAYBE
SENSATION OF TIME
SENSATION OF TIME
SENSATION OF TIME

OF TIME
OF TIME
POSSIBLY MAYBE
POSSIBLY MAYBE
SENSATION OF TIME
POSSIBLY MAYBE

www.aerts-blower.be

www.collection-privee.com

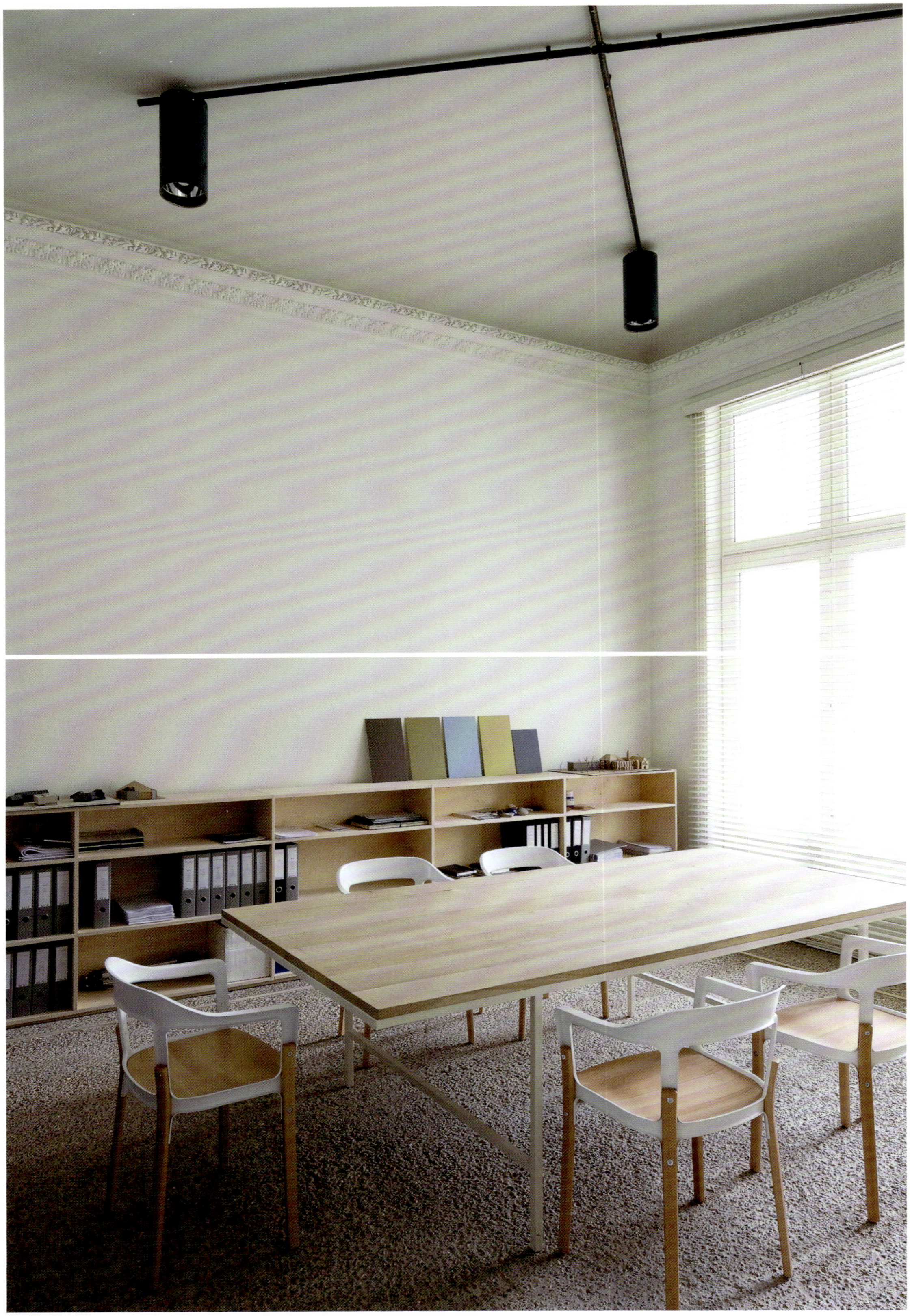

← ↑
www.hansverstuyftarchitecten.be

www.brionleclercq.com

www.ebony-interiors.com

annik.dierckx@telenet.be

www.cypeys.com

www.minus.be

www.brunovanbesien.be

443

INDEX

ADP Architecture (www.adparchitecture.com)	116, 117, 178-179
Aerts-Blower (www.aerts-blower.be)	29, 169, 201, 221, 243, 308, 309, 436
Aform (www.aform.be)	203
'Aksent (www.aksent-gent.be)	78, 137, 203, 212, 213, 217, 334, 409, 411, 414, 415
Alexander's Houses (www.alexandershouses.com)	25, 71, 72-73, 89, 148, 209, 270, 314, 365, 372-373, 374, 375, 410, 412, 413, 423, 428
Alkema, Jen (www.jenalkema.com)	312
Arcade (www.arcadecuisine.be)	202
Arsenaal (Het) (www.hetarsenaal.nl)	88, 223
Artec (www.artec.be)	84
Astra Loves Living (www.astralovesliving.com)	119, 261, 344
Bilquin, Pascal (pascal.bilquin@telenet.be)	219
Bladt, Benoit (www.benoitbladt.be)	80, 333
Boens, Stéphane (www.stephaneboens.be)	228, 381
Brion-Leclercq (www.brionleclercq.com)	23, 67, 68-69, 253, 298, 349, 440
Buro 2 (www.buro2.be)	58-59, 291, 320, 336, 370
Campion, Sophie	161
Carter Tyberghein (www.cartertyberghein.com)	398, 399
Casa Vero (www.casavero.be)	149, 268-269, 353, 396
Cavadias, Raoul (www.raoul-cavadias.com)	22, 66, 377, 431
Coart, Linda (www.lindacoart.be)	76, 153, 211
Collection Privée (www.collection-privee.com)	32-33, 111, 113, 195, 241, 391, 437
Costermans Projecten (www.costermans-projecten.be)	88, 223
Courtens, Baudouin (www.courtens.be)	199, 239, 310, 311, 417
Culot, Louis (www.culot.be)	182, 333
Daskal-Laperre (www.daskal-laperre.com)	61, 140
Dauby (www.dauby.be)	337
Deboel, Nathalie (www.nathaliedeboel.be)	234
Degryse Baudouin (baudouin.degryse@skynet.be)	24
Dejaegere Interiors (info@dejaegere-interiors.be)	152, 376
De Maere (www.interieurdemaere.be)	153, 219, 308, 408
Demarquette, Alain (www.ademarquette-architecte.com)	27, 210
De Meulder, Jean	98
De Puydt Haarden (www.depuydthaarden.be)	79
Derasse, Anne (www.annederasse.be)	284
Deslee, Filip (www.filipdeslee.com)	316
Devaere (www.devaere-nv.be)	85, 214, 215, 326, 374
Devos Tegelbedrijf (www.devostegelbedrijf.be)	416
Dierckx, Annik (annik.dierckx@telenet.be)	38, 124, 174, 266, 267, 350-351, 352, 396, 441
Dols (www.dols.nl)	168, 238, 244, 432
Donck, Xavier (www.xavierdonck.com)	99
Doorzon (www.doorzon.be)	321, 322
Dubois Control (www.duboiscontrol.be)	402
Dupont, Fabienne (www.fabathome.be)	25, 71, 72-73, 89, 148, 209, 280, 314, 365, 372-373, 374, 375, 410, 412, 413, 423, 428
Dwek, Olivier (dwek.architectes@gmail.com)	31, 60, 87, 152, 207, 229, 253, 254-255, 294, 295, 299, 306, 427
Ebony Interiors (www.ebony-interiors.com)	18, 30, 86, 88, 100, 118, 120, 141, 180, 200, 260, 262, 289, 315, 392, 393, 441
Ensemble & Associés (www.ensembleetassocies.be)	16, 51, 81, 82-83, 90, 136, 143, 146-147, 150, 196-197, 205, 206, 233, 282, 284, 296, 297, 305, 318, 325, 360, 382
Erpicum, Bruno (www.erpicum.org)	25, 71, 72-73, 148, 209, 365, 372-373, 423, 428
Fedecor (fedecor@iway.be)	183
François, Pascal (www.pascalfrancois.be)	26, 77, 216, 304
Geukens & Devil (www.geukensdevil.com)	336
Gillet, Jean-Marie (www.gilletjm.com)	84, 218, 307
Glorieux, Filip (www.filipglorieux.be)	128, 272, 355
Goes, Wim (www.wimgoesarchitectuur.be)	226
Gutmer, Esther (www.esthergutmer.be)	46, 152, 364
Guy Pieters Gallery (www.guypietersgallery.com)	383, 395
Herbosch-Vanreeth (www.herbosch-vanreeth.be)	155, 283, 320

InStore (www.instore.be) 98, 158-159, 225, 329, 330, 404, 423, 428

InterD Concept (www.interd-concept.com) 378, 386

iXtra (www.ixtra.be) 208, 221, 223

Kultuz (www.kultuz.be) 80, 84, 108-109, 110, 112, 170-171, 201, 221, 277, 308, 340

Laporte, Stephanie (www.stephanielaporte.be) 12, 40, 47, 48-49, 50, 63, 137, 148, 192-193, 217, 250-251, 252, 300, 365, 402, 407

Lavoine, Sarah (www.sarahlavoine.com) 21, 292

Lempereur, Olivier (www.olivierlempereur.com) 10, 190, 191, 285-287, 366-367, 403

Liaigre, Christian (www.christian-liaigre.fr) 30, 46, 51, 54-55, 92-93, 99, 100, 107, 110, 118, 136, 148 above, 152 above right, 153 above right, 154 below, 156-157, 159, 182, 383 right, 395, 422

Luypaert, Francis (www.francisluypaert.be) 151, 379

MacKay and Partners (www.mackayandpartners.co.uk) 257, 392

Mape (www.mape.be) 239, 246

Marcone, Aldo 199, 406

Menagerie (De) (www.demenagerie.be) 222, 227

Minus (www.minus.be) 34-35, 36, 114, 126, 130-131, 133, 164, 165, 176, 187, 235, 236, 237, 240, 249, 256, 276, 339, 341, 347, 357, 425, 430, 432, 433, 443

Muylaert, Michel (www.architectmuylaert.be) 201, 308

Obumex (www.obumex.be) 17, 39, 54-55, 92-93, 94, 95, 138, 148, 152, 155, 156-157, 198, 210, 221, 228, 250-251, 252, 288, 328, 368, 383, 424

Onraet, Isabelle (www.isabelle-onraet.be) 106, 107, 166, 167, 238

Pas-Partoe (www.pas-partoe.be) 201, 308, 313, 380, 394

Peys, Cy (www.cypeys.com) 74, 129, 184, 195, 327, 391, 397, 429, 442

Project Design (www.projectdesign.ch) 52, 144, 202

Reynders (www.reynders-goc.com) 204, 205

Rijs (www.rijs.be) 337

RR Interieur (www.rrinterieur.be) 75, 102-105, 154, 162, 163, 183, 234, 387, 434-435

Schellen, Reginald (www.schellen.be) 76, 153, 211, 408

Simoen, Philip (www.simoeninterieur.be) 28, 91, 153, 186, 228, 231, 275, 382, 385

Simoni Interieur (www.simoni.be) 324

Slapen Enzo (www.slapenenzo.be) 390

Sphere Concepts (www.sphereconcepts.be) 340

Stadsbader, Marie-France (marie@stadsbader-bernard.com) 39, 121-123, 180, 185, 263, 264, 345, 346, 348, 349, 358, 371

Stone Company (The) (www.stonecompany.be) 224, 226, 229, 312, 321, 322, 324, 326, 332, 335, 405

Strato Belgium (www.stratobelgium.com) 173, 245, 247, 265

Tack, Filip (www.filiptackdesignoffice.com) 231

't Jampens, Dennis (www.dtj-interiorarchitect.be) 74, 125, 226, 270, 271, 354, 397

Upptown (www.upptown.be) 53, 56, 220, 290, 369, 419

Van Besien, Bruno (www.brunovanbesien.be) 41, 132, 181, 240, 274, 359, 443

Van Bogaert, Bert (bert.vanbogaert@pandora.be) 153, 219, 308, 408

Van Daele, Ethel (www.ethelvandaele.be) 381

Van de Kooi, Paul (www.paulvandekooi.nl) 242

Van der Kelen, Pascal (www.pascalvanderkelen.com) 11, 19, 44, 45, 57, 62, 64-65, 101, 139, 142, 145, 160, 162, 202, 206, 292, 293, 315, 338, 418

Van Duysen, Vincent (www.vincentvanduysen.com) 96-97, 232

Van Ransbeeck (www.vanransbeeck.be) 230, 319

Van Ravestyn 172, 175

Van Reeth, Nathalie (nathalie.vanreeth@skynet.be) 14-15, 57, 194, 281, 316, 331, 361, 365, 384, 422, 426

Van Tomme, Fabien (www.fabienvantomme.be) 17, 54-55, 198, 288, 368, 424

Van Troyen, Daan (www.daanvantroyen.be) 309

Verheyden, Nico (www.nico-verheyden.be) 127, 273

Verstuyft, Hans (www.hansverstuyftarchitecten.be) 20, 37, 76, 115, 133, 177, 258, 301, 302, 323, 342, 343, 356, 438, 439

Wallaeys Interieur (www.wallaeysinterieur.be) 208

Welton Design (www.weltondesign.com) 52, 144, 202

Wilfra (www.wilfra.be) 233, 248, 259

Woonstijl Villabouw (www.woonstijlvillabouw.be) 340

Zen Design (www.zen-design.fr) 200

PUBLISHER
BETA-PLUS publishing
www.betaplus.com

PHOTOGRAPHER
Jo Pauwels

DESIGN
Polydem – Nathalie Binart

ISBN 13 : 978-90-8944-092-1

© 2011, BETA-PLUS
All rights reserved.
No part of this publication may be reproduced,
stored in a retrieval system,
or transmitted in any form or by any means.
Printed in Italy.

REFERENCES

ENTRANCE HALLS - HALLS D'ENTRÉE - INKOMHALLS

10
This entrance hall sets the tone: dark, sandblasted wood panels contrast with platinum leaf. Red enamelled lavastone and black patinated steel on the tall console.

L'entrée donne le ton : lambris de bois sablé foncé en opposition à la feuille d'or platine. Lave émaillée rouge et acier patiné noir pour la console haute.

De inkomhal zet de toon: lambriseringen in donker gezandstraald hout in tegenstelling tot het platina goudblad. Rood geëmailleerde lavasteen en zwart gepatineerd staal voor de hoge console.

12
The entrance hall is a very sober and restful space with the atmosphere of a gallery.
The walls and the works of art are illuminated by indirect light channels, so that the wall appears to be detached from the rest of the corridor. Floor finish in natural stone. Photographic work by Jürgen Klauke.

Le hall d'entrée est un espace très sobre et apaisant plongé dans une atmosphère digne d'une galerie. Les murs habillés d'oeuvres d'art sont éclairés par des puits de lumière indirecte pour les faire ressortir. Recouvrement de sol en pierre naturelle, photo de Jürgen Klauke.

De inkomhal is een heel sobere en rustgevende ruimte in ware galerie-sfeer. De wanden met kunstwerken worden uitbelicht door indirecte lichtgoten, zodat de wand als het ware loskomt. Vloerafwerking in natuursteen, fotografisch werk van Jürgen Klauke.

14
This spectacular staircase is one of Nathalie Van Reeth's creations.

Cet escalier monumental est une création de Nathalie Van Reeth.

De spectaculaire trap is een creatie van Nathalie Van Reeth.

15
A modest atmosphere in this entrance hall. Whitewashed walls, dark aged oak boards on the floor, black/white photos and a vintage seat with Berber pillow.

Ambiance feutrée dans cet hall d'entrée. Murs blanchis à la chaux, parquet de chêne vieilli foncé au sol, photographies noir et blanc et fauteuil vintage avec coussins berbères.

Een ingetogen sfeer in de inkomhal. Witgekalkte muren, donker vergrijsde eiken planken op de vloer, zwart/wit-foto's en een vintage zetel met Berber kussen.

16
The stairs in a metal structure is covered with stained oak.

L'escalier en structure métallique est recouvert de chêne teinté.

De trap in een structuur van metaal is bekleed met getinte eiken.

17
Serene, white walls and a bleached, aged oak parquet floor throughout. A painting by Albert Mastenbroek.

Des murs blancs sereins omniprésents et un parquet en chêne vieilli blanchi. Un tableau d'Albert Mastenbroek.

Overal serene witte muren en een gebleekte, vergrijsde eiken parket. Een schilderij van Albert Mastenbroek.

18
A beige natural stone, Antalya Cream, has been used for this living area. Red combined with beige is the main colour scheme throughout the property.

Dans cette pièce, on a choisi d'installer de la pierre naturelle Antalya Cream. En combinaison avec le beige, le rouge est la couleur dominante qui a été sélectionnée pour le décor de l'ensemble de cette maison de vacances.

In deze ruimte werd voor een beige natuursteen, Antalya Cream, gekozen. In combinatie met beige is rood het hoofdmotief in de kleurenkeuze van deze vakantiewoning.

21
The oak parquet floor was painted white and contrasts with the black pillar. The carpet on the stairs is by Hartley, Pouenat wall lamp and La Chaise armchair by Eames.

Le parquet en chêne laqué blanc contraste avec la colonne noire. Sur l'escalier, un tapis Hartley. Applique Pouenat et fauteuil La Chaise créé par Eames.

De eiken parketvloer werd wit gelakt en contrasteert met de zwarte steunpilaar. Een tapijt op de trap van Hartley, wandlamp Pouenat en een La Chaise stoel van Eames.

22
The floor in this entrance hall is made from Afghan sandstone. A bench by Andrée Putman with a windbreak in metal and rusty chainmail in the background (created by Raoul Cavadias). The stair rail in brushed stainless steel is also a design by Cavadias.

Le sol du hall d'entrée est recouvert de grès afghan, appareillage en éventail. Un banc d'Andrée Putman et, dans le fond, un paravent en métal et cotte de maille rouillées (une création de Raoul Cavadias). Rampe d'escalier en inox brossé satiné, également conçue par Cavadias.

De vloer in de inkomhal is bekleed met een Afghaanse zandsteen, geplaatst in waaierverband. Een bank van Andrée Putman en op de achtergrond een windscherm in metaal en geroeste maliënkolder (een creatie van Raoul Cavadias). Ook de trapwering in gesatineerde, geborstelde inox is een ontwerp van Cavadias.

24
The wooden floor in bleached oak creates a light and transparent atmosphere.

Le sol couvert d'un parquet en chêne blanchi intensifie la luminosité.

De parketvloer in gebleekte eiken versterkt het gevoel van licht en transparantie.

26
The floor in this entrance hall is in polished concrete.

Le sol de cet hall d'entrée est revêtu de béton poli.

De vloer in deze inkomhal is bekleed met gepolijst beton.

28
A Cotto d'Este floor in flamed Buxy. Curtains by Sahco Hesslein.

Le sol est revêtu d'un Cotto d'Este en Buxy flammé. Tentures de Sahco Hesslein.

De vloer is bekleed met Cotto d'Este in gevlamde Buxy. Gordijnen van Sahco Hesslein.

29
This entrance hall is covered with polished concrete.

Ce hall d'entrée est recouvert de béton poli.

Deze inkomhal is bekleed met gepolijste beton.

30
Arthur Sconces by Christian Liaigre.

Appliques Arthur par Christian Liaigre.

Wandlampen Arthur door Christian Liaigre.

31
The photo in the alcove is by Jean-Marc Bustamante (Cyprès). An urn by the Finnish sculptress Erna Aaltonen.

La photo dans l'alcôve est signée Jean-Marc Bustamante (Cyprès). Une urne de la sculptrice finlandaise Erna Aaltonen.

De foto in de nis is van Jean-Marc Bustamante (Cyprès). Een vaas van de Finse beeldhouwster Erna Aaltonen.

32
A floor combination of massive, stained oak and cobbles. A wall of waxed concrete. The orange armchair is by Ralph Lauren. A painting by Jupp Linssen.

Au sol, une combinaison de chêne massif teinté et de galets. Un mur en béton ciré. Le fauteuil orange est signé Ralph Lauren. Un tableau de Jupp Linssen.

Een vloercombinatie van massieve, getinte eiken en keien. Een muur in gewaxte beton. De oranjekleurige fauteuil is van Ralph Lauren. Een schilderij van Jupp Linssen.

33 LEFT
The stairs are attached directly to the wall.

L'escalier est fixé directement au mur.

De trap is rechtstreeks aan de muur vastgehecht.

33 RIGHT
A cobbled floor.

Un sol en galets.

Een keienvloer.

34-35
An open plan has been chosen to optimize the access to the spaces, as well as to maximize the contact between the inside and outside. The mounted Kreon light fitting emphasises the perspective.

On a opté pour une structure ouverte afin d'optimaliser le passage d'une pièce à l'autre et de maximaliser le contact entre l'extérieur et l'intérieur. Les armatures de Kreon accentuent la perspective.

Hier werd gekozen voor een open plan om het doorlopen van de ruimtes te optimaliseren en het contact tussen binnen en buiten te optimaliseren. De opbouwarmaturen van Kreon versterken het perspectief.

37
The new floors from this private mansion were laid with a natural stone framework: in this way they refer to the parquet and mosaic floors of the past.

Les nouveaux sols de cette maison de maître ont été ornés d'un cadre en pierre naturelle : un clin d'oeil aux sols en bois et mosaïque d'antan.

De nieuwe vloeren van deze herenwoning werden ingelegd met een natuurstenen kader: zo referen zij aan de parket- en mozaïekvloeren van weleer.

40
A cloakroom with cupboards in matte lacquered MDF and sliding doors with built-in handles. In the background, the guest toilet with a mosaic floor and velvet curtain. The oak floor has a bleached finish.

Un vestiaire et ses placards en MDF laqué mat, aux portes coulissantes avec poignées encastrées. A l'arrière-plan, le cabinet de toilette avec un sol en mosaïque et des tentures de velours. Le plancher en chêne est teinté clair.

Een vestiaire met opbergkasten in matgelakte MDF, schuifdeuren met ingewerkte handgrepen. Op de achtergrond het gastentoilet met een mozaïekvloer en gordijnen in velours. De eiken parketvloer werd licht getint.

SITTING ROOMS - SALONS - ZITKAMERS

44
In the foreground to the left is a concrete suspended wall containing a smoke shaft for the fireplace. This wall, together with the unit below, reinforces the horizontal character of this living room.

A l'avant-plan, un mur suspendu en béton abrite le conduit de cheminée du feu ouvert. Avec la console, il offre un caractère horizontal à ce séjour.

Op de voorgrond links een betonnen hangwand met rookkanaal voor de haard. Samen met het sokkelmeubel versterkt deze het horizontale karakter van deze woonkamer.

46
Ecume armchair and footstool by Christian Liaigre.

Fauteuil et repose pieds Ecume par Christian Liaigre.

Eenzit en ligzetel Ecume door Christian Liaigre.

47
The interior design accentuates the open space: the sitting room with a wall unit designed by The Office, an open fireplace and a TV wall.

Le projet intérieur accentue l'ouverture : le salon avec placard, réalisé d'après un projet personnel de l'architecte d'intérieur, le feu ouvert et le mur télé.

Het interieurontwerp accentueert de open ruimte: de zithoek met wandmeubel naar eigen ontwerp van de interieurarchitecte, de open haard en tv-wand.

48-49
Sitting area in light shades with large sofas and coffee tables in dark wood. Wall with gas fire and a built-in TV screen.

Salon en teintes pastel avec de grands fauteuils en lin et des tables de salon en bois foncé. Mur avec feu au gaz et écran télé intégré.

Zithoek in lichte tinten met ruime zetels in linnen stof en salontafels in donker hout. Wand met gashaard en een ingewerkt tv-scherm.

50
The furniture is this living room is by Promemoria. Bruder linen curtains.

Le mobilier de ce salon provient de chez Promemoria. Rideaux en lin de Bruder.

Het meubilair van dit salon is van Promemoria. Linnen gordijnen van Bruder.

51
Augustin sofa, Boudha armchair, Galet cocktail table and Chantecaille floor lamp by Christian Liaigre.

Canapé Augustin, fauteuil Boudha, table basse Galet et lampadaire Chantecaille par Christian Liaigre.

Een Augustin sofa, een fauteuil Boudha, cocktailtafel Galet en staande lamp Chantecaille door Christian Liaigre.

52
The beams in the living room have a white gloss finish. London armchairs in calfskin, custom-made by Welton Design. The lamp is by One by One. The white-leather sofa from the Samira collection is a creation by Welton Design, as is the custom-made white lacquered coffee table.

Les poutres du salon ont été laquées en blanc. Fauteuils en peau London sur mesure de Welton Design. La lampe est signée One by One. Le canapé en cuir blanc de la collection Samira est une création de Welton Design, ainsi que la table basse laquée blanc et réalisée sur mesure.

De balken in het salon werden wit gelakt. Fauteuils in kalfsleder London, op maat gemaakt door Welton Design. De lamp is van One by One. De witlederen canapé uit de Samira collectie is een creatie van Welton Design, evenals de witgelakte salontafel die op maat gemaakt werd.

53 TOP
The large sofa by Moroso is made up of different sections. A carpet in wool and linen. The coffee table, with built-in trays, was designed by Anne Derasse. Silk curtains. In the background, the almost invisible kitchen, which was designed as a freestanding unit.

Un immense canapé Moroso composé de modules très variés. Un tapis en laine et lin. La table de salon, avec plateaux intégrés, a été dessinée par Anne Derasse. Tentures en soie. Au fond, la cuisine est quasi invisible et traitée comme un meuble posé.

De erg ruime canapé van Moroso bestaat uit verschillende modules. Een tapijt in wol en linnen. De salontafel, met geïntegreerde bladen, werd door Anne Derasse getekend. Gordijnen in zijde. Op de achtergrond de quasi onzichtbare keuken die ontworpen werd als een los meubel.

53 BOTTOM
A glamorous harmony of silver and white: a padded wall in silver-coloured vinyl, a fireplace from ABC Interieur with a stainless-steel surround, white epoxy floor and sofa.

Harmonie très glamour de l'argenté et du blanc : un mur capitonné de vinyle argenté, un feu ouvert de chez ABC Intérieur habillé d'une feuille d'acier inoxydable, le sol d'époxy blanc et le canapé.

Glamoureuze harmonie van zilver en wit: een gecapitonneerde wand in zilverkleurig vinyl, een haard van ABC Interieur bekleed met een inox folie, de witte epoxyvloer en canapé.

54-55
Sitting area with black Promemoria sofas and white leather Mandarin armchairs (Christian Liaigre) on a cotton carpet.

Coin salon avec canapés noirs Promemoria et chauffeuses en cuir blanc Mandarin (Christian Liaigre) sur un tapis en coton.

Zithoek met zwarte canapés van Promemoria en witlederen chauffeuses Mandarin (Christian Liaigre).

56
The Edra sofa provides a silver accent. Behind, two works by the Scottish photographer Albert Watson. Halogen spots by Modular.

Des accents argentés grâce au canapé Edra. Derrière ce canapé, deux oeuvres du photographe écossais Albert Watson. Spots halogènes Modular.

De Edra canapé zorgt voor een zilverkleurig accent. Daarachter twee werken van de Schotse fotograaf Albert Watson. Halogeen spots van Modular.

57 TOP
The low table was created by Ado Chale in cooperation with Nathalie Van Reeth, inspired by the search of new materials.

La table basse est une création de Ado Chale en collaboration avec Nathalie Van Reeth : une quête de nouveaux matériaux.

De lage tafel is een creatie van Ado Chale in samenspraak met Nathalie Van Reeth: een zoektocht naar nieuwe materialen.

58-59
Seating by Starck for Cassina. The open fireplace was created by De Puydt. All cabinetwork was done by Delaere Decor in consultation with architect Hendrik Vermoortel, owner of Buro II. Paintwork Kordekor.

Les canapés sont signés Starck pour Cassina. Le feu ouvert a été réalisé par De Puydt. Toute la menuiserie a été confiée à Delaere Decor, en concertation avec l'architecte Hendrik Vermoortel, propriétaire de Buro II. Travaux de peinture : Kordekor.

Zitmeubilair van Starck voor Cassina. De open haard werd door De Puydt gerealiseerd. Alle schrijnwerk werd door Delaere Decor verzorgd in samenspraak met architect Hendrik Vermoortel, eigenaar van Buro II. Schilderwerken Kordekor.

60
Groundpiece sofas by Flexform (at InStore). Woodwork in hand-brushed wengé designed by the Olivier Dwek architectural studio and created by YKO. The sculpture on the pedestal is by Kendell Geers (gallery Rodolphe Janssen). Ado Chale table in grain de poivre.

Canapés Groundpiece de Flexform (chez InStore). Menuiserie en wengé brossé à la main et dessinée par le Bureau d'Architecture Olivier Dwek (une réalisation YKO). La sculpture sur le socle est signée Kendell Geers (galerie Rodolphe Janssen). Table Ado Chale en grain de poivre.

Groundpiece sofa's van Flexform (bij InStore). Maatwerk in handgeborstelde wengé door het architectenbureau van Olivier Dwek (een realisatie van YKO). Op de sokkel een sculptuur van Kendell Geers (galerie Rodolphe Janssen). Een tafel van Ado Chale in grain de poivre.

61
White linen curtains complement the large sliding windows that look out onto the garden. Seating by Hans Wegner and Poul Kjaerholm, coffee tables by Jeanette Laverrière.

Les grandes baies coulissantes donnant sur le jardin sont garnies de rideaux en coton blanc. Sièges Hans Wegner et Poul Kjaerholm, tables basses de Jeanette Laverrière.

De grote schuiframen die uitkijken op de tuin zijn afgewerkt met gordijnen in wit linnen. Zetels van Hans Wegner en Poul Kjaerholm, salontafels van Jeanette Laverrière.

63
The sofas were specially designed for this project, with a coffee table in dark wood. A pale oak floor and velvet curtains.

Dans le salon, une table basse réalisée sur mesure en bois foncé. Plancher en chêne teinté clair et tentures en velours.

In het salon, een op maat gemaakte tafel in donkergetint hout. Een parketvloer in licht getinte eiken en gordijnen in fluweel.

67
A Flexform sofa was selected for this living room, in harmony with the carpet.

Un canapé Flexform en harmonie avec le tapis.

In dit salon werd voor een canapé van Flexform gekozen, in harmonie met het tapijt.

68-69
The recess in the low wall forms a bright niche where objects can be displayed. Close collaboration between Julie Brion and Tanguy Leclercq and Marlière resulted in this impressive slide panel, which separates the dining room and living room in one movement.

L'évidement du mur réalise en arrière-plan une niche éclairée destinée à l'exposition d'objets. La collaboration étroite de Julie Brion et Tanguy Leclercq et de la firme Marlière a permis la mise en place d'un impressionnant panneau coulissant permettant d'un simple geste la séparation de la salle à manger et du séjour.

De uitholling in de lage muur zorgt voor een lichtnis waar objecten kunnen worden geëxposeerd. De nauwe samenwerking tussen Julie Brion en Tanguy Leclercq en de firma Marlière resulteerde in een indrukwekkend schuifpaneel, waardoor de eetkamer en het salon met één beweging gescheiden kunnen worden.

71-73
Furniture by InStore.

Mobilier de chez InStore.

Meubilair van bij InStore.

75
Two Minotti chairs, a comfortable Flexform Long Island sofa, a Casamilano coffee table and a Bic carpet.

Deux fauteuils Minotti, un canapé confortable Flexform modèle Long Island, une table basse Casamilano et un tapis Bic.

Twee eenzits van Minotti, een comfortabele Long Island sofa van Flexform, een koffietafel Casamilano en een tapijt van Bic.

78
Chairs in silk. Leather, bronze and precious woods also set the tone. The carpet is a combination of linen and silk. All of the furniture has been designed by Romeo Sozzi (Promemoria).

Fauteuils en velours de soie. Des éléments en cuir, en

bronze et en essences de bois nobles donnent également le ton. Le tapis est une combinaison de lin et soie. Tous les meubles sont signés Romeo Sozzi (Promemoria).

De canapés zijn met zijdevelours bekleed. Elementen in leder, brons en edele houtsoorten zijn eveneens prominent aanwezig. Het tapijt is samengesteld uit linnen en zijde. Alle meubilair werd getekend door Romeo Sozzi (Promemoria).

81-83
The parquet floor was made in grey-tinted oak with a matt varnish finish. A gas corner fire, specially designed and built for this space. The low tinted-oak and bronze tables were also custom-built. Minotti armchairs and a Flexform sofa.

Le parquet est réalisé en chêne teinté grisé verni mat. Feu ouvert de coin au gaz, dessiné et réalisé sur mesure. Les tables basses en chêne teinté et bronze ont été dessinées sur mesure. Fauteuils Minotti et canapé Flexform.

De parketvloer is uitgevoerd in grijsgetinte en mat geverniste eiken. Een hoekgashaard, getekend en gerealiseerd op maat. De koffietafeltjes in getinte eiken en brons werden eveneens op maat gemaakt. Eenzits van Minotti en een sofa van Flexform.

85
Mantelpiece in Pierre de Varennes.

Revêtement de cheminée en Pierre de Varennes.

Schouwbekleding in Pierre de Varennes.

86
Beau Rivage sofas, Loren armchairs and Houston tables. Art by Christine Nicaise.

Des canapés Beau Rivage, des fauteuils Loren et tables Houston. Un tableau de Christine Nicaise.

Sofa's Beau Rivage, eenzits Loren en Houston tafels. Het schilderij is van Christine Nicaise.

87
The suspended wall above the fireplace can also be used as a projection screen. Zanotta sofas. The white work of art is by Fontana.

Le mur suspendu au-dessus du feu ouvert peut être utilisé pour des projections. Banquettes Zanotta. L'oeuvre blanche est de Fontana.

De zwevende muur boven de open haard kan ook als projectiescherm gebruikt worden. Zetels van Zanotta. Het witte kunstwerk is van Fontana.

88 TOP
Shell lamps by Verner Panton.

Lampes en coquillage de Verner Panton.

Schelpenlampen door Verner Panton.

88 BOTTOM
On the bronze wooden floor a pouf / low table in linen. Custom-made sofa Manhattan in natural linen. Chairs in oak and leather by Promemoria. American stores in voile linen, curtains in khaki cotton. A desk Nord-Sud. Armchair and chairs Promemoria. A custom-made carpet.

Sur le plancher en chêne teinté bronze, un pouf table basse en lin, des canapés Manhattan sur mesure tendus de lin naturel. Fauteuils en chêne et cuir de Promemoria. Stores américains en voile de lin, tentures en coton kaki. Un bureau Nord-Sud. Un fauteuil et des chaises Promemoria. Le tapis a été réalisé sur mesure.

Op de bronsgetinte eiken parketvloer een poef/koffietafel in linnen en op maat gemaakte Manhattan sofa's bekleed met natuurlijk linnen. Eenzits in eiken en leder van Promemoria. Stores in voile de lin, gordijnen in khaki katoen. Een bureau Nord-Sud. Een fauteuil en stoelen van Promemoria. Het tapijt werd op maat gemaakt.

90
The shelving unit, specially designed by Ensemble & Associés and built in Beveka walnut wood, provides a central axis through this apartment. Van Caster carpet and furniture by Luz Interiors.

La bibliothèque est l'axe central de cet appartement. Elle est dessinée sur mesure par Ensemble & Associés et est réalisée en noyer Beveka. Un tapis Van Caster et mobilier par Luz Interiors.

De bibliotheek vormt de centrale as in dit appartement. Ze werd op maat ontworpen door Ensemble & Associés en in Beveka notelaar uitgevoerd. Een Van Caster tapijt en meubelen van Luz Interiors.

91
Cassina sofas designed by Philippe Starck. Sillaba wall lighting by Fontana Arte. Custom-made furniture by D-Interieur. The parquet floor in bleached teak was supplied and installed by Dan Parket.

Canapés Cassina dessinés par Philippe Starck. Eclairage Fontana Arte. Mobilier sur mesure par D-Interieur. Le parquet en teck blanchi a été livré et posé par Dan Parket.

Cassina sofa's ontworpen door Philippe Starck. Plafondverlichting van Fontana Arte. Maatmeubilair door D-Interieur. De parketvloer in gebleekt teakhout werd geleverd en geplaatst door Dan Parket.

92-93
Bruyère stool, Liseron and Chantecaille floor lamps and a Galet cocktail table by Christian Liaigre.

Tabouret Bruyère, lampes Liseron et Chantecaille et une table basse Galet par Christian Liaigre.

Tabouret Bruyère, lampen Liseron en Chantecaille en een cocktailtafel Galet door Christian Liaigre.

94
Furniture in the coffee corner by Promemoria. The desk was made specially by Obumex.

Dans le coin-café, du mobilier Promemoria. Le petit bureau a été réalisé sur mesure par Obumex.

Meubilair in de koffiehoek van Promemoria. Het bureautje werd op maat gemaakt door Obumex.

95
A full panelled wall in thick, sandblasted oak veneer, with a sliding panel separating the TV area from the large living space. Promemoria furniture and on the extrreme left an armchair and pouf by Eames for Vitra.

Un mur entièrement lambrissé de placage épais de chêne sablé, dont un panneau coulissant sépare le coin télé de la grande pièce à vivre. Mobilier Promemoria et, à l'extrême gauche, siège avec pouf de Eames pour Vitra.

Een volledige wand in lambrisering van dikke gezandstraalde fineereik, met een schuifpaneel dat de tv-hoek van de grote leefruimte scheidt. Meubilair Promemoria en uiterst links een zetel met poef van Eames voor Vitra.

96-97
At the left a daybed designed by Mies van der Rohe. The oak parquet floor has been bleached.

A gauche une méridienne créée par Mies van der Rohe. Le parquet en chêne a été blanchi.

Links een dagbed ontworpen door Mies van der Rohe. De eiken parketvloer werd uitgebleekt.

98 TOP
Sofas and coffee table Knoll (model Florence Knoll). The red artwork is by Sophie Durieux, the black and white photographs are by Balthasar Burkhard.

Canapés et table basse Knoll (modèle Florence Knoll). Les oeuvres d'art rouges sont signées Sophie Durieux, les photos en noir et blanc ont été réalisées par Balthasar Burkhard.

Sofa's en salontafel zijn van Knoll (model Florence Knoll). De rode triptiek is van Sophie Durieux, de zwart/wit-foto's werden gemaakt door Balthasar Burkhard.

98 BOTTOM
A "Love" sculpture by Robert Indiana.

Une sculpture "Love" par Robert Indiana.

Een "Love" sculptuur door Robert Indiana.

99
A sofa by Actualine. Acier table lamp (Christian Liaigre). At the left an artwork by Franz West.

Un canapé Actualine. Lampe Acier (Christian Liaigre). A gauche un collage de Franz West.

Een sofa Actualine. Tafellamp Acier (Christian Liaigre). Links een collage van Franz West.

100
An old passageway has been transformed into a contemporary sitting room. The original mouldings have been retained. The couch is a creation by Ebony; the armchair is by Promemoria. A low table by Interni Edition and a Milleraies carpet. The parquet floor in Hungarian point has been newly sanded and aged. Arthur Sconce by Christian Liaigre.

Une ancienne percée a été recréée dans un salon contemporain. Les moulures d'origine ont été conservées. Le canapé est une création d'Ebony, le fauteuil est signé Promemoria. Table basse Interni Edition et tapis Milleraies. Le parquet en point de Hongrie a été poncé et grisé. Applique Arthur par Christian Liaigre.

Een oude doorgang werd in een hedendaags salon herschapen. De originele moulures bleven bewaard. De canapé is een creatie van Ebony, de fauteuil van Promemoria. Een lage tafel van Interni Edition en een tapijt Milleraies. De parketvloer in Hongaarse punt werd opnieuw geschuurd en vergrijsd. Wandlamp Arthur door Christian Liaigre.

101
Low table and long couch in wenge veneer and dark-tinted oak. The white Barcelona Chairs are a creation by Mies van der Rohe.

Table basse et banc allongé en plaqué wengé et chêne teinté. Les chaises Barcelona blanches sont une création de Mies van der Rohe.

Lage tafel en lange zitbank in wengé fineer en donkergetinte eiken. De witte Barcelona Chairs zijn een creatie van Mies van der Rohe.

102
RR Interior Concepts cooperated with the interior architect Nathalie Deboel for this villa. The furniture from RR is: a white Flexform sofa (Groundpiece model) and on the right a Lifesteel lounge suite, also from Flexform. The wrought iron window separates the open plan kitchen from the living room.

RR Interior Concepts a collaboré avec l'architecte d'intérieur Nathalie Deboel pour cette villa. Le mobilier est de RR : un canapé blanc Flexform (modèle Groundpiece) ; à droite, un ensemble de salon Lifesteel, également créé par Flexform. Le châssis de fenêtre en fer forgé sépare la cuisine couverte de l'espace de vie.

RR Interior Concepts werkte voor de inrichting van deze villa samen met interieurarchitecte Nathalie Deboel. Het meubilair is van bij RR: een witte sofa van Flexform (model Groundpiece), en rechts een Lifesteel bankstel, eveneens van Flexform. Het smeedijzeren raam scheidt de open keuken van de leefruimte.

103
The B&O flat screen and the open fireplace from De Puydt were integrated harmoniously in the solid made to measure furniture and panelling.

L'écran plat B&O et le feu ouvert De Puydt ont été intégrés de manière harmonieuse dans le mobilier massif sur mesure et les boiseries.

De B&O flatscreen en de open haard van De Puydt werden op harmonieuze wijze geïntegreerd in het massieve maatmeubilair en de lambriseringen.

104-105
Two armchairs from Flexform (Mozart model) and the Groundpiece sofa, also from Flexform. The solid coffee tables and console were tailor made by RR. A design hearth from De Puydt. Lighting from Foscarini, candelabra B&B Objects, vases from Flexform.

Deux fauteuils Flexform (modèle Mozart), et le canapé Groundpiece (également Flexform). Les tables de salon et la console massives ont été réalisées sur mesure par RR. Un feu ouvert design de la marque De Puydt. Luminaires Foscarini, chandelier B&B Objects, vases Flexform.

Twee eenzits van Flexform (model Mozart) en de Groundpiece canapé, eveneens van Flexform. De massieve salontafels en console werden op maat vervaardigd door RR. Een designhaard van De Puydt. Verlichting Foscarini, kaarsenhouder B&B Objects, vazen van Flexform.

106
An Ecosmart hearth system has been integrated into a black lacquered metal niche: this process does not require a chimney. The sandblasted and larch stained hearth wall connects the laundry/kitchen to the living room. Chairs and tables from Promemoria, carpet made from linen and silk. The parquet floor has been oiled white. Art by Guy Leclef.

Un système de cheminée Ecosmart, intégré dans une niche métallique laquée noir : un procédé qui ne nécessite pas de conduit. Le mur de cheminée en mélèze sablé et teinté, relie la buanderie/cuisine au séjour. Fauteuils et tables Promemoria, tapis en lin et soie. Le plancher a été huilé en blanc. Oeuvre d'art de Guy Leclef.

Een Ecosmart haardsysteem geïntegreerd in een zwart gelakte metalen nis: dit procédé vereist geen schouw. De haardwand in gezandstraald en getint larikshout verbindt de wasplaats/keuken met de leefruimte. Zetels en tafels van Promemoria, tapijt in linnen en zijde. De parketvloer werd wit geolied. Kunstwerk van Guy Leclef.

107
The oak hearth wall was stained dark, with sliding doors on the left and the right. The parquet floor was oiled white. Sofas and coffee table from Maxalto on a linen carpet.
Mandarin chairs, Lanterne table lamps and Mantra side tables by Christian Liaigre.

La paroi en chêne du feu ouvert a été teintée foncé et de petites portes ont été placées à gauche et à droite. Le plancher a été huilé en blanc. Fauteuils et table de salon Maxalto sur un tapis en lin. Chauffeuses Mandarin, lampes Lanterne et guéridon Mantra par Christian Liaigre.

De haardwand in eiken werd donker getint, met links en rechts schuifdeuren. De parketvloer werd wit geolied. Zetels en salontafel van Maxalto op een linnen tapijt. Chauffeuses Mandarin, tafellampen Lanterne en bijzettafeltjes Mantra door Christian Liaigre.

108-109 & 112
The artwork by Maurice Frydman in the living room is the eye catcher. The open fireplace has been integrated in the wall with a multimedia set.

Dans ce salon, l'oeuvre d'art de Maurice Frydman attire tous les regards. Le feu ouvert ainsi qu'un meuble multimédia ont été intégrés dans le mur.

In het salon is het kunstwerk van Maurice Frydman de blikvanger. Het open vuur is samen met een multimediameubel geïntegreerd in de wand.

110
Two Nagato stools by Christian Liaigre.

Deux tabourets Nagato par Christian Liaigre.

Twee tabourets Nagato door Christian Liaigre.

111
A Dali armchair and Pietra coffee table. A Japanese folding screen in linen voile.

Un fauteuil Dali et une table de salon Pietra. Un paravent japonais en voile de lin.

Een fauteuil Dali en salontafel Pietra. Een Japans kamerscherm in linnen voile.

113
A black leather sofa from Flexform. The coffee table is from aged, black tinted wood. The painting by Jupp Linssen is from Galerie dans le Ciel from Mougins.

Canapé en cuir noir Flexform. Table de salon en bois vieilli teinté noir. Le tableau de Jupp Linssen est de Galerie dans le Ciel (à Mougins).

Een sofa in zwart leder van Flexform. Salontafel in verouderd, zwart getint hout. Het schilderij van Jupp Linssen werd gevonden bij Galerie dans le Ciel in Mougins.

114
The seating corner can be divided from the kitchen by two sliding doors. The hearth wall is a play on lines with the fireplace as the central eye catcher. Plasma screen and audio are hidden behind a flush door that slides upwards. The interior of this multimedia cupboard was finished like the parquet flooring, in contrast to the evenly painted hearth wall.

Le salon peut être isolé de la cuisine à l'aide de deux portes coulissantes. Le mur de cheminée forme un jeu de lignes avec le foyer comme élément central. L'écran plasma et l'installation audio sont dissimulés derrière une porte au même niveau, qui coulisse en hauteur. L'intérieur de ce meuble multimédia est doté d'une finition similaire à celle du plancher, contrastant avec le mur de cheminée peint de façon uniforme.

De zithoek kan van de keuken gescheiden worden door twee schuifdeuren. De haardwand is een lijnenspel met de haard als centrale blikvanger. Plasmascherm en audio zijn verborgen achter een gelijkliggende, omhoogschuivende deur. Het interieur van deze multimedia kast is afgewerkt zoals de parketvloer, in contrast met de egaal geschilderde haardwand.

116
Rest and harmony in this living room, with two charcoal sofas. The original, decorative windows are the only classical element in this contemporary living environment. The potential of the high spaces was used optimally. Ladders give access to the highest library and kitchen cupboards. All the audio was hidden behind the walls, the TV-screen was integrated in the wall panel.

Quiétude et harmonie dans ce salon, avec deux sofas de couleur charbon. Les authentiques fenêtres décoratives constituent le seul élément classique de ce cadre de vie contemporain. Le potentiel des hauts plafonds a été exploité de façon optimale. Des échelles permettent d'accéder aux rayonnages supérieurs de la bibliothèque et des placards de la cuisine. Toute l'installation hi-fi est dissimulée derrière les murs, l'écran de télévision a été intégré dans le panneau mural.

Rust en harmonie in dit salon, met twee sofa's in houtskoolkleur. De antieke, decoratieve vensters vormen het enige klassieke element in deze hedendaagse woonomgeving. Het potentieel van de hoge ruimtes werd optimaal benut. Ladders bieden toegang tot de hoogste bibliotheek- en keukenkasten. Alle audio werd verborgen achter de wanden, het tv-scherm werd geïntegreerd in het muurpaneel.

117
Two different functions (cooking and reading) were integrated harmoniously by ADP Architects. The kitchen section is extended by the dining table, ideal for everyday use and informal dinners. An African drum is used as a vase.

ADP Architects a su intégrer harmonieusement deux fonctions différentes (cuisine et lecture). La partie cuisine est prolongée par la table, idéale pour les repas quotidiens et les dîners informels. Un tambour africain est reconverti en vase.

Twee verschillende functies (koken en lezen) worden door ADP Architects harmonieus geïntegreerd. Het keukengedeelte wordt verlengd door de eettafel, ideaal voor dagelijks gebruik en informele diners. Een Afrikaanse drum werd tot vaas omgetoverd.

118
The living room sofas are Ebony creations. The table and console are signed Interni-Edition. A hand-knotted linen and hemp rug and curtains in wool and satin. Merlot floor lamps by Christian Liaigre.

Les canapés du salon sont des créations Ebony. La table et la console sont signées Interni-Edition. Un tapis noué main en laine et chanvre et des tentures en satin de laine. Lampadaires Merlot par Christian Liaigre.

De sofa's zijn creaties van Ebony. De tafel en console zijn van de hand van Interni-Edition. Een handgeknoopt tapijt in wol en hennep en wolsatijnbehang. Staande lampen Merlot door Christian Liaigre.

120
The colours of the walls (Pierre de Lune from the Ebony-Colours range) are in perfect harmony with the parquet flooring in grey stained oak. Custom-made, hand-knotted wool and hemp rugs. The furniture by Interni Edition (Manhattan sofas) is available from Ebony Interiors.

Les couleurs des murs (Pierre de Lune de la collection Ebony-Colours) s'harmonisent à la perfection avec le plancher en chêne blanchi. Tapis confectionnés sur mesure, tissés à la main en laine et chanvre. Le mobilier Interni Edition (canapés Manhattan) est disponible chez Ebony Interiors. Une lampe Liaigre et des puits de lumière surplombant le salon.

De kleuren van de wanden (Pierre de Lune uit het Ebony-Colours gamma) harmoniëren perfect met de parketvloer in vergrijsde eiken. Op maat gemaakte, handgeknoopte tapijten in wol en hennep. Het meubilair van Interni Edition (canapés Manhattan) is verkrijgbaar bij Ebony Interiors. Een lamp van Liaigre en lichtgoten bovenaan de zitruimte.

121-123
Cocktail tables by Poul Kjaerholm, a cupboard by Maarten Van Severen, a Flexform sofa and a standing lamp by Arco.

Des tables basses créées par Poul Kjaerholm, une armoire de Maarten Van Severen, un canapé Flexform et une lampe sur pied Arco.

Cocktailtafeltjes ontworpen door Poul Kjaerholm, een kast van Maarten Van Severen, een Flexform sofa en een staande lamp van Arco.

125
This home exudes restraint and unity: straight lines, symmetrical structure, a combination of warm, lavish materials like oak and the white lacquered joinery ensure balance and calm. A central fireplace (De Puydt) offers a view from the living to the dining area. The Kreon lighting perfectly suits the house style of interior architect Dennis 't Jampens.

Cette maison respire la sobriété et l'harmonie : des lignes épurées, une disposition symétrique, une association de matériaux très chaleureux comme le chêne et des menuiseries peintes en blanc apportent équilibre et sérénité. Un feu ouvert au gaz (De Puydt) laisse entrevoir la salle à manger depuis le salon. L'éclairage Kreon s'intègre à merveille dans le style de l'architecte d'intérieur Dennis 't Jampens.

Deze woning straalt soberheid en eenheid uit: strakke lijnen, een symmetrische opbouw, een combinatie van warme rijkelijke materialen zoals eik en het wit gelakt schrijnwerk zorgen voor evenwicht en rust. Een centrale haard (De Puydt) biedt een doorkijk van eet- naar leefruimte. De Kreon verlichting past perfect in de huisstijl van interieurarchitect Dennis 't Jampens.

127
This floor is covered with flamed Belgian bluestone. The hearth unit is finished in a smoked oak veneer in contrast to the white walls. Transparent white curtains follow the large façade window in a rail built into the ceiling. Floor heating combined with heat exchange pumps and a good insulation keep the energy consumption of the house low.

Le sol du salon est habillé de pierre bleue belge flammée. Le meuble de cheminée a été doté d'une finition en chêne fumé qui contraste avec les murs blancs. Les tentures blanches transparentes suivent la grande fenêtre de

V

façade en parcourant un rail intégré au plafond. Grâce au chauffage par le sol, combiné à des pompes de chaleur et à une isolation optimale, la consommation d'énergie reste faible.

De salonvloer is bekleed met gevlamde Belgische blauwe hardsteen. Het haardmeubel is afgewerkt met gerookte eikfineer in contrast met de witte wanden. Transparante witte gordijnen volgen het grote gevelraam in een in het plafond ingewerkte rail. Vloerverwarming in combinatie met warmtepompen en een goede isolatie houden het energieverbruik van de woning laag

129
In this festival of white open spaces and light, the warm atmosphere is emphasised by the dark oak floors and the wengé furniture.

Dans ce festival d'espaces blancs ouverts et de lumière, l'atmosphère chaleureuse est accentuée par les planchers en chêne foncé et les meubles en wengé.

In dit festival van open witte ruimten en licht, accentueert de warme atmosfeer zich door de donkere eiken vloeren en de wengé meubelen.

132
To create rest and serenity all the surfaces were kept rigid and white, with the cupboards in dark shaded zebrano wood as the major contrast.

Pour créer une atmosphère sereine et apaisante, on a conservé tous les éléments sobres et blancs, qui contrastent nettement avec les armoires en bois de zebrano teinté foncé.

Om rust en sereniteit te creëren werden alle vlakken strak en wit gehouden, met als groot contrast de kasten in donkergetint zebranohout.

133 TOP
The hearth can be felt immediately as an object from various rooms.

Le foyer apparaît d'emblée en tant qu'objet depuis les différents espaces.

De haard is als object vanuit de verschillende ruimtes direct voelbaar.

DINING ROOMS - SALLES À MANGER - EETKAMERS

136
Archipel chairs and Celtic table by Christian Liaigre.

Chaises Archipel et table Celtic par Christian Liaigre.

Stoelen Archipel en een tafel Celtic door Christian Liaigre.

137 TOP
Dining table and chairs in dark-tinted maple with leather (JNL). The light fitting was produced specially by Modular. Fitted wall units with integrated central heating (by Obumex). Baumann roller blinds to provide shade have been combined with panels by Sahco Hesslein.

Table à manger et chaises en érable clair et cuir (JNL). L'armature a été fabriquée sur mesure par Modular. Placards encastrés sur mesure et chauffage intégré (réalisation Obumex). Stores occultants à enrouleur de Baumann, combinés à des parois japonaises confectionnées par Sahco Hesslein.

Eettafel en stoelen in donkergetinte esdoorn met leder (JNL). De lichtarmatuur op maat werd door Modular geproduceerd. Kastenwand op maat gemaakt met geïntegreerd cv-toestel (realisatie Obumex). Verduisterende rolgordijnen van Baumann werden gecombineerd met Japanse wanden van Sahco Hesslein.

137 BOTTOM
All furniture and lighting by Romeo Sozzi (Promemoria).

Mobilier et appliques créés par Romeo Sozzi (Promemoria).

Meubilair en wandverlichting door Romeo Sozzi (Promemoria).

138
The dining table was designed and created by Obumex, combined with black-tinted Y chairs by Hans J. Wegner.

Une table de salle à manger conçue et réalisée par Obumex, entourée de chaises Y teintées noir de Hans J. Wegner.

De eettafel is een ontwerp en realisatie van Obumex, gecombineerd met zwart getinte Y-stoelen van Hans J. Wegner.

139
This dining room has a floor made from a composite of resin and white wood chips. The assymetric wooden table was made to designs by architect Pascal van der Kelen. Hanging lamps in paper and silk.

Cette salle à manger revêtue d'un sol coulé composé d'un mélange de résine et de grains de marbre blanc. La table en bois asymétrique a été conçue d'après les dessins de l'architecte Pascal van der Kelen. Suspensions en papier et soie.

Deze eetkamer is bekleed met een gietvloer samengesteld uit een mengsel van harsen en witte marmerkorrels. De asymmetrische houten tafel is gerealiseerd naar tekeningen van architect Pascal van der Kelen. Hanglampen in papier en zijde.

140
An authentic Knoll table with marble surface and matching chairs in the dining room.

Une table Knoll originale en marbre et chaises d'époque pour la salle à manger.

Een authentieke Knoll tafel met blad in marmer en originele stoelen in de eetkamer.

141
The chairs, benches and hanging lamps were specially designed by Ebony.

Les chaises, les banquettes et les lampes ont été confectionnées sur mesure par Ebony.

De stoelen, banken en de hanglampen werden door Ebony op maat gemaakt.

142
All the furniture except the chairs has been made to designs by architect Pascal van der Kelen. The tubular furniture is a design from 1930 by the Belgian architect Louis Herman de Koninck. The high-gloss lacquer chair with its right-angled surfaces is a design by Kazuhide Takahama.

Tous les meubles sont réalisés d'après les plans de l'architecte Pascal van der Kelen, à l'exception des chaises. Le concept tubulaire est de l'architecte belge Louis Herman de Koninck en 1930. La chaise en vernis brillant aux formes angulaires est signée Kazuhide Takahuma.

Alle meubelen werden gerealiseerd naar tekeningen van architect Pascal van der Kelen, met uitzondering van de stoelen. Het buismeubilair is een ontwerp uit 1930 van de Belgische architect Louis Herman de Koninck. De stoel in hoogglanslak met orthogonale vlakken is een ontwerp van Kazuhide Takahama.

143
Leather and chrome Knoll chairs around a table by Guy Leclef. Flos lighting designed by Marcel Wanders.

Chaises Knoll en cuir et chrome autour d'une table de Guy Leclef. Suspension Flos de Marcel Wanders.

Knoll stoelen in leder en chroom rond een tafel van Guy Leclef. Flos verlichting ontworpen door Marcel Wanders.

144
The dining room and the white lacquer Marilyn table with a central chrome leg is a creation by Welton Design. Brigitta chairs by Promemoria. The large hanging lamp with a 180cm resin shade is by VG Newtrend. Photograph of Madonna by Claudio Moser. On the left a lithograph by painter Soulages. A bronze sculpture, Maternité by Jeff Troll. Padded chair in white leather and chrome by Mies van der Rohe. Colourful cow sculpture by David Gerstein.

La salle à manger avec sa table Marilyn laquée blanc avec un pied central chromé réalisé sur mesure par Welton Design. Chaises Brigitta de Promemoria. Le grand luminaire (diamètre 180 cm) est de VG Newtrend (Globe en résine). Photo de Madonna par Claudio Moser. A gauche une lithographie du peintre Soulages. Sculpture en bronze Maternité de Jeff Troll. Fauteuil capitonné en cuir blanc et chrome Mies van der Rohe. Une sculpture de vache colorée de David Gerstein.

De eetkamer met de witgelakte Marilyn tafel en een centrale, verchroomde poot is een creatie van Welton Design. Stoelen Brigitta van Promemoria. De grote hanglamp (diameter 180 cm) is van VG Newtrend (Globe in resine). Foto van Madonna door Claudio Moser. Links een lithografie van schilder Soulages. Een bronzen sculptuur Maternité van Jeff Troll. Een gecapitonneerde fauteuil in wit leder en chroom van Mies van der Rohe. Een kleurrijke koe-sculptuur van David Gerstein.

145
Table and ceiling lamp from the Home Collection by Pascal van der Kelen: the table frame in polished stainless steel with bog oak surface, the lamp is a hanging structure made from polished stainless steel with a shade made in brown smoked and frosted glass. Bespoke wool carpet.

Table et plafonnier de la ligne Home Collection de Pascal van der Kelen. Table avec piétement en inox poli et plateau en chêne des marais, suspension d'éclairage en inox poli et abat-jour en verre marron fumé et poncé. Tapis sur mesure en laine.

Tafel en plafondlamp uit de Home Collection Pascal van der Kelen: het tafelonderstel in gepolijst roestvrij staal met een blad in moeraseik, de lamp is een hangstructuur in gepolijst roestvrij staal en een kap in bruin gerookt en gezuurd glas. Maattapijt in wol.

146-147
Furniture by Luz Interiors. The custom-built kitchen is a creation by Ensemble & Associés in composite stone and bleached, sandblasted oak.

Mobilier Luz Interiors. La cuisine a été réalisée sur mesure par Ensemble & Associés en pierre reconstituée et chêne blanchi et sablé.

Meubilair Luz Interiors. Een maatwerkkeuken gecreëerd door Ensemble & Associés in composietsteen en gebleekte, gezandstraalde eiken.

148 ABOVE
Velin chairs by Christian Liaigre around a Promemoria table (both from Obumex). The walls have been finished with a special stucco painting technique. Gunther Lambert pots.

Chaises Velin par Christian Liaigre autour d'une table de Promemoria (les deux de chez Obumex). Une technique spéciale de peinture en stuc a été appliquée sur les murs. Pots de Gunther Lambert.

Velin stoelen door Christian Liaigre rond een Promemoria tafel, beide van bij Obumex. De wanden zijn afgewerkt met een speciale stucco schilderstechniek. Potten van Gunther Lambert.

148 BELOW
Furniture by InStore.

Mobilier par InStore.

Meubilair door InStore.

150
This kitchen was designed by Ensemble & Associés and built in MDF and composite stone. Floor in Cotto d'Este.

Cette cuisine a été dessinée par Ensemble & Associés et réalisée en MDF et pierre composite. Sol en Cotto d'Este.

Deze keuken werd ontworpen door Ensemble & Associés en gerealiseerd in MDF en composietsteen. Vloer in Cotto d'Este.

151
Table and chairs upholstered with greige leather, both by Maxalto.

Une table et des chaises avec assise en cuir grège Maxalto.

Een tafel en stoelen met greige lederen zitting van Maxalto.

152 TOP RIGHT
A Long Courrier table and Velin chairs by Christian Liaigre. The carpet and curtains are furnished by Obumex.

Une table Long Courrier et des chaises Velin par Christian Liaigre. Tapis et tentures par Obumex.

Een tafel Long Courrier en stoelen Velin door Christian Liaigre. Tapijt en gordijnen door Obumex.

152 BOTTOM
Chairs and stool by Harry Bertoia for Knoll. Lighting by Modular.

Chaises et tabouret créés par Harry Bertoia pour Knoll. Eclairage Modular.

Stoelen en tabouret van Harry Bertoia voor Knoll. Verlichting Modular.

153 ABOVE LEFT
Design and manufacturing by De Maere.

Création et réalisation De Maere.

Ontwerp en realisatie Interieur De Maere.

153 ABOVE RIGHT
Archipel chairs (Christian Liaigre).

Chaises Archipel (Christian Liaigre).

Stoelen Archipel (Christian Liaigre).

153 BOTTOM
Table and chairs designed by Citterio for Maxalto. The floating cupboard (with a bowl by John Pawson in the background) is a Philip Simoen design.

Table et chaises dessinées par Citterio pour Maxalto. L'armoire flottante (avec en arrière-plan un bol par John Pawson) est une création de Philip Simoen.

De tafel en stoelen werden ontworpen door Citterio voor Maxalto. De zwevende kast (met op de achtergrond een schaal van John Pawson) is een creatie van Philip Simoen.

154 BOTTOM
Velin bench and chair and a Liseron floor lamp, all by Christian Liaigre.

Une banquette et des chaises Velin et une lampadaire Liseron, tous par Christian Liaigre.

Een bank en stoelen Velin en een staande lamp Liseron, alle door Christian Liaigre.

155
Scandinavian design by Knoll and Fritz Hansen.

Le design scandinave par Knoll et Fritz Hansen.

Scandinavisch design door Knoll en Fritz Hansen.

156-157
Dining table and chairs by Promemoria in an interior designed by Obumex. Chantecaille table lamp (Christian Liaigre).

Table à manger et chaises de Promemoria dans un intérieur conçu par Obumex. Lampe Chantecaille (Christian Liaigre).

Eettafel en stoelen van Promemoria in een interieur ontworpen door Obumex. Tafellamp Chantecaille (Christian Liaigre).

158
Archipel chairs (Christian Liaigre). Artwork by Robert Mangold.

Chaises Archipel (Christian Liaigre). Une oeuvre d'art par Robert Mangold.

Stoelen Archipel (Christian Liaigre). Een kunstwerk van Robert Mangold.

159
Archipel chairs (Christian Liaigre). A painting by Serge Poljakoff.

Chaises Archipel (Christian Liaigre). Un tableau de Serge Poljakoff.

Stoelen Archipel (Christian Liaigre). Een schilderij van Serge Poljakoff.

160-161
A Dumbo table and Brigitta chairs, both by Promemoria. A bench Charles (B&B Italia). SMCH daybed by Maxalto. Artwork by Frederique Hoet-Segers and Jumping Bull.

Une table Dumbo et des chaises Brigitta par Promemoria. Une banquette Charles (B&B Italia). Méridiennes SMCH de Maxalto. Oeuvres d'art par Frederique Hoet-Segers et Jumping Bull.

Een Dumbo tafel en Brigitta stoelen van Promemoria. Een bank Charles (B&B Italia). Dagbedden SMCH van Maxalto. Kunstwerken door Frederique Hoet-Segers en Jumping Bull.

162 TOP
The large lamps above the dining table are a creation by Bart Lens. Hanging sideboard in high gloss lacquer from Poliform. All the furniture was selected from RR Interior Concepts.

Les grandes suspensions au-dessus de la table à manger sont une création de Bart Lens. Dressoir suspendu en vernis ultra brillant de Poliform. Tout le mobilier a été sélectionné chez RR Interior Concepts.

De grote hanglampen boven de eettafel zijn een creatie van Bart Lens. Hangdressoir in hoogglanslak van Poliform. Alle meubilair werd gekozen bij RR Interior Concepts.

162 BOTTOM
Chairs by Mies van der Rohe were chosen to go round the table (a Pascal van der Kelen design).

Autour de la table (design de Pascal van der Kelen), des chaises de Mies van der Rohe.

Rond de tafel (een ontwerp van Pascal van der Kelen) werden stoelen gekozen van Mies van der Rohe.

163
RR Interior Concepts chose a solid table designed by Bart Lens with Pausa chairs by Flexform in this villa in partnership with interior architect Nathalie Deboel. RR works exclusively with Kevin Reilly lighting. Photography art by Marc Lagrange. In the background, garden furniture from Piet Boon.

Dans cette villa, RR Interior Concepts, en collaboration avec l'architecte d'intérieur Nathalie Deboel, a opté pour une table massive dessinée par Bart Lens et des chaises Pausa de la marque Flexform. RR travaille exclusivement avec des luminaires de Kevin Reilly. L'oeuvre photographique est de Marc Lagrange. A l'arrière-plan : meubles de jardin de Piet Boon.

RR Interior Concepts koos in deze villa, in samenwerking met interieurarchitecte Nathalie Deboel, voor een massieve tafel ontworpen door Bart Lens met Pausa stoelen van Flexform. RR werkt exclusief met Kevin Reilly verlichting. Het fotowerk is van Marc Lagrange. Op de achtergrond tuinmeubilair van Piet Boon.

165
The private home of the interior architects Sophie Popelier and Wim Carton fits in with the offices and the production of Minus. The house translates into practice the vision on living and working, the lines and materials. The table was tailor made in laminate. Chairs by B&B Italia.

L'habitation privée des architectes d'intérieur Sophie Popelier et Wim Carton jouxte les bureaux et l'unité de production de la firme Minus. Elle traduit leur vision de l'habitat et du travail et leurs préférences en termes de disposition et de matériaux. Autour de la table sur mesure en stratifié, des chaises B&B Italia.

De privé-woning van interieurarchitecten Sophie Popelier en Wim Carton sluit aan bij de burelen en de productie van Minus. De woning vertaalt hun visie op wonen en werken, lijnvoering en materialen. De tafel is op maat uitgevoerd in laminaat, met stoelen van B&B Italia.

166
A table in dark stained oak and chairs by Promemoria (at 'Aksent). The parquet flooring was oiled white.

Une table en chêne teinté foncé et des chaises Promemoria (chez 'Aksent). Le plancher a été huilé blanc.

Een tafel in donker getinte eiken en stoelen van Promemoria (bij 'Aksent). De parketvloer werd wit geolied.

167
Table and chairs by Promemoria (at 'Aksent), wooden panelling with built-in fridge and a desk surface in the furthest corner. A project by Isabelle Onraet, all custom-made by Devaere.

Table et chaises Promemoria (chez 'Aksent), lambris en bois avec petit frigo intégré et tablette de bureau dans le coin le plus reculé. Une réalisation d'Isabelle Onraet. Tous les travaux ont été réalisés sur mesure par Devaere.

Tafel en stoelen van Promemoria (bij 'Aksent), houten lambriseringen met ingewerkt koelkastje en een bureautablet in de verste hoek. Een realisatie van Isabelle Onraet, alle maatwerk van Devaere.

168
On the background to the left a solid oak door wall. The table is also made from solid oak planks. An epoxy floor, hanging lamps from Lightyears in Denmark and on the far left a few cushions from Smarin Livingstones, all available from Dols. The dining room chairs are the famous Eames classics, Plastic Side Chair, from 1961.

A l'arrière-plan, à gauche : des portes murales en chêne massif. La table se compose elle aussi de planches de chêne massif. Un sol en époxy, des suspensions Lightyears (du Danemark). A l'extrême gauche, quelques coussins Smarin Livingstones, le tout disponible chez Dols. Les chaises de la salle à manger sont les célèbres Side Chairs de Eames (1961).

Op de achtergrond links een massief eiken deurenwand. Ook de tafel is vervaardigd uit massief eiken planken. Een epoxyvloer, pendelarmaturen van Lightyears uit Denemarken en uiterst links enkele kussens van Smarin Livingstones, alle verkrijgbaar bij Dols. De eetkamerstoelen zijn de beroemde Eames klassieker, Plastic Side Chair, uit 1961.

169
The chairs and the wall size photograph of a hamburger restaurant on Route 66 refer to the sixties. The spiral staircase connects this area to the living room above.

Les chaises et la photo d'un restaurant à hamburgers de la Route 66 occupant toute la surface du mur renvoient aux sixties. L'escalier métallique en colimaçon relie cet espace avec le living situé à l'étage.

De stoelen en de muurgrote foto van een hamburgerrestaurant langs de Route 66 verwijzen naar de sixties. De stalen wenteltrap verbindt deze ruimte met de leefruimte boven.

170-171
The existing radiators were boxed in and painted in the colour of the walls.

Les radiateurs existants ont été encastrés et peints dans la couleur du mur.

De bestaande radiatoren werden omkast en geschilderd in de wandkleur.

180 BOTTOM
A poker room with a custom-made poker table, Meridiani chairs and a Milleraies rug by Jules Flipo. The artwork at the right (above the console table) is by Ela Tom.

Un salon de poker avec table de poker réalisée sur mesure, chaises Meridiani et tapis Milleraies de Jules Flipo. L'oeuvre de droite (au-dessus de la console) est signée Ela Tom.

De pokerkamer met een op maat gemaakte pokertafel, Meridiani stoelen en een Milleraies tapijt van Jules Flipo. Het kunstwerk rechts (boven de console) is van Ela Tom.

181
The existing brick walls, concrete beams and ceiling from an ancient mill building were retained and painted white to make this space as light as possible, in contrast with the solid character of the building.

Les murs de brique, les poutres et le plafond en béton des anciens moulins de Ruysbroeck ont été conservés et peints en blanc afin de créer un espace aussi lumineux que possible, contrastant avec le caractère massif du bâtiment.

De bestaande baksteenmuren, balken en plafond in beton van de oude molens van Ruisbroek werden behouden en wit geschilderd om deze ruimte zo licht mogelijk te maken, in contrast met het massieve karakter van het gebouw.

182
Archipel chairs (Christian Liaigre).

Chaises Archipel (Christian Liaigre).

Stoelen Archipel (Christian Liaigre).

183 TOP
The table in massive oak is created by RR Interior Concepts. Hanging lamps by Bart Lens. Piet Boon chairs and a Palomino carpet by Limited Edition.

La table en chêne massif est une création de RR Interior Concepts. Les suspensions ont été créées par Bart Lens. Chaises Piet Boon et un tapis Palomino de Limited Edition.

De tafel in massieve eiken is een ontwerp van RR Interior Concepts. De hanglampen zijn een creatie van Bart Lens. Stoelen van Piet Boon en een tapijt Palomino van Limited Edition.

183 BOTTOM
Materials and colours merge in the floor covering. The lighting, studied in detail by Jozeph Zajfman, uses the latest LED-technology to create special living atmospheres.

Matériaux et couleurs se fondent dans le revêtement des sols. L'éclairage, brillamment mis en scène par Jozeph Zajfman à partir de la technologie LED la plus avancée, permet de créer différentes ambiances.

Materialen en kleuren versmelten in de vloerbekleding. De verlichting, minutieus bestudeerd door Jozeph Zajfman, maakt gebruik van de laatste LED-technologie om speciale woonsferen te creëren.

186
Lava rock from Dominique Desimpel was chosen as floor covering. Furniture (including and MDF table, Arper chairs and B&B sofas) is from Loft Living.

Les sols ont été habillés d'une pierre de lave sélectionnée chez Dominique Desimpel. Le mobilier (dont une table MDF, des chaises Arper et des canapés B&B) vient de chez Loft Living.

Als vloerbekleding werd voor een lavasteen gekozen van Dominique Desimpel. Het meubilair (o.a. een MDF tafel, Arper stoelen en B&B canapés) is van bij Loft Living.

KITCHENS - CUISINES - KEUKENS

190-191
In this kitchen, the black slate central cooking unit and the stainless-steel hood form a contrast with the large slabs of almost unveined white marble. The cooker hood partially covers a source of natural light, which bathes this kitchen in a bright white.

Dans cette cuisine, le volume de l'îlot central en ardoise noire et celui de la hotte en inox se détachent sur les plaques de marbre blanc à peine veiné. La hotte couvre partiellement un puits de lumière naturelle venant inonder la pièce d'une blanche clarté.

Het volume van het centrale kookeiland in zwarte leisteen en de inox dampkap vormen een contrast met de grote platen nauwelijks geaderde witte marmer. De dampkap bedekt gedeeltelijk een punt van natuurlijk licht, dat deze keuken in een helder wit doet baden.

192-193
This kitchen, which can be closed off from the corridor with a large pivoting panel, was created in collaboration with Obumex.

La cuisine, qui peut être isolée du couloir par une porte pivotante sur toute la hauteur et la largeur, a été réalisée en collaboration avec Obumex.

De keuken, die afgesloten kan worden van de gang door een pivoterende deur op volle hoogte en breedte, werd gerealiseerd in samenwerking met Obumex.

194
The open kitchen, designed by Nathalie Van Reeth, can be closed off from the dining area thanks to a large sliding door. Wall units in tinted glass, island and kitchen counter in polished inox. Bar stools Lem and a Boffi cooking unit.

La cuisine ouverte, un projet de Nathalie Van Reeth, peut être isolée de la salle à manger par une grande porte coulissante. Mur de placards en verre coloré, îlot central et plan de travail en inox poli. Tabourets de bar Lem et cuisinière Boffi.

De open keuken, naar een ontwerp van Nathalie Van Reeth, kan afgesloten worden van de eetruimte dankzij de grote schuifdeur. Kastenwand in gekleurd glas, middentoog en kookaanrecht in gepolijste inox. Barkrukken Lem en een Boffi kookelement.

195 TOP
The kitchen work surface is in Corian. Custom-built oak kitchen units.

Le plan de travail de cette cuisine est réalisé en Corian. Confectionné sur mesure, le mobilier de cuisine en chêne a été grisé.

Het keukenwerkblad is in Corian uitgevoerd. De op maat gemaakte keukenmeubelen in eiken werden vergrijsd.

196-197
This kitchen was designed by Ensemble & Associés and built by Obumex. Work surface and central cooking area in Unistone composite stone and units in white-stained sandblasted oak. Specially made cooker hood in Stadip metal and brushed stainless steel. Stools designed by Claire Bataille.

Vues d'une cuisine dessinée par Ensemble & Associés et réalisée par Obumex. Plan de travail et îlot central en pierre reconstituée Unistone et armoires en chêne sablé blanchi. Hotte réalisée sur mesure en Stadip métal et inox brossé. Tabourets Claire Bataille.

Deze keuken werd getekend door Ensemble & Associés en uitgevoerd door Obumex. Werkblad en centraal kookeiland in composietsteen Unistone en kasten in witgetinte, gezandstraalde eiken. Maatwerk dampkap in Stadip metaal en geborstelde inox. Tabourets ontworpen door Claire Bataille.

198
This kitchen is a John Pawson by Obumex design.

Cuisine créée par John Pawson pour Obumex.

Deze keuken is een ontwerp van John Pawson voor Obumex.

199 BOTTOM
A walk-through kitchen with warm/cold contrasts in rough wood and stainless steel.

Cette cuisine traversante crée le lien joue sur le contraste chaud-froid du bois brut et de l'inox.

Een doorloopkeuken met warm/koud contrast van ruw hout en inox.

200
This kitchen is a creation by Zen Design from Saint-Tropez.

Cette cuisine est un concept de Zen Design, à Saint-Tropez.

Deze keuken is een ontwerp van Zen Design uit Saint-Tropez.

201
Cupboards in dark-grey stained oak and surfaces in lava stone.

Des armoires en chêne teinté gris foncé et des plans de travail en pierre de lave.

Keukenkasten in donkergrijs getinte eiken en werkbladen in lavasteen.

202 TOP LEFT
This kitchen, designed by Annick van der Wolf, features an interplay of black and white contrasts and stainless steel. Doors in wood veneer, tinted black. The work surface and the table are in 6 cm thick stainless steel.

Cette cuisine, dessinée par Annick van der Wolf, joue les contrastes du noir et blanc et de l'inox. Portes en bois stratifié, teinté noir. Le plan de travail et la table ont été réalisés en inox d'une épaisseur de 6 cm.

Deze keuken, ontworpen door Annick van der Wolf, speelt met de contrasten van zwart en wit in combinatie met inox. Deuren in zwartgetint houtfineer. Het werkblad en de tafelblad werden gerealiseerd in 6 cm dikke inox.

202 TOP RIGHT
Kitchen equipment by Siemens was selected for this Arclinea kitchen, Ambiance Cuisine. Floor in waxed concrete. No Limit curtains.

Pour cette cuisine Arclinea, Ambiance Cuisine, on a opté pour de l'électroménager Siemens. Sol en béton ciré. Rideaux No Limit.

Voor deze Arclinea keuken, Ambiance Cuisine, werd geopteerd voor Siemens keukenapparatuur. Vloer in gewaxte beton. Gordijnen No Limit.

202 BELOW
The kitchen units are in dark lacquer with horizontal alcoves in white Corian. The central block has a dark lower section and a work surface in white Corian.

Les placards de la cuisine sont recouverts d'une laque noire et comprennent des niches horizontales en blanc Corian. Le bloc central a été conçu avec un volume inférieur de couleur sombre et un plan de travail en blanc Corian.

De keukenkastenwand is uitgevoerd in donkere lak met horizontale nissen in witte Corian. Het middenblok werd geconcipieerd met een donker ondervolume en een werkvlak in witte Corian.

204
This kitchen was designed by Ensemble & Associés and built in MDF and composite stone. Dornbracht taps, furniture by Luz Interiors and a Cotto d'Este floor.

Cette cuisine a été dessinée par Ensemble & Associés et réalisée en MDF et pierre composite. Robinetterie Dornbracht, mobilier Luz Interiors et un sol en Cotto d'Este.

Deze keuken werd ontworpen door Ensemble & Associés en uitgevoerd in MDF en composietsteen. Kraanwerk Dornbracht, meubilair Luz Interiors en een vloer in Cotto d'Este.

206 LEFT
Custom-built furniture by Ensemble & Associés in composite stone and bleached, sandblasted oak.

Cuisine sur mesure par Ensemble & Associés en pierre reconstituée et chêne blanchi et sablé.

Maatwerkkeuken van Ensemble & Associés in composietsteen en gebleekte, gezandstraalde eiken.

206 RIGHT
The kitchen from the Home Collection by Pascal van der Kelen, here finished with front lower cupboards in enamelled glass, work surface with synthetic panels, and storage cupboards in bog oak.

La cuisine Home Collection de Pascal van der Kelen, composée ici de panneaux d'armoires basses en verre émaillé, d'un plan de travail en panneaux de résine et de placards en chêne des marais.

De keuken uit de Home Collection van Pascal van der Kelen, hier uitgevoerd met fronten onderkasten in geëmailleerd glas, werkblad in kunstharspanelen en opbergkasten in moeraseik.

207
Kitchen top in white Corian (13 mm). The cooker hood was made from brushed stainless steel and glass. Artwork by Roni Horn (Xavier Hufkens gallery).

Un plan de travail en Corian blanc (13 mm). La hotte a été réalisée en inox brossé et verre. Une oeuvre d'art par Roni Horn (galerie Xavier Hufkens).

Een keukenwerkblad in witte Corian (13 mm). De dampkap werd uitgevoerd in geborstelde inox en glas. Een kunstwerk van Roni Horn (galerie Xavier Hufkens).

210
Kitchen design John Pawson for Obumex.

Cette cuisine a été dessinée par John Pawson pour Obumex.

Keukendesign van John Pawson voor Obumex.

211
This large open kitchen has panels in dark-coloured oak. All of the latest technology is concealed within the walls.

Cette spacieuse cuisine à vivre est dotée de panneaux frontaux en chêne teinté foncé. Toutes les technologies ont été dissimulées derrière ces murs.

Deze ruime leefkeuken is voorzien van frontpanelen in donkergetinte eiken waarachter alle hedendaagse technologieën verborgen worden.

212-213
The cooker hood has been completely integrated into the ceiling so as not to form a visual obstruction in the room. The table and benches are a design by Stefan Paeleman for 'Aksent. Dark oak and bronze have been combined to make the table; the cushions on the benches are upholstered with a horsehair fabric by Le Crin. The window with slightly smoked glass provides a view of the staircase.

La hotte est intégralement encastrée dans le plafond afin de ne pas créer d'obstacle visuel dans la pièce. Table et bancs dessinés par Stefan Paeleman pour 'Aksent. La table est composée de chêne foncé et de bronze, les coussins des bancs sont habillés d'un tissu en crin de cheval Le Crin. A travers la vitre légèrement fumée de la fenêtre, on aperçoit l'escalier.

De dampkap werd volledig in het plafond geïntegreerd om geen visueel obstakel te vormen in deze ruimte. Tafel en bank werden door Stefan Paeleman voor 'Aksent ontworpen. De tafel is samengesteld uit donkere eiken en brons, de bankkussens zijn bekleed met een stof in paardenhaar van Le Crin. Het licht gerookte venster biedt zicht op de traphal.

214-215
Central block and work surfaces in Brecchia marble, floor in Pierre de Varennes and matt varnished furnishings.

Un bloc central et des plans de travail en marbre Brecchia, un sol en Pierre de Varennes et du mobilier verni mat.

Een centraal blok en werkbladen in Brecchia marmer, een vloer in Pierre de Varennes en mat gevernist meubilair.

216
The floor and cooking unit are covered with polished concrete.

Le sol et l'élément de cuisson sont revêtus du même béton poli.

Zowel de vloer als de kookeenheid werden met gepolijste beton bekleed.

217 BOTTOM
Kitchen floor in Cotto d'Este and a work surface in Nero Zimbabwe granite. Kitchen units in oak veneer with a pale finish.

Le sol de cette cuisine arbore un carrelage Cotto d'Este et le plan de travail est en granit Nero Zimbabwe. Placards en finition chêne teinté clair.

Deze keukenvloer is met Cotto d'Este tegels bekleed. Een werkblad in Nero Zimbabwe graniet. Keukenkasten in licht getinte eiken.

219 TOP
Design and manufacturing by De Maere.

Création et réalisation De Maere.

Ontwerp en realisatie Interieur De Maere.

219 BOTTOM
An anthracite-coloured Thermastone cooker by Mercury Appliances UK. Kitchen worktop in white Carrara marble.

Une cuisinière Thermastone couleur anthracite par Mercury Appliances UK. Un plan de travail en marbre blanc de Carrare.

Een antracietkleurig Thermastone fornuis door Mercury Appliances UK. Een keukenwerkblad in witte Carrara marmer.

220
The stainless-steel work surface in this futuristic kitchen is by Boffi. The table is four metres long and made in Corian. Transparent bar stools by Kartell. Striped wallpaper by Eijffinger and a black sofa by Ipe Cavalli. The kitchen wall is in glossy white corrugated plasterboard by ModularArts.

Le plan de travail en inox de cette cuisine futuriste fait partie de la collection Boffi. La table de quatre mètres de long est exécutée en Corian. Les tabourets de bar transparents sont de Kartell. Papier peint strié d'Eijffinger et canapé noir d'Ipe Cavalli. Le mur de la cuisine est couvert de plaques de plâtre laquées blanc avec effet ondulé de ModularArts.

Het inox werkblad in deze futuristische keuken is van Boffi. De vier meter lange tafel werd in Corian uitgevoerd. Transparante barkrukken van Kartell. Gestreept behang van Eijffinger en een zwarte canapé van Ipe Cavalli. De keukenwand is bekleed met witgelakte gipsplaten met golfeffect van ModularArts.

221 LEFT
The tall cupboard units and parquet are in aged oak. The central kitchen block turns seamlessly into a sideboard in off-white matt lacquer and with French white-stone surfaces (Massangis Clair). All of the custom work is by Obumex.

Les grandes armoires sur mesure et le parquet sont réalisés en chêne vieilli. Le bloc central laqué blanc mat est intégré parfaitement dans l'ensemble. Plans de travail en Massangis Clair, une pierre française. Toutes les menuiseries sur mesure ont été réalisées par Obumex.

De hoge wandkasten en de parketvloer zijn uitgevoerd in verouderde eiken. Het centrale blok vloeit naadloos over in een mat wit gelakte zitzone met werkbladen in Franse Massangis Clair natuursteen. Alle maatwerk werd gerealiseerd door Obumex.

222
This compact kitchen is built in oak veneer with an almost black ("noir brûlé") finish and fronts without handles. Cooking island with a surface in Buxy stone. A large fridge-freezer by Viking and taps by Dornbracht.

Cette cuisine compacte est constituée de chêne stratifié teinté presque noir ("noir brûlé") et dotée de panneaux sans poignées. Un îlot de cuisson avec plan de travail en pierre naturelle Buxy. Un réfrigérateur-congélateur Viking, robinetterie Dornbracht.

Deze compacte keuken bestaat uit bijna zwart ("noir brûlée") getinte eikfineer met panelen zonder handgrepen. Een kookeiland met werkblad in Buxy natuursteen. Een koel-vries combinatie van Viking en kraanwerk van Dornbracht.

224
This project by architect Axel Verbeke illustrates how Bianco Statuario can be used to great effect in a contemporary context. The combination of white marble and an aged oak floor creates a very cosy look, with clean lines.

Ce projet de l'architecte Axel Verbeke illustre à quel point le Bianco Statuario peut faire des merveilles dans un cadre contemporain. L'association du marbre blanc et du chêne grisé crée un ensemble particulièrement chaleureux mais peu chargé.

Dit project van architect Axel Verbeke toont hoe Bianco Statuario natuursteen perfect geïntegreerd kan worden in een hedendaags kader. De combinatie van deze witte marmer en de vergrijsde eiken straalt warmte en sereniteit uit.

225
Flexform Mixer chairs and a Viking cooker.

Des chaises Flexform (modèle Mixer) et une cuisinière Viking.

Mixer stoelen van Flexform en een Viking fornuis.

226 RIGHT
A splendid blend of copper, bluestone and Calacatta marble in this kitchen designed by Wim Goes and realised by Top Mouton.

Un mélange réussi de cuivre, pierre bleue et marbre Calacatta dans cette cuisine dessinée par Wim Goes et réalisée par Top Mouton.

Een geslaagde mix van koper, blauwe hardsteen en Calacatta marmer in deze keuken ontworpen door Wim Goes en uitgevoerd door Top Mouton.

227
Large work surfaces in Buxy natural stone. MDF cupboards with thick oak veneer. A Viking stove and an Amana refrigerator.

Plans de travail en pierre naturelle Buxy. Armoires en MDF et chêne stratifié épais. Une cuisinière Viking et un frigo Amana.

Keukenwerkbladen in Buxy natuursteen. Kasten in MDF en dikke eikfineer. Een fornuis van Viking en een Amana koelkast.

228 TOP
This kitchen is a John Pawson design for Obumex.

Cette cuisine a été dessinée par John Pawson pour Obumex.

Deze keuken werd getekend door John Pawson voor Obumex.

228 BOTTOM
Cab chairs by Cassina (a Mario Bellini design) around a table in solid teakwood, made for this project by Jurgen Van Avermaet. All of the custom-made furniture is by D-Interieur.

Des chaises Cab par Cassina (une créaation de Mario Bellini) autour d'une table en teck massif fait sur mesure par Jurgen Van Avermaet. Menuiserie sur mesure par D-Intérieur.

Cab stoelen van Cassina ontworpen door Mario Bellini rond een massief teakhouten tafel op maat gemaakt door Jurgen Van Avermaet. Schrijnwerk op maat van D-Interieur.

IX

229 BOTTOM
Basaltina stone has been used here to cover the floor, the kitchen worktops and the wall behind the cooking zone. A project by Filip Van Bever.

Utilisation conséquente de la pierre Basaltina pour le sol, les plans de travail et la crédence derrière la zone de cuisson. Un projet signé Filip Van Bever.

Consequent gebruik van Basaltina natuursteen voor de vloer, de werkbladen en de muurbekleding achter de kookzone. Een project van Filip Van Bever.

230
Van Ransbeeck added a large skylight with light bars in this kitchen made from solid aged French oak. Composite granite surface, paintings by Dirk Van Ransbeeck.

Van Ransbeeck a ajouté une large verrière dans cette cuisine réalisée en chêne français vieilli. Plans de travail en pierre composite de granit, tableaux par Dirk Van Ransbeeck.

Van Ransbeeck voegde een glaspartij toe aan deze keuken gerealiseerd in verouderde Franse eiken. Werkbladen in composiet graniet, schilderijen van Dirk Van Ransbeeck.

231 LEFT
The central section in this kitchen is in polished stainless steel. The wall unit is in anthracite brushed oak.

L'élément central de cette cuisine a été réalisé en inox poli. L'élément mural est fait en chêne brossé et teinté anthracite.

Het centrale element van deze keuken is uitgevoerd in gepolijste inox. Het muurelement is gemaakt uit geborstelde en antracietgrijs getinte eiken.

232
Oak planks, Volevatch tap and a bowl designed by John Pawson.

Des planches en chêne, robinetterie Volevatch et un bol créé par John Pawson.

Eiken planken, kraanwerk van Volevatch en een schaal ontworpen door John Pawson.

233
A streamlined interplay of colours: white Silestone combined with black oak veneer. To ensure a calm and serene atmosphere, Silestone was the only variety of stone used throughout this kitchen: for the floors, surfaces, walls and shelves.

Cette cuisine opère un subtil jeu de couleurs entre le Silestone blanc et le chêne stratifié sablé en profondeur qui était recouvert d'une couche de vernis noir. Les sols, les plans de travail, les revêtements muraux et les étagères ont tous été réalisés dans une pierre Silestone identique.

Een subtiel kleurenspel van witte Silestone met gezandstraalde eikfineer bekleed met zwarte vernis. De vloeren, werkbladen, muurbekledingen en schappen zijn alle in een identieke Silestone uitgevoerd.

234
An open kitchen, custom-made in solid wood, with a custom-made table from RR Interior Concepts and chairs from Hans Wegner. A project in partnership with the interior architect Nathalie Deboel.

Dans cette cuisine ouverte, réalisée sur mesure en bois massif, une table sur mesure de RR Interior Concepts et des chaises de Hans Wegner. Un projet réalisé en collaboration avec l'architecte d'intérieur Nathalie Deboel.

Een open keuken, op maat gemaakt in massief hout, met een tafel op maat van RR Interior Concepts en stoelen van Hans Wegner. Een project gerealiseerd in samenwerking met interieurarchitecte Nathalie Deboel.

235
The feeling of space is intensified here by the open kitchen and the finish of the living space which runs through into the kitchen section. The cooking zone also has a breakfast corner.

L'impression d'espace est renforcée ici par la cuisine ouverte et les finitions du séjour qui se prolongent jusque dans la cuisine. La zone de cuisson comporte un espace petit-déjeuner.

Het ruimtelijk gevoel wordt hier versterkt door de open keuken en de afwerking van de leefruimte die doorloopt in het keukengedeelte. De kookzone bestaat ook uit een ontbijthoek.

236
The illumination strip behind the steam section allows the sunlight to enter and shine on the washing and cooking zone. The inox sink is tailor-made and equipped with a lower section for the Vola taps.

Le ruban de lumière derrière le bloc hotte laisse les rayons du soleil pénétrer dans la partie réservée à la cuisson et au lavage. Les bassines en inox ont été réalisées sur mesure et pourvues d'un refoncement pour accueillir la robinetterie Vola.

De lichtstrook achter het dampkapvolume laat het zonlicht binnenvallen op de was- en kookzone. Het inox wasbekken is op maat gemaakt en voorzien van een dieperliggend gedeelte voor het Vola kraanwerk.

237
The floor and the kitchen worktop are designed in white marble and the cupboards in dark wood veneers, to contrast with the white sliding doors.

Le sol et le plan de travail de la cuisine sont en marbre blanc. Les placards en placage de chêne foncé contrastent avec les portes coulissantes blanches.

De vloer en het keukenwerkblad zijn uitgevoerd in witte marmer. Kasten in donker houtfineer als contrast met de witte schuifdeuren.

238 TOP
A kitchen annex dining area with a table and walls from solid oak, an epoxy floor and a kitchen lined with composite stone. Stools from Quinze & Milan Special.

Une cuisine-salle à manger avec sa table et ses murs en chêne massif, un sol en époxy et une cuisine habillée de pierres composites. Tabourets Quinze & Milan Special.

De keuken annex eetruimte met een tafel en wanden in massieve eiken, een epoxyvloer en een keuken bekleed met composietsteen. Krukjes van Quinze & Milan Special.

240 BOTTOM
Next to the sink section: the breakfast table with garden view. The kitchen is designed with a high wall with a cooking recess and a section with a built-in sink. The high wall is covered with revolving, inset doors, which hide the appliances. The fronts of the sink section and the high walls are coated with a structure lacquer. The working top and sink are made of LG.

Attenante au bloc évier, la table du petit-déjeuner donne sur le jardin. La cuisine se compose d'un haut mur avec niche de cuisson et d'un bloc avec bassines encastrées. Le haut mur est pourvu de portes pivotantes et escamotables qui abritent les appareils. Les panneaux du bloc évier et le haut mur sont peints à la laque structurée. Le plan et les bassines du bloc sont en LG.

Aansluitend op het wasvolume vindt men de ontbijttafel met tuinzicht. De keuken bestaat uit een hoge wand met kooknis en een volume met ingewerkt wasbekken. De hoge wand is voorzien van draai- en insteekdeuren die de toestellen verbergen. De fronten van het wasvolume en de hoge wand zijn uitgevoerd in structuurlak. De tablet en het wasbekken zijn in LG uitgevoerd.

241
A Boffi kitchen in an interior created by Collection Privée.

Une cuisine Boffi dans un intérieur créé par Collection Privée.

Een Boffi-keuken in een interieur gecreëerd door Collection Privée.

242
Daring colours combinations in this ultramodern kitchen. The fronts of the cupboard sides from MDF were sprayed in high gloss pink. The inside cupboards were glued waterproof in birch multiplex, the fronts of the island consist of three layers of oak with a whitewash finish. The Staron work surface, coffee machine and combi-oven from Miele.

Associations de couleurs audacieuses pour cette cuisine ultramoderne. Les panneaux des armoires murales en MDF ont été peintes au vernis rose ultra brillant. Les armoires intérieures en bouleau multiplex ont été assemblées à la colle étanche et les panneaux de l'îlot en chêne triple épaisseur sont dotés d'une finition white wash. Plan de travail Staron, machine à café et four multifonctionnel Miele.

Gedurfde kleurcombinaties in deze ultramoderne keuken. De fronten van de MDF kastenwanden werd in hoogglans roze gespoten. Binnenkasten werden watervast verlijmd in berken multiplex, de fronten van het eiland bestaan uit drielaags eiken met white wash afwerking. Werkblad Staron, koffie-automaat en combi-oven van Miele.

243
This kitchen was designed completely by Aerts+Blower and finished by Wille-interieur. The furniture is made from high gloss Formica laminate. The green cooking niche contracts with the white cupboards and provides a colour accent.

Toute la cuisine a entièrement été pensée par Aerts+Blower et réalisée par Wille-interieur. Les meubles sont en Formica aggloméré recouvert d'un vernis brillant. La niche verte contraste avec les armoires blanches et apporte à l'ensemble une note de couleur.

Deze keuken werd volledig ontworpen door Aerts+Blower en uitgevoerd door Wille interieur. De meubelen zijn gemaakt uit hoogglans Formica laminaat. De groene kooknis contrasteert met de witte kasten en zorgt voor een kleuraccent.

244
A kitchen design in one line, constructed from identical, white lacquered panels which conceal handle-free drawers and cupboards. A work surface made from white composite stone. The sideboard cupboard has the same layout as the kitchen island. Table and benches from solid oak.

Un projet de cuisine on ne peut plus cohérent établi à partir de panneaux laqués blanc uniformes qui dissimulent les tiroirs et les armoires sans poignées. Un plan de travail en pierre blanche composite. Le buffet dressoir présente la même répartition que celle de l'îlot de cuisine. Table et bancs en chêne massif.

Een keukenontwerp in één lijn, opgebouwd uit gelijke, wit gelakte panelen waarachter greeploos de lades en kasten verborgen zijn. Een werkblad in witte composietsteen. De dressoirkast heeft dezelfde indeling als het keukeneiland. Tafel en banken in massieve eiken.

246
A kitchen in MDF with a white matt finish and no handles. A sharp contrast of the dark oak floor with the white units and walls.

Une cuisine réalisée en MDF avec finitions en blanc mat et sans poignées. Un contraste important entre le sol en chêne teinté noir et les armoires et murs peints en blanc.

Deze keuken in MDF is in mat wit afgewerkt, zonder handgrepen. Een scherp contrast tussen de zwartgetinte eiken parketvloer en de witgeschilderde kasten en muren.

247
Panels in light-grey Stratocolor (the company's own solid-core laminate). The work surfaces are in stainless steel with a satinised finish. Sides in Stratocolor.

Panneaux en Stratocolor gris clair, le laminat propre à la marque Strato. Plans de travail en inox, finition satinée. Les côtés ont été réalisés en Stratocolor.

Panelen in lichtgrijze Stratocolor, het eigen laminaatgamma van Strato. Keukenblad in inox, satijn afwerking. De zijkanten werden in Stratocolor afgewerkt.

248
Work surface and side wall are clad with greige Buxy

natural stone. Doors in fine oak stained veneer.

Plans de travail et mur à gauche sont revêtus d'une pierre naturelle grège Buxy. Portes en chêne stratifié.

Keukenbladen en muurbekleding links in greige Buxy natuursteen. Deuren in fijne eikfineer.

250-252
This cooking block is made from dark tinted oak veneer with concealed handles, clad with Emperador natural stone. The dining table and bench were designed by Stephanie Laporte, custom-made in matt lacquer. Illumination: light channel with white Lotis fittings. Cotto d'Este floor.

Cette unité de cuisson est réalisée en chêne stratifié foncé avec poignées encastrées et revêtue d'une pierre naturelle Emperador. La table à manger et le banc ont été dessinés par Stephanie Laporte et réalisés sur mesure. Des rails d'éclairage avec éléments Lotis en blanc. Un sol en Cotto d'Este.

Deze kookunit is gemaakt uit donker getinte eikfineer met onzichtbare grepen en bekleed met Emperador natuursteen. De eettafel en de bank zijn een ontwerp van Stephanie Laporte, op gemaakt uitgevoerd en wit gelakt. Lichtstraten met witte Lotis elementen. Een vloer in Cotto d'Este.

253 LEFT & 254-255
Slate surfaces with solid sink basins carved out from the stone. Aluminium bar stools from the Emeco collection designed by Starck (at InStore).

Des plans de travail en schiste avec des éviers taillés dans la pierre. Des tabourets en aluminium de la collection Emeco créés par Starck (chez InStore).

Keukenwerkbladen in leisteen met wastafels gehouwen in de massieve steen. Barkrukken in aluminium uit de Emeco collectie ontworpen door Starck (bij InStore).

256
The volumes in high gloss paint, the walls in structure paint and the work surfaces in LG provide a subtle contrast.

Les volumes peints en ultra brillant, les murs recouverts de laque structurée et les tablettes en LG apportent un contraste subtil.

Het volume in hoogglanslak, de wanden in structuurlak en de tabletten in LG zorgen voor een subtiel contrast.

258
The technical aspect of the Boffi kitchen block is conceived as a large stove.

L'îlot de cuisson hi-tech Boffi se présente comme une vaste cuisinière.

Het technisch uitziende Boffi keukenblok is opgevat als een groot fornuis.

259
A floor in Carrara marble, work surfaces in Corian and façades in specially selected American walnut, bookmatched over a length of 10 metres.

Un sol en marbre de Carrare blanc, des plans de travail en Corian et des panneaux en noyer américain exclusif, en livre ouvert sur une longueur de 10 mètres.

Een vloer in witte Carrara marmer, werkbladen in Corian en panelen in zorgvuldig geselecteerde Amerikaanse notelaar, in open boekvorm over een lengte van 10 meter.

260
A sliding wall in two sections makes it possible to separate the kitchen, custom-made with a work surface in composite stone. The bench/table can be used as a breakfast corner but also as a work surface.

Un mur coulissant en deux parties permet de séparer la cuisine, réalisée sur mesure avec un plan de travail en pierre de composite. Le banc/table peut servir comme coin petit-déjeuner mais aussi comme plan de travail.

Met een tweedelige schuifwand kan de keuken in twee ruimtes opgedeeld worden. Op maat gemaakt, met werkblad in composietsteen. De bank/tafel kan dienst doen als ontbijthoek maar ook al werkvlak.

261
The central island is covered with a granite monolith from the company Tondat. The side of the cooking niche in black oak is covered with black zelliges. The flooring in Pietra di Medici, a rough stone with an open structure. The new whole was furnished with vintage furniture (Items, Knokke).

L'îlot central est habillé d'un monolithe en granit de la firme Tondat. Le mur de la niche de cuisinière en chêne noir est décoré de zelliges noirs. Revêtement de sol en Pietra di Medici, une pierre brute à la structure ouverte. Le nouvel ensemble accueille des meubles vintage (Items, Knokke).

Het centrale spoeleiland is bekleed met een monoliet in granito van de firma Tondat. De wand van de kooknis in zwarte eik is bekleed met zwarte zelliges. Bevloering in Pietra di Medici, een ruwe steen met open structuur. Het nieuwe geheel werd aangekleed met vintage meubelen (Items, Knokke).

262
This kitchen was signed by Gilles de Meulemeester and finished in red and greige painted shades. Red chairs by Arne Jacobsen.

Cette cuisine a été conçue par Gilles de Meulemeester et dotée d'une finition laquée rouge et grège. Chaises rouges d'Arne Jacobsen.

Deze keuken werd getekend door Gilles de Meulemeester en afgewerkt in rode en greige gelakte tinten. Rode stoelen van Arne Jacobsen.

263
Chairs designed by Arne Jacobsen.

Des chaises signées Arne Jacobsen.

Stoelen ontworpen door Arne Jacobsen.

268-269
The coarse, dark veneer and the white lacquer of the furniture provide calm and unity.

Le placage brut, teinté foncé et le mobilier peint en blanc créent une atmosphère sereine et harmonieuse.

Het ruwe, donker gekleurde fineer en het witte lakwerk van het meubilair zorgen voor rust en eenheid.

272
An open sense of space is created by using floor to ceiling sliding and turning doors. The open fireplace, between kitchen and sitting area, reinforces the open character of this apartment and the cosy atmosphere.

Le recours à des portes coulissantes et pivotantes à hauteur de plafond a permis de créer un espace ouvert. Le feu ouvert, entre la cuisine et le salon, renforce l'ouverture de cet appartement et son atmosphère convivial.

Door het gebruik van kamerhoge schuif- en pivotdeuren ontstaat een open ruimtegevoel. De open haard, tussen keuken en zithoek, versterkt het open karakter van dit appartement en de gezellige sfeer.

273
A Boffi kitchen in white Corian.

Une cuisine Boffi en Corian blanc.

Een Boffi keuken in witte Corian.

275
The kitchen work surface was realised in white Corian.

Le plan de cuisine est en Corian blanc.

Het keukenwerkblad werd uitgevoerd in witte Corian.

276
With much eye for detail all the "irritating" appliances were built in behind pivoting doors.

Tous les appareils "gênants" ont été dissimulés derrière des portes pivotantes avec un grand souci du détail.

Met veel oog voor detail werden achter pivoterende deuren alle "storende" elementen ingebouwd.

277
A modest counter element was added to this kitchen, designed by Kultuz: the children can do their homework here but guests can also sit here so that the host and hostess can continue to work in the kitchen undisturbed and still keep contact. The combination of wood veneer with white lacquer and a natural stone surface fits with the choice of colour and material in the living area, which makes the open kitchen increase the comfort of living even further.

Un meuble comptoir très discret a été intégré à cette cuisine créée par Kultuz : les enfants peuvent y faire leurs devoirs et les invités peuvent s'y attabler tandis que les maîtres de maison cuisinent, sans perdre le contact. La combinaison du plaqué bois laqué blanc et du plan de travail en pierre naturelle s'associe au choix des couleurs et des matériaux du séjour : la cuisine ouverte renforce ainsi le confort d'habitat.

Aan deze keuken, ontworpen door Kultuz, werd een bescheiden toogelement toegevoegd: hier kunnen de kinderen hun huiswerk maken, maar kunnen ook gasten bijschuiven, zodat de gastvrouw en -heer ongestoord in de keuken verder kunnen werken en toch contact houden. De combinatie van houtfineer met witte lak en een natuurstenen blad sluit aan bij de kleur en materiaalkeuze van de leefruimte, waardoor de open keuken het wooncomfort nog versterkt.

BATHROOMS - SALLES DE BAINS - BADRUIMTES

280
The rain shower is covered with coarse slate blocks. A wall with a waterfall.

Une douche pluviale est couverte de blocs de schiste brut. Un mur en chute d'eau.

De regendouche is bekleed met brute leisteenblokken. Een muur met waterval.

281
The idea behind the open bath / dressing / bed area, designed by Nathalie Van Reeth: intimacy in a voluptuous setting. The bathroom was designed in slate and varnished MDF-cupboards. MEM faucet.

L'espace ouvert salle de bains / dressing / chambre à coucher conçu par Nathalie Van Reeth repose sur un concept d'intimité dans un cadre voluptueux. La salle de bains est composée d'ardoises et d'armoires en MDF laqué. Robinetterie Mem.

De idee achter de open bad- / dressing- / slaapruimte, ontworpen door Nathalie Van Reeth: intimiteit in een voluptueus kader. De badkamer is uitgevoerd in leisteen en gelakte MDF-kasten. Kraanwerk Mem.

282
This bathroom has been designed by Ensemble & Associés and finished in anthracite grey, brushed composite stone. Bathroom and hand basin covering in Bianco Zeus. Joinery in sandblasted, stained larch and lacquered medium.

Cette salle de bains a été dessinée par Ensemble & Associés et réalisée en pierre reconstituée gris anthracite brossé au sol. Tablette et bloc de bain en Bianco Zeus. Menuiserie en mélèze sablé teinté et médium laqué.

Deze badkamer werd getekend door Ensemble & Associés en uitgevoerd in antracietgrijze, geborstelde composietsteen. Bad- en wastafelbekleding in Bianco Zeus. Schrijnwerk in gezandstraalde, getinte lariks en gelakte medium.

283
A bath by Aquamass, Wall Strip. The floor is in pine planks with a pale finish.

Un baignoire de chez Aquamass, Wall Strip. Sols en pin blanchi.

Een Wall Strip bad van bij Aquamass. Vloeren in gebleekt dennehout.

284 LEFT
A large shower beneath a light well. Dornbracht taps. To the left of the shower, a bench with storage space beneath.

Une grande douche sous un puits de lumière. Robinetterie Dornbracht. A gauche de la douche, une banquette avec rangements inférieurs.

Een grote douche onder een lichtput. Kraanwerk Dornbracht. Links van de douche een zitbank met daaronder bergruimten.

284 RIGHT
This shower has been finished with calpine slate.

Cette douche a été réalisée en schiste calpiné.

Deze douche werd in gecalpineerde leisteen uitgevoerd.

285-287
The suspended washbasin is made of grey-beige natural stone, cut from a single block. Each of the mirrors conceals a storage space and reflects the Paris sky. In the background are two symmetrical spaces, including the impressive shower with its small platinum mosaic tiles. The bath in black and platinum mosaic is held within an illuminated basin of grey-beige natural stone.

Le plan vasque suspendu de la salle de bains est en pierre naturelle gris beige taillé d'un seul bloc. Chaque miroir dissimule des rangements et reflète le ciel de Paris. A l'arrière deux espaces symétriques dont la douche monumentale en petite mosaïque de platine. La bagnoire de mosaïque noire et platine est posée tel un bassin éclairé en pierre gris beige.

De hangende wastafel is uitgevoerd in grijsbeige natuursteen, gehouwen in één blok. Elke spiegel verbergt een wasruimte en reflecteert de Parijse hemel. Op de achtergrond twee symmetrische ruimten, waaronder een monumentale douche in kleine platina mozaïek. Het bad in zwarte en platina mozaïek is geplaatst als een verlicht bassin in grijsbeige natuursteen.

288
Bathroom with two "Wash" washstands, designed by Vincent Van Duysen for Obumex.

Une salle de bains, dotée de deux meubles lavabo Wash conçus par Vincent Van Duysen pour Obumex.

Een badkamer met twee wastafelmeubels Wash, ontworpen door Vincent Van Duysen voor Obumex.

289
This bathroom has been finished with Antalya Cream natural stone. Taps by Dornbracht.

Cette salle de bains a été revêtue de la pierre naturelle Antalya Cream. Robinetterie de Dornbracht.

Deze badkamer werd bekleed met Antalya Cream natuursteen. Kraanwerk van Dornbracht.

290
Custom-made furniture in white Corian with black glass washbasin. The walls are in black lacquered glass.

Mobilier sur mesure en Corian blanc avec lavabo en verre noir. Les murs sont en verre laqué noir.

Maatmeubilair in witte Corian met een zwart glazen wasbekken. De muren zijn uitgevoerd in zwartgelakt glas.

291
The Corian washstand is a Buro I design. Taps by Grohe. The centrally positioned transparent shower cubicles ensure optimal spaciousness and circulation. Floors clad with wood and Bisazza mosaic.

L'évier en Corian a été dessiné par Buro I. Robinetterie Grohe. Les cabines de douche transparentes, placées au centre, permettent une circulation et un agencement optimaux. Le sol est revêtu de bois et de mosaïque Bisazza.

Het wastafelmeubel in Corian is een ontwerp van Buro I. Kraanwerk van Grohe. De centraal geplaatste transparante badcellen zorgen voor een optimale circulatie en ruimtelijkheid. Vloer bekleed met hout en Bisazza mozaïek.

293
The bathroom is completely custombuilt, based on a design by Pascal van der Kelen. Polyurethane floor with walls and bath in fibre-cement board.

La salle de bains a été entièrement réalisée sur mesure d'après les plans de Pascal van der Kelen. Sol en polyuréthane, revêtement du mur et de la baignoire en plaque fibro-ciment.

De badkamer werd volledig op maat uitgevoerd op basis van het ontwerp van Pascal Van der Kelen. Vloer in polyurethaan en een wand- en badbekleding in vezelcementplaat.

294-295
The bathroom/dressing room design by Dwek, with a freestanding bath. The extension of the bathroom taps is a Dwek creation. The concrete basins are from the Dwek studio. The shower is behind the washbasins.

Le concept de salle de bains / dressing avec une baignoire libre. Bec de robinetterie du bain dessiné par Olivier Dwek. Dessin de la vasque et des lavabos en béton par le bureau de Dwek. La douche se situe derrière les vasques.

Het badkamer / dressing – concept van Dwek met een vrijstaand bad. De uitloop van het badkraanwerk is een creatie van Dwek. De wastafels en bekkens in beton zijn van het bureau van Dwek. De douche bevindt zich achter de wasbekkens.

296-297
A pure and monochrome white for this bathroom in composite stone.

Pureté et blancheur pour cette salle de bains en pierre reconstituée.

Een zuiver en monochroom wit voor deze badkamer in composietsteen.

298
This bathroom has lacquered panels and white marble throughout. The linear appearance of the walls is accentuated by the identical niches in the shower and toilet.

Cette salle de bains est conçue exclusivement à l'aide de boiseries laquées et de marbre blanc. La perception de l'habillage mural en bande linéaire est accentuée par la présence de niches identiques dans la douche et la toilette.

Deze badkamer bestaat volledig uit gelakte lambriseringen en witte marmer. De lineaire aanblik van de muren wordt geaccentueerd door de identieke nissen in douche en toilet.

299
On the left a guest bathroom with a floor an bath surround in Pebble Stone of Carrara. Rear wall in grey-tinted, handcrafted Opus Romanum Italian mosaics. Wash designed by Vincent Van Duysen for Obumex. On the right the master bathroom finished in Blue Stone Anticato, a grey natural stone. The 160cm-long washbasin has been incorporated into a 350cm block designed by Olivier Dwek. The bathroom was created by Lapidis.

A gauche une salle de bains des invités : revêtement de sol et de bain en Pebble Stone of Carrara, mur du fond recouvert de mosaïques artisanales italiennes grises Opus Romanum. Wash réalisé par Vincent Van Duysen pour Obumex. A droite la master bathroom habillée de pierre naturelle grise Blue Stone Anticato. Le lavabo de 160 cm de long a été intégré dans un bloc de 350 cm de long réalisé par Olivier Dwek. Les salles de bains ont été réalisées par Lapidis.

Links een gastenbadkamer met vloer- en badbekleding in Pebble Stone of Carrara, achterwand in grijsgetinte, artisanale Italiaanse mozaïeken Opus Romanum. Wash ontworpen door Vincent Van Duysen voor Obumex. Rechts de master badkamer bekleed met een grijze natuursteen Blue Stone Anticato. De wastafel met een lengte van 160 cm is geïntegreerd in een blok van 350 cm lang, ontworpen door Olivier Dwek. De badkamers werden gerealiseerd door Lapidis.

300
Floor and shower wall in dark natural stone and a freestanding bath and washstand in white Corian.

Sols et mur de douche en pierre naturelle foncée. Baignoire individuelle et meuble lavabo en Corian blanc.

Vloeren en douchewand in donkere natuursteen en een alleenstaand bad en wastafelmeubel in witte Corian.

301 & 302 BOTTOM
Floor in Pietra Piasentina and washstand unit in Corian. Taps from the Dornbracht Tara collections. The highly polished mirrors were designed to increase the feeling of space in this bathroom.

Sol en Pietra Piasentina et un meuble en Corian. Les robinets sont issus de la collection Tara de Dornbracht. Les miroirs polis ultra brillants réalisés sur mesure accentuent l'impression visuelle d'espace.

Een vloer in Pietra Piasentina en een meuble gemaakt uit Corian. Kraanwerk van Dornbracht (Tara collectie). De ultraglanzend gepolijste spiegels versterken het ruimtegevoel.

302 TOP
A freestanding bathtub and the washstand are covered with flamed bluestone. Taps by Dornbracht (Tara). A frosted glass screen separates the bathroom and the bedroom.

La baignoire et le meuble éviers sont revêtus d'une pierre bleue flammée. Robinetterie Dornbracht (Tara). En guise d'écran entre la chambre et la salle de bains, un panneau en verre dur poli.

Het losstaande bad en het wastafelmeubel werden beide met gevlamde blauwe hardsteen bekleed. Kraanwerk van Dornbracht, Tara. Een paneel in gepolijst hard glas scheidt de slaap- en badkamer.

304
This bathroom has a walk-in shower and a concrete vanity unit on two levels: U-shaped and completely open underneath to allow wheelchair access. The shower is clad throughout with square black Winckelmans tiles.

Une salle de bains avec douche et lavabo en béton avec partie haute et basse : en forme de U pour permettre d'accéder entièrement à la partie inférieure en fauteuil roulant. La douche est entièrement habillée de petits carreaux noirs rectangulaires Winckelmans.

Deze badkamer met douche en wastafel in beton bestaat uit een hoog en een laag gedeelte: in U-vorm om het lagere gedeelte volledig met een rolstoel te kunnen bereiken. De douche is volledig bekleed met zwarte vierkante Winckelmans tegeltjes.

305
The furniture in this bathroom is made from grey-tinted oak. Floor, walls and surfaces in Grigia Asteria natural stone. The washbasins have been cut into the stone. Mem taps from Dornbracht. Built-in mirrors harmonise with the stone.

Les meubles de cette salle de bains ont été réalisés en chêne teinté gris. Sol, mur et tablette en pierre Grigia Asteria. Lavabos creusés dans la pierre et robinetterie Mem de Dornbracht. Miroirs encastrés à fleur avec la pierre.

De meubels van deze badkamer werden uitgevoerd in grijsgetinte eiken. Vloer, muur en tablet in Grigia Asteria natuursteen. De wastafels zijn massief in de steen gehouwen. Kraanwerk Mem van Dornbracht. De spiegels zijn volledig geïntegreerd.

306
This washbasin and bath were produced without any visible joints: they appear to be independent, monolithic blocks. Bathroom design by Olivier Dwek, taps by Vola.

Les lavabos et la baignoire ne comportent aucun joint apparent : ils ressemblent à des blocs monolithiques indépendants. Salle de bains dessinée par Olivier Dwek, robinetterie Vola.

De wastafels en het bad hebben geen enkele zichtbare voeg: het lijken losstaande, monolitische blokken. Deze badkamers werd ontworpen door Olivier Dwek, kraanwerk van Vola.

307
A bathroom in glass and natural stone: solid Bateig stone for the units and flint for the walls.

Une salle de bains en verre et pierre naturelle : pierre massive Bateig pour le mobilier et pierre de lave comme revêtement mural.

Een badkamer in glas en natuursteen: een massieve Bateig natuursteen voor het meubilair en lavasteen als muurbekleding.

308 LEFT
Manufacturing by De Maere. The floating sink area is in basalt.

Réalisation De Maere. Les éviers flottants ont été réalisés en basalte.

Realisatie Interieur De Maere. De zwevende wastafels werden in basaltsteen uitgevoerd.

309
Cotto d'Este tiles on this bathroom floor.

Au sol des carrelages Cotto d'Este.

De vloer is bekleed met Cotto d'Este tegels.

310-311
This bathroom is designed as a contrast of white and dark brown: polished and bushhammered white Carrara marble and tinted oak furniture.

Cette salle de bains a été créée en contrastant le blanc et le brun foncé : du marbre blanc de Carrare poli et vieilli combiné au mobilier en chêne teinté foncé.

Deze badkamer is ontworpen als een contrastrijk spel van wit en donkerbruin: gepolijste en verouderde witte Carrara marmer in combinatie met donkergetint eiken meubilair.

312
Italian Pietra Piasentina stone was chosen for this project, here in a flamed finish. The bath is completely made of stone, with the taps concealed as far as possible.

Pour ce projet, on a opté pour la Pietra Piasentina, une pierre italienne, ici en finition flammée brute. Même le bain est entièrement en pierre, dissimulant le plus possible la robinetterie.

Voor dit project werd Pietra Piasentina gekozen, een Italiaanse natuursteen, hier in ruw gevlamde afwerking. Zelfs het bad is volledig in steen uitgevoerd, met het kraanwerk zoveel mogelijk verborgen.

313 LEFT
Washstands by Vincent Van Duysen.

Des éviers créés par Vincent Van Duysen.

Wastafels ontworpen door Vincent Van Duysen.

315 BOTTOM
This bathroom is entirely finished in sandstone from Greece.

Cette salles de bains est revêtue entièrement d'une pierre naturelle de Grèce.

Deze badkamer is volledig bekleed met een Griekse zandsteen.

316 LEFT
The furniture of this bathroom is conceived by Filip Deslee.

Le mobilier de cette salle de bains a été dessiné par Filip Deslee.

Het meubilair in deze badkamer werd ontworpen door Filip Deslee.

316 RIGHT
Furniture in tinted oak, countertops in beige sandstone and tap fittings from Vola.

Mobilier en chêne teinté, des tablettes en pierre beige et robinetterie de Vola.

Donkergetint meubilair, tabletten in beide zandsteen en Vola kraanwerk.

318
This bathroom is finished throughout in Beveka walnut wood and Cotto d'Este. The bath has a Beveka surround. Dornbracht taps, Alape washbasin.

Cette salle de bains est revêtue de noyer Beveka et Cotto d'Este. Le bain est habillé de Beveka. Robinetterie Dornbracht, éviers Alape.

Deze badkamer is volledig met Beveka notelaarhout en Cotto D'Este aangekleed. Het bad is bekleed met Beveka. Kraanwerk Dornbracht en wastafels Alape.

319
The beige stone in this bathroom is Branco de Mos, a Portuguese marble. Zeliges and small mosaic tiles in Nero Marquina marble were chosen for the showers. The wooden surround of the washbasin and bath are in wengé-stained French oak.

La pierre naturelle beige de cette salles de bains est le Branco de Mos, un marbre portugais. Zeliges et des petites carreaux de mosaïque de marbre Nero Marquina pour les douches. Le bain et les éviers ont été habillés de chêne français teinté wengé.

De beige natuursteen in deze badkamer is Branco de Mos, een Portugese marmer. Zeliges en vierkante marmermozaïek in Nero Marquina voor de douches. Het bad en de wastafels werden met Franse, wengé getinte eiken bekleed.

320 LEFT
A Corian handbasin with a fold-out mirror.

Un évier en Corian avec un miroir dépliable.

Een wastafel in Corian met een opvouwbare spiegel.

321 LEFT
Handmade Dutch ceramic tiles from Makkum have been used in this toilet.

Des carrelages céramiques hollandais fait main de Makkum ont été sélectionnés pour cette toilette.

Handgemaakte Hollandse keramische tegels uit Makkum werden gekozen voor dit toilet.

321 RIGHT
Van den Weghe selected rods of Emperador Dark marble for the shower.

Van den Weghe a opté pour des bouts de marbre Emperador Dark pour cette douche.

Van den Weghe koos stukken Emperador Dark marmer voor deze douche.

322
Floor in Bianco Statuario marble.

Sol en marbre Bianco Statuario.

Vloer in Bianco Statuario marmer.

325
This bathroom is clad with Unistone composite stone. Taps and shower fittings by Dornbracht.

Cette salle de bains est revêtue de pierre reconstituée Unistone. Robinetterie et ciel de douche Dornbracht.

Deze badkamer is bekleed met Unistone composietsteen. Kraanwerk en douchekop Dornbracht.

326
This bathroom is in white Lasa marble.

Cette salle de bains est habillé d'un marbre blanc Lasa.

Deze badkamer werd met Lasa, een witte marmer, bekleed.

330
A bath, washbasins and taps by Boffi.

Un baignoire, éviers et robinetterie par Boffi.

Een bad, wastafels en kraanwerk van Boffi.

331
This solid sandstone basin sits on two custom-made porcelain bases and is equipped with two Boffi taps. The walls are in cement finish and big sandstone slabs.

Ce bassin en pierre massive repose sur des éviers en porcelaine équipés de robinetterie Boffi. Les murs ont été cimentés.

Porseleinen wastafels zijn omkleed met een beige zandsteen. Kraanwerk van Boffi. De muren werden gecementeerd.

332
A project in Dolomit Grün, a natural stone from Germany.

Un projet en Dolomit Grün, une pierre calcaire d'origine allemande.

Een project in Dolomit Grün, een Duitse kalksteen.

333
A remarkable bathtub is cast on site and made-to-measure in softened yellow Massangis. A project by architect Benoit Bladt.

Ce baignoire remarquable a été construit sur place en Massangis Jaune adouci. Un projet de l'architecte Benoit Bladt.

Deze bijzondere badkuip werd ter plaatse vervaardigd uit verzoete Massangis Jaune. Een project van architect Benoit Bladt.

334
A skylight in this bathroom allows in a wealth of light, yet provides the necessary privacy. Dark-tinted limewood is alternated with bronze and very pale Nozay natural stone. The aim was to create a fresh and airy space for rest and relaxation. Bronze mirror by Promemoria.

Dans cette salle de bains, une applique placée au plafond permet l'afflux de lumière tout en préservant l'intimité nécessaire. Le tilleul teinté foncé alterne avec le bronze et une pierre naturelle Nozay très claire. L'objectif était de créer un espace frais et lumineux propice au calme et à la détente. Miroir en bronze Promemoria.

In deze badkamer werd een plafondlicht geplaatst om optimale lichtinval te garanderen en toch ook de nodige privacy te gunnen. Donkere lindetinten alterneren met brons en heel lichte Nozay natuursteen. Het doel: het creëren van een frisse, lichte ruimte die rust en sereniteit uitstraalt. Een bronzen spiegel van Promemoria.

335
A bathroom in Greek white stone.

Une salle de bains revêtue d'une pierre blanche d'origine grecque.

Deze badkamer werd met een Griekse witsteen bekleed.

338 TOP
A steam shower in Noir de Mazy natural stone. The indirect light along the heated benches is computer-controlled and changes colour.

XIII

Sauna en pierre naturelle Noir de Mazy. L'éclairage indirect le long des banquettes chauffées est commandé par ordinateur et change de couleur.

Een stoomdouche in Noir de Mazy natuursteen. De indirecte verlichting langs de verwarmde ligbanken is computergestuurd en verandert van kleur.

338 BOTTOM
This bathroom has been finished with grey lava rock and honey-coloured glass mosaic.

Cette salle de bains est réalisée en pierres volcaniques grises et mosaïques de verre de couleur miel.

Deze badkamer werd gerealiseerd in grijze lavasteen en honingkleurige glasmozaïek.

339
This bathroom plays with volumes (in LG materials) and glass walls. The bath is completely tailor-made.

Cette salle de bains opère un jeu entre les volumes (en matériaux LG) et les murs de verre. Le bain a été entièrement réalisé sur mesure.

Deze badkamer is een spel van volumes (in LG-materialen) en glazen wanden. Het bad is volledig op maat uitgevoerd.

341
This open plan bathroom consists of a bathroom and hand basin volume, both finished in Corian. The grey glass partition visually shields the toilet.

La salle de bains ouverte comporte un bloc baignoire et lavabo, tous deux en Corian. La paroi en verre gris permet d'isoler les toilettes.

De open badkamer bestaat uit een bad- en wastafelvolume, beide in Corian uitgevoerd. De grijze glazen wand sluit visueel het toilet af.

342-343
A classic touch for this bathroom with Carrara marble and dark wood.

Une touche classique pour cette salle de bains en marbre de Carrare et bois foncé.

Een klassieke toets voor deze badkamer door het gebruik van Carrara marmer en donker hout.

348
This bathroom was created with worked Carrara marble and glass mosaic by the company Van den Weghe.

Cette salle de bains a été réalisée en marbre de Carrare façonné assorti de mosaïques de verre de la firme Van den Weghe.

Deze badkamer werd volledig vervaardigd in bewerkte Carrara marmer, samengesteld met glasmozaïek door de firma Van den Weghe.

349 LEFT
A large art deco polished steel mirror designed by the interior architects conceals the various storage areas in this bathroom.

Un grand miroir art déco en acier poli dessiné par les architectes d'intérieur permet de dissimuler les différents rangements de la salle de bains.

De grote gepolijste stalen art deco spiegel, ontworpen door de interieurarchitecten, verbergt de verschillende opbergruimtes van de badkamer.

349 RIGHT
This shower is covered with worked Carrara marble by Van den Weghe.

Cette douche a été revêtue de marbre de Carrare façonné par Van den Weghe.

Deze douche werd bekleed met bewerkte Carrara marmer door Van den Weghe.

354
The freestanding bath (made in black Corian) and the rough marble mosaic wall (Hullebusch) are real eye catchers in this distinctive loft.

La baignoire posée (en Corian noir) et le mur de mosaïque de marbre brut (Hullebusch) attirent tous les regards dans ce loft plein de cachet.

Het vrijstaande bad (uitgevoerd in zwarte Corian) en de ruwe marmeren mozaïekwand (Hullebusch) zijn echte blikvangers in deze karaktervolle loft.

359
The bath and washstand surroundings have been covered with dark shaded zebrano wood.

Le bain et l'évier ont été revêtus de bois de zebrano teinté foncé.

Bad en wastafel werden bekleed met donkergetint zebranohout.

360
Caramel-coloured glass mosaic and a washstand with a shiny lacquer finish.

Mosaïques en pâte de verre caramel et meuble de lavabo en laque brillante.

Karamelkleurige glasmozaïek en een wastafelmeubel in glanzende lak.

361
The floor, bathtub and the basin are finished with sandstone. Boffi taps and a prison toilet bowl in stainless steel.

Le sol, le baignoire et l'évier ont été revêtus d'une pierre naturelle. Robinetterie Boffi et une toilette de prison en inox.

De vloer, het bad en de wastafel werden bekleed met zandsteen. Boffi kraanwerk en een gevangenistoilet in inox.

BEDROOMS - CHAMBRES À COUCHER - SLAAPKAMERS

365 ABOVE LEFT
Furniture by InStore.

Mobilier de chez InStore.

Meubilair van bij InStore.

366-367
The leather and wood panels in the bedroom open into the wardrobes. The headboard is clad in leather. To the right of the photo is an easel designed by Olivier Lempereur.

Vue de la chambre, les panneaux de cuir et de bois s'ouvrent sur les dressings. La tête de lit est gainée en peau, dans l'angle un chevalet dessiné par le décorateur, support d'un magnifique dessin.

De lederen en houten panelen in de slaapkamer openen naar de dressings. Het hoofdeinde is met vel bekleed. Rechts op de foto een schildersezel ontworpen door de decorateur.

369
An Ipe Cavalli bed with a velvet finish and night light by Melograno. Carpet by Limited Edition.

Un lit d'Ipe Cavalli couvert de velours et suspension de Melograno. Un tapis Limited Edition.

Een bed van Ipe Cavalli bekleed met fluweel en verlichting van Melograno. Een tapijt van Limited Edition.

371
A Cappellini bed and a chair by Hans Wegner.

Un lit de Cappellini et une chaise de Hans Wegner.

Een bed van Cappellini en een stoel van Hans Wegner.

374 TOP
This dressing room has been constructed in bleached and brushed wood. Custom-made stainless-steel handles.

Ce dressing a été construit en bois blanchi et brossé. Des poignées fait main en inox.

Deze dressingruimte werd gerealiseerd in gebleekt en geborsteld hout. Handgemaakte grepen in inox.

374 BOTTOM
This black dressing room is made in oak veneer, with a see-through gas fire.

Ce dressing noir a été réalisé en chêne stratifié avec un feu au gaz transparent.

Deze zwarte dressing werd gemaakt uit eikfineer, met een doorkijk gashaard.

377
The bedroom panelling was made in bleached teakwood to a design by Raoul Cavadias.

Les lambris de cette chambre sont en teck blanchi, d'après les dessins de Raoul Cavadias.

De lambriseringen in deze slaapkamer werden in gebleekt teakhout uitgevoerd naar een ontwerp van Raoul Cavadias.

378
An oak floor in a square design. Cupboards and wall in wengé and lacquered MDF. Voile linen curtains from Domus Vivendi.

Le plancher en chêne a été posé en carrés. Placards et revêtement mural en wengé et MDF vernis. Voilages en lin Domus Vivendi.

De eiken plankenvloer werd in vierkanten geplaatst. Muurpanelen en wandmeubilair in wengé en gevernist MDF. Voilages in linnen van Domus Vivendi.

379
The existing floor of this bedroom was treated to give it a paler finish, then coated with a semi-matte varnish. The furniture is in vertical Oregon veneer, with a brushed, tinted and matte varnished finish. Blinds in linen and standing lamps in brushed chrome.

Le plancher existant de cette chambre a été grisé et doté d'un vernis semi-mat. Le mobilier est constitué d'une sélection de pin d'Oregon stratifié en pose verticale, brossé, teinté et recouvert d'un vernis mat. Stores en lin et lampes sur pied en chrome brossé.

De bestaande plankenvloer van deze slaapkamer werd vergrijsd en met een halfmatte vernis afgewerkt. Het meubilair bestaat uit een selectie van Oregon denfineer vertikaal geplaatst, geborsteld, getint en mat gevernist. Linnen stores en staande lampen met voet in geborsteld chroom.

380
An Orizzonti bed with a Bataille & ibens bench behind it and a TO7 wardrobe.

Lit Orizzonti, canapé Bataille & ibens et garde-robe TO7.

Een Orizzonti bed, een bank van Bataille & ibens en een kleerkast TO7.

381 TOP
Artwork by Henk van Cauwenbergh. Curtains made by Vds Decor.

L'oeuvre d'art est signée Henk van Cauwenbergh. Tentures confectionnées par Vds Decor.

Het kunstwerk is van Henk van Cauwenbergh. Gordijnen door Vds Decor.

383 RIGHT
Acier table lamps (Christian Liaigre).

Lampes Acier (Christian Liaigre).

Nachtlampjes Acier (Christian Liaigre).

384
Wall and bed surroundings made in tinted oak.

Le mur et le lit ont été habillés de chêne teinté.

De muur en het bed werden bekleed met donkergetinte eiken.

385
The wall behind this bed has been covered with horizontal oak planks. bedspread made with Malabar fabrics. Lamps by Casamilano.

Le mur derrière le lit a été habillé de planches en chêne posées horizontalement. Un couvre-lit en tissus de Malabar. Lampes de Casamilano.

De muur achter het bed werd met horizontaal geplaatste eiken planken bekleed. Een bedsprei gemaakt uit Malabar stoffen en lampen van Casamilano.

387
Nilson bedding. A TV-cabinet by Interlübke.

Une literie Nilson et un meuble de télévision Interlübke.

Nilson bedding en een TV-meubel van Interlübke.

389
A box spring with solid rear board by Piet Boon and lights by Bestlite.

Un sommier boxspring avec une tête de lit massive de Piet Boon et un éclairage Bestlite.

Een boxspring met massieve achterwand van Piet Boon en verlichting Bestlite.

391 TOP
A Japanese screen in linen voile. Gadsby headboard in linen.

Un paravent japonais en voile de lin. Tête de lit Gadsby en lin.

Een Japans kamerscherm in linnen voile. Beddenhoofd in linnen Gadsby.

392 TOP & BOTTOM LEFT
The customised bedroom furniture items were realised in natural oak, those of the dressing room in painted MDF in the Ebony-Interiors Colours and covered in leather.

Les meubles sur mesure de la chambre ont été réalisés en chêne naturel, ceux du dressing en MDF peint aux couleurs Ebony Interiors Colours et revêtu en cuir.

Op maat gemaakte meubels van natuurhout, dressing in MDF, beschilderd met Ebony-Interiors Colours en bekleed met leder.

393
A custom-made bed in bleached oak and a padded leather footstool. LED-chromed wall lights, silk and wool bedspread, a carpet by Jules Flipo (Louisiane Confort) and an artwork by Florimond Dufoor.

Un lit sur mesure en chêne blanchi et un repose-pieds en cuir capitonné. Appliques chromées à LED, couvre-lit en soie et laine, tapis Jules Flipo (Louisiane Confort) et oeuvre d'art signée Florimond Dufoor.

Een op maat gemaakt bed in gebleekte eiken en gecapitonneerde lederen voetbank. Verchroomde LED-wandlampjes, bedsprei in zijde en wol, een tapijt van Jules Flipo (Louisiane Confort) en een kunstwerk van Florimond Dufoor.

394
An Orizzonti bed and standing lamp from pas-partoe.

Un lit Orizzonti et lampadaire de chez pas-partoe.

Een Orizzonti bed en staande lamp van bij pas-partoe.

395
Acier table lamp (Christian Liaigre).

Lampe Acier (Christian Liaigre).

Nachtlampje Acier (Christian Liaigre).

398
A guest bedroom showing the crackle finish on the wardrobe doors with their bronze handles. Armoire designed for the client.

Une chambre d'amis et son dressing aux portes finition craquelée et aux poignées en bronze. Armoire réalisée sur mesure à la demande du client.

Een gastenslaapkamer met craquelé afwerking van dressingdeuren met bronzen handgrepen. Kast ontworpen op maat voor de klant.

399
The silk panelled wall behind the bed gives a tailored and luxurious look to this bedroom. Wall lights maximise the space on the custom-designed bedside tables.

Derrière le lit, le mur tapissé de soie confère un luxueux esprit haute couture à cette chambre. L'éclairage mural garantit l'utilisation optimale de l'espace des tables de nuit réalisées sur mesure.

De met zijde beklede wand achter het bed creëert een haute couture, luxueuze sfeer in deze slaapkamer. Wandlichten zorgen voor een optimaal gebruik van de beschikbare ruimte op de maatgemaakte nachttafeltjes.

SPACES FOR RELAXATION - ESPACES DE DÉTENTE - ONTSPANNINGSRUIMTES

402
This home cinema with its star-spangled ceiling, air conditioning, Lutron dimmer system, high-end audio and video with a specially programmed touch screen developed, programmed and made by Dubois Control. Custom-made chairs, covered with linen materials from Bruder.

L'espace home cinéma avec ciel étoilé, climatisation, installation de réglage de l'éclairage de Lutron, un système audio / vidéo professionnel et un écran tactile sur mesure, développé, programmé et conçu par Dubois Control. Canapés sur mesure garnis de tissus en lin de Bruder.

Deze home cinema met sterrenhemel, airco, Lutrom diminstallatie, high end audio / video en op maat geprogrammeerd aanraakscherm, alles ontwikkeld, geprogrammeerd en uitgevoerd door Dubois Control. Zetels op maat, bekleed met linnen stoffen van Bruder.

404
An impressive music room with wall-to-wall shelving by Poliform.

Une chambre à musique impressionnante avec bibliothèque Poliform.

Een indrukwekkende muziekkamer met bibliotheek van Poliform.

408 below
Design and manufacturing by De Maere.

Création et réalisation De Maere.

Ontwerp en realisatie Interieur De Maere.

410
This sauna in abachi wood is made completely in the form of a body, inspired by the natural leaf shape. The stove was built in according to the yin and yang principles. The walls were covered with coarse tree trunks of abachi wood sawn in quarters.

Le sauna en bois abachi est entièrement conçu selon la forme du corps, et trouve son inspiration dans la forme naturelle des feuilles. Le poêle a été intégré en tenant compte des principes du yin et du yang. Les murs ont été habillés de souches brutes de bois abachi sciées en quatre.

De sauna in abachi hout is volledig in de vorm van een lichaam gemaakt, geïnspireerd in de bladvorm in de natuur. De kachel werd volgens yin en yang principes ingebouwd. De muren werden bedekt met in vier gezaagde, brute boomstronken abachi hout.

411 BOTTOM
Gong daybed by Promemoria.

Méridienne Gong de Promemoria.

Dagbed Gong van Promemoria.

412
In this architectural masterpiece by Marcel Leborgne (1929), Alexander Cambron and Fabienne Dupont have created a swimming pool with all contemporary comfort, design classics and art by Marc Lagrange and Renaud Delorme.

Dans ce chef-d'oeuvre architectural de Marcel Leborgne (1929), Alexander Cambron et Fabienne Dupont ont créé une piscine ultramoderne avec des créations uniques de design et des oeuvres d'art de Marc Lagrange et Renaud Delorme.

In dit architecturale meesterwerk van Marcel Leborgne (1929) creëerden Alexander Cambron en Fabienne Dupont een ultramodern zwembad met enkele designklassiekers en kunst van Marc Lagrange en Renaud Delorme.

413
The interior decorator Fabienne Dupont was given carte blanche for the renovation of this indoor swimming pool. Everything is dark: black beams, large black paving stones in and around the swimming pool that give the water a beautiful dark green colour. The pool was made larger by integrating stairs with a blower and a Jacuzzi. The stairs are used like a seat. The heating is concealed in a band with black stones. The dehumidifier is concealed behind the bamboo doors. There are fake and real doors around made from steel frames that sometimes serve as decoration, sometimes as actual doors to close off the shower, hamam, dressing room and rest area. These frames were filled with bamboo sticks in the same colour as the wall. The ceiling in yellow crépi was covered with black, 4 m long bamboo sticks.

La décoratrice Fabienne Dupont a reçu carte blanche pour la rénovation de cette piscine intérieure. Tout est foncé : poutres noires, pierres de schiste noir de grand format dans la piscine et sur ses contours, qui donnent à l'eau une belle couleur vert foncé. Le bassin a été agrandi en y ménageant des marches qui accueillent un blower et un jacuzzi. Les marches sont utilisées comme banquette. Le système de chauffage a été dissimulé dans une allée de pavés noirs alors que le système de déshumidification se trouve derrière les portes de bambou. Tout autour, on a ménagé des portes fictives et réelles constituées de cadres d'acier. Elles sont parfois purement décoratives, parfois réelles lorsqu'elles donnent accès à la douche, au hammam, au dressing et à l'espace de relaxation. Ces cadres d'acier ont été garnis de cannes de bambou de la même couleur que le mur. Le plafond en crépi jaune a été couvert de cannes de bambou de 4 mètres, teintées en noir.

Voor de renovatie van dit binnenzwembad kreeg decoratrice Fabienne Dupont carte blanche. Alles is donker: zwarte balken, zwarte leisteen van groot formaat in en rond het zwembad die het water een mooie donkergroene kleur geeft. Het bassin werd vergroot door trappen in te bouwen met een blower en een jacuzzi. De trappen worden gebruikt als zitbank. De verwarming werd verstopt in een band met zwarte keien. Het ontvochtigingssysteem schuilt achter de bamboedeuren. Rondom zijn fictieve en echte deuren gemaakt uit stalen kaders die soms als decoratie, soms als echte deur dienen om de douche, hammam, dressing en rustruimte af te sluiten. Deze kaders werden opgevuld met bamboestokken in dezelfde kleur als de muur. Het plafond in gele crépi werd bedekt met zwartgetinte, 4 m lange bamboestokken.

414
This basement houses a relaxation space with a hammam, whirlpool bath, sauna, shower and swimming pool. The hammam and whirlpool bath are lined with marble mosaic. Floor in Combe Brune natural stone. The teakwood walls create a feeling of warmth. Lounge chairs by Piet Boon.

Cette cave abrite un espace de détente avec hammam, jacuzzi, sauna, douche et piscine. Le hammam et le jacuzzi sont en mosaïque de marbre. Revêtement de sol

XV

en Combe Brune. Les murs habillés de teck apportent une note de chaleur. Transats par Piet Boon.

Deze kelder huisvest een relaxruimte met hammam, jacuzzi, sauna en zwembad. De hammam en de jacuzzi zijn bekleed met marmermozaïek. Vloerbekleding in Combe Brune natuursteen. De met teakhout beklede muren creëren een extra warme sfeer. Ligstoelen van Piet Boon.

416
A green and pale-grey glass mosaic has been combined with a ceramic tile (imitation Pietra Piasentina marble) and a surround in Agrippa.

La mosaïque de verre aux tons verts et gris clairs est associée à un carrelage en céramique (imitation de marbre Pietra Piasentina) et à une frise en Agrippa.

Glasmozaïek in grijsgroene tinten wordt hier gecombineerd met een keramische tegel (imitatie Pietra Piasentina marmer) en een fries in Agrippa.

417
Floors in treated lava stone.

Sols en pierre de lave traitée.

Vloeren in behandelde lavasteen.

SPACES FOR WORK - ESPACES DE TRAVAIL - WERKRUIMTES

422
A Connetable desk, Infante armchair and Canisse table lamp by Christian Liaigre.

Un bureau Connetable, fauteuil Infante et lampe Canisse de Christian Liaigre.

Een bureau Connetable, fauteuil Infante en lamp Canisse van Christian Liaigre.

423
Furniture by InStore.

Mobilier de chez InStore.

Meubilair van bij InStore.

424
The office with a custom-built suspended cupboard unit in glossy white lacquer and a desk in dark-stained oak was made for this project by Obumex. This room is an essential element of the living area, but sliding panels can be used to close it off.

Bureau avec armoire suspendue sur mesure laquée blanc brillant et table de bureau en chêne teinté foncé, réalisés sur mesure par Obumex. Cette pièce fait partie intégrante de la surface d'habitation, mais peut être entièrement isolée par des parois coulissantes.

Kantoor met zwevende maatwerkkast in witte hoogglanslak en een bureau in donker getinte eiken, op maat gemaakt door Obumex. Deze ruimte is een wezenlijk onderdeel van de woonzone, maar kan door schuifdeurwanden perfect afgesloten worden.

425
The enclosed space of this studio with reception areas is completely designed in LG. The inside of the cupboards is in dark laminate. The walls are provided with illumination strips.

Le volume clos de ce bureau avec zone de réception est intégralement composé de LG. Les panneaux intérieurs des armoires sont en stratifié foncé. Des ouvertures en ruban ont été pratiquées dans le haut des murs.

Het gesloten volume van dit kantoor met ontvangstgedeelte is volledig in LG uitgevoerd. De binnenzijden van de kast zijn in donker laminaat. De wanden zijn bovenaan voorzien van lichtstroken.

426
This multifunctional (sleeping/working/playing) attic studio was painted completely white to create a strong sense of space.

Ce studio multifonctionnel (chambre/bureau/salle de jeux) mansardé a entièrement été peint en blanc afin de créer une vraie sensation d'espace.

Deze multifunctionele (slapen/werken/spelen) zolderstudio werd volledig wit geschilderd om een sterk ruimtegevoel te creëren.

427
A polished concrete floor.

Un sol coulé en béton poli.

Gietvloer in gepolijst beton.

430
The notary's official room and desk can be closed off by sliding doors. The illumination in the official room emphasises the monumental table. The floating shelves with the books create a special atmosphere.

La salle d'actes et le bureau du notaire sont séparables au moyen de portes coulissantes. L'éclairage de la salle d'actes accentue le caractère monumental de la table. Les étagères à livres suspendues créent une atmosphère particulière.

De actenzaal en het bureau van de notaris zijn afsluitbaar door middel van schuifdeuren. De verlichting in de actenzaal accentueert het monumentale van de tafel. De zwevende legborden met de boeken creëren een bijzondere sfeer.

431
Bleached teakwood panelling. The woven-leather lounge suite was designed by Raoul Cavadias.

Lambris en teck blanchi. La banquette en cuir tressé a été créée par Raoul Cavadias.

Lambriseringen in gebleekt teakhout. Het bankstel in gevlochten leder werd ontworpen door Raoul Cavadias.

432 LEFT
The handles on these solid oak doors were milled. Epoxy floor and black MDF worktop. White Treveria curtains, Dynamobel Dis chairs and rubber desktops. All available at Dols.

Les poignées de ces portes en chêne massif ont été fraisées. Sol en époxy et plan de travail en MDF noir. Tentures blanches Treveria, chaises Dynamobel Dis et bloc-notes en caoutchouc, le tout chez Dols.

De greepjes van deze massief eiken deuren werden uitgefreesd. Vloer in epoxy en werkblad in zwarte MDF. Gordijnen Treveria wit, stoelen Dynamobel Dis en rubberen schrijfbladen. Alles verkrijgbaar bij Dols.

432 RIGHT
The semi-open library and the desk connect to the living area in this house.

La bibliothèque semi-ouverte et le bureau jouxtent le salon de cette maison.

De halfopen bibliotheek en het bureau sluiten aan op de zitruimte in deze woning.

434-435
Working with a sea view in this loft room realised and furnished by RR Interior Concepts. A solid desk with corresponding cabinets by RR Interior Concepts. A Happy chaise longue from Flexform.

Travailler avec vue sur mer dans ce loft aménagé et meublé par RR Interior Concepts. Un bureau massif avec armoires assorties de RR Interior Concepts. Une chaise longue Happy de Flexform.

Werken met zicht op zee in deze loft ingericht en bemeubeld door RR Interior Concepts. Een massief bureau met bijhorende kasten van RR Interior Concepts. Een chaise longue Happy van Flexform.

436
This desk borders the living area and offers a nice garden view.

Ce bureau jouxte le séjour et offre une superbe vue sur le jardin.

Dit bureau grenst aan de leefruimte en biedt een mooi tuinzicht.

437 LEFT
A Baltus desk in mahogany and stainless steel, and a chrome desk lamp by Ralph Lauren. The leather armchair is from Flexform. The two guest chairs are made of wood and inox. Photographs by Marc Lagrange.

Bureau Baltus en bois d'acajou et acier inoxydable et lampe de bureau chromée Ralph Lauren. Fauteuil en cuir Flexform. Les deux chaises d'hôte sont en bois et inox. Photos par Marc Lagrange.

Een bureau Baltus in mahoniehout en roestvrij staal en een bureaulamp in chroom van Ralph Lauren. De lederen fauteuil is van Flexform. De twee gastenstoelen zijn in hout en inox vervaardigd. Foto's van Marc Lagrange.

438-439
Furniture and lighting were custom designed by Hans Verstuyft. The work surfaces in saddle leather have a magnificent patina.

Le mobilier et l'éclairage ont été réalisés sur mesure par Hans Verstuyft. Les tables de travail en cuir à harnais sont dotées d'une superbe painte.

Meubilair en verlichting werden op maat ontworpen door Hans Verstuyft. De werktafels in tuigleder vertonen een prachtige patina.

440
The placement of the furniture and the creation of the parelling designed by the interior architects Julie Brion anc Tanguy Leclercq made it possible to build in all the main functions in this apartment as well as the ventilation and air-conditioning facilities. The paintings shown are by the artist Sanam Khatibi.

La disposition du mobilier et la création du lambris dessiné par les architectes d'intérieur Julie Brion et Tanguy Leclercq ont permis d'intégrer toutes les fonctions principales dans cet appartement ainsi que les techniques de ventilation et de climatisation. Les tableaux ont de l'artiste Sanam Khatibi.

Alle hoofdfuncties en de ventilatie en klimatisatie konden in het appartement geïntegreerd worden dankzij de indeling van de meubels en de door de interieurarchitecten Julie Brion en Tanguy Leclercq ontworpen lambriseringen. De kunstwerken zijn van Sanam Khatibi.